질문의 7가지 힘

THE 7 POWERS OF QUESTIONS

도로시 리즈 지음
노혜숙 옮김

———— 원활한 대화와 창조적 사고로 이끄는 ————

질문의 7가지 힘

더난출판

질문의 7가지 힘

초판   1쇄 발행 2002년 10월 20일
개정판 1쇄 발행 2016년 6월 1일
개정판 6쇄 발행 2023년 5월 15일

지은이 도로시 리즈
옮긴이 노혜숙
펴낸이 신경렬

기획편집부 최장욱 송규인
마케팅 신동우
디자인 박현경
경영지원 김정숙 김윤하
제작 유수경

펴낸곳 (주)더난콘텐츠그룹
출판등록 2011년 6월 2일 제2011-000158호
주소 04043 서울시 마포구 양화로12길 16, 7층(서교동, 더난빌딩)
전화 (02)325-2525 | **팩스** (02)325-9007
이메일 book@thenanbiz.com | **홈페이지** www.thenanbiz.com

ISBN 978-89-8405-855-2 03320

추천하는 글

나의 직업과 인생 전반에 걸쳐 가장 큰 비중을 차지하는 성공 요인은 아마 질문의 가치를 분명하게 이해한 것일 것이다. 나는 영업 전략에 관한 교육을 하고 책을 써 오면서 항상 질문의 중요성에 대해 역설해 왔다. 세미나를 할 때마다 내가 제일 먼저 강조하는 것은, 우리는 대화를 할 때 단지 이미 아는 것을 말하고 있을 뿐이며, 상대방이 필요로 하는 것(자기 자신이 모르고 있는 것)을 알기 위해서는 질문을 하고 그 대답을 들어야 한다는 사실이다. 일과 인생에서 질문을 하는 사람들은 대부분 존경을 한몸에 받고, 돈도 더 잘 번다. 의심스럽다면 바바라 월터스, 오프라 윈프리, 아트 링크레터, 래리 킹, 그리고 이 시대의 유명한 사회자들을 생각해 보라. 그들은 사람들에게 질문을 해서 이야기하게 만드는 재주로 성공했다.

도로시 리즈가 질문이라는 주제로 책을 썼다는 것은 나에게 반가운 소식이었다. 질문이야말로 개인의 발전에 아주 중요하며 독립적으로 연구해 볼 만한 가치가 충분하다고 믿기 때문이다. 새로운 각도에서 질문에 대해 이해하기 쉽게 정리해 놓은 이 책은 도로시의 타고난 재능과 탐구심이 있었기에 가능한 것이었다.

누구라도 이 책을 읽으면 대인관계에 반드시 필요한 질문 방법에 대해 배우게 될 것이다. 대인관계는 정보를 함께 나눔으로써 이루어진다. 성별, 나이 또는 직업에 관계없이 이 책은 누구에게나 도움이 될 것이다.

- 할아버지, 할머니는 손자들과 함께 이야기를 나누고 지혜를 알려주는 자리를 마련할 수 있다.
- 부모는 간섭하는 것처럼 보이지 않고 자녀들과 더욱 가까워 질 수 있다.
- 친구나 배우자와의 갈등을 재치 있게 해결할 수 있다.

도로시는 사람들의 대화가 어째서 종종 중단되고 어긋나는지, 질문이 어떻게 도움이 될 수 있는지 알려준다. 질문을 효과적으로 사용하는 법을 배우면 큰 힘을 갖게 된다. 질문이 우리의 삶을 변화시킬 수 있으므로 대화법에 관해서 이보다 더 중요한 책은 없을 것이다.

　훌륭한 질문은 우리를 근사한 곳으로 안내한다. 도로시는 내게 질문을 했고, 그 질문에 대한 답으로 나는 이 글을 썼다.

　　　　　톰 홉킨스, 『영업의 달인이 되는 법』의 저자

시작하는 글

나는 질문하기를 좋아한다.

열여섯 살 때 나는 유명한 오케스트라 지휘자 딘 딕슨과 함께 이스라엘과 유럽을 동행하는 영광을 누렸다. 그와 그의 아내 비비안은 오케스트라와 순회 공연중이었고, 우리 세 사람은 정말 멋진 여행을 했다. 내가 파리에서 집으로 돌아가기 전날 밤에 딘과 비비안은 나를 근사한 카페에 데리고 가서 송별회를 해주었다. 딘이 나에게 물었다. "이 훌륭한 여행 경험을 살려서 무엇을 할 것인지 생각해 봤어요?" 생각해 본 적도 없는 질문이었다. 그날 밤, 곰곰이 생각하다가 내가 다니는 고등학교뿐 아니라 유럽과 이스라엘을 보는 청소년의 시각에 관심을 가진 단체에 가서 이 여행담을 들려주기로 마음먹었다. 내가 전문 연사가 된 것은 1979년이었지만, 그 질문을 계기로 그동안 무의식중에 이 직업을 동경해 왔던 것 같다.

지나온 세월을 돌이켜보면 지금의 나를 만든 질문의 역할을 분명히 깨닫게 된다. 딘의 질문은 말할 나위 없이 아주 중요했다. 그리고 내가 사람들에게 질문을 하지 않았다면 세계 도처에서 그렇게 다양하고 흥미로운 친구들을 사귀지 못했을 것이다. 또한 "회사를 위해 목표를 달성하려면 어떻게 해야 할까?"라고 묻지 않았다면 지금처럼 성공할 수 없었을 것이다. 다른 문화에 대한 호기심은 인도, 갈라파고스 제도, 모로코, 네팔, 이집트 등지로 여행을 하게 만들었고, 그 여행은 나 자신과 주변 세상에 대한 사고방식의 밑거름이 되었다.

　　그러나 질문이 항상 내 삶에서 중요한 자리를 차지했던 것은 아니다. 내 부모는 내가 좋아하는 것, 느끼는 것 또는 생각하는 것에 대해 묻지 않았다. 나와 함께 대화를 나누었지만 질문을 하지는 않았다. 정치나 일상사에 대해 자신들이 믿는 대로 따를 것이라고 당연하게 생각했다. 그래서 나는 자신감을 키우지 못했다. 내 의견은 중요하지 않으며 내 의지대로 살아갈 수 없다고 느꼈다. 하지만 부모에게서 독서를 즐기는 취미를 물려받았다. 수십 년이 지난 지금까지 나는 매달 잡지를 여러 권 구독하고 적어도 한 권씩 책을 읽는다. 지적 호기심을 비롯해서 무엇이든 알고 싶어 하는 성향은 부모에게 물려받은 것이다. 그 특별한 재능으로 인해 나는 질문하는 사람이 되었다. 우울하거나, 힘들거나 또는 감동을 받을 때 나는 스스로에게 묻는다. 왜? 그리고 그 대답을 찾는다. 사람들은 알게 모르게 질문의 힘에 의해 이끌려 가고 있다.

때로는 질문이 생명을 구할 수도 있다. 1982년 나는 유방암 진단을 받았다. 유감스럽게도 담당 의사는 그다지 자상한 사람이 아니었다.

나중에 나는 의사와 마주앉아서 물었다. "어떤 선택을 할 수 있나요?" 실망스럽게도 그는 유방절제술만이 유일하게 살 수 있는 길이라고 했다. 하지만 언제나 다른 선택이 있는 법이다. 안 그런가? 나는 그 의사의 대답을 인정할 수 없었다. 그래서 다른 의사들을 찾아갔다. 오로지 이겨내겠다는 의지와 "다른 선택은 무엇인가?"라는 질문으로 무장을 하고 수긍할 수 있는 답을 들을 때까지 계속 질문할 작정이었다. 그리고 대도시 의사들을 수도 없이 찾아다녔다. 결국은 다른 선택이 있다고 말하는 의사를 만났고, 종양 제거 수술과 방사선 치료를 받고 암을 이겨냈다. 1982년 당시에는 지금처럼 일반화되지 않았던 치료였다.

나는 질문 덕분에 시대를 앞서갈 수 있었다고 생각한다. 내 마음속 어딘가에 질문하는 본능이 있다는 것에 대해 감사하고, 내가 두려움으로 마비되지 않았던 것에 감사한다. 언제나 다른 선택이 있으며, 사람들이 그런 선택을 하는 것에 감사한다. 내가 질문을 했다는 사실에 감사한다.

내 인생에서 일어난 중요한 사건들은 대부분 질문을 한 결과였다. 나 스스로 대답을 구하는 질문을 할수록 결과는 점점 더 나아졌다. 많은 사람들이 그렇듯, 처음부터 완벽한 직업을 찾은 것은 아니었다. 많은 직업을 섭렵했다. 한때는 뉴욕 시 공립학교 교사를 지내기도 했다. 가르치는 일을 아주 좋아했지만 뭔가 부족한 것 같은 기분을 느꼈다. 내가 원하는 것만큼이 아니었고, 뭔가가 더 있을 것이라고 느꼈다. "무엇이 부족한가?"라고 계속 질문했다.

나는 교사가 되기 전에 배우 생활을 했고 연기를 사랑했다. 하지만 그때도 역시 충분히 만족할 수 없었다. 완벽한 직업 찾기를 계속하면서 끊임없이 "어떤 직업이 내 적성에 맞을까?"라고 질문했다. 지금까지 해 온 일들(광고 회사 간부, 니트웨어 디자이너, 사업가 등)은 모두 훌륭한 일들이었지만 내 적성에는 맞지 않았다. 그래서 나는 구체적인 질문을 하기 시작했다. "나는 무슨 일을 하고 싶은가?", "과거에 해본 일 중에서 마음에 드는 일은 무엇이었는가?", "나는 어떤 재능을 갖고 있는가?"

오랫동안, 때로는 힘든 질문 과정을 거친 후 마침내 나는 가르치는 일과 연기를 좋아한다는 것을 알았다. 다행히 나는 양쪽 분야에 재능이 있었을 뿐 아니라 실제로 그런 역할을 즐겼다.

그 다음에는 "이 두 가지 재능을 어떻게 연결할 수 있을까?"라고 물었다. 그래서 머리에 떠오른 직업이 전문 연사였다. 그때까지 나는 전문 연사가 되리라고 생각해 본 적이 없었지만 지금은 다른 일을 한다는 것은 상상조차 할 수 없다. 나는 내 직업에 만족하고 있고 나의 재능을 마음껏 발휘할 수 있는 매 순간을 사랑한다. 어떻게 이렇게 마음에 드는 직업을 찾을 수 있었을까? 물론, 질문을 통해서이다.

질문의 행로를 따라가는 것은 힘든 과정이지만 한번도 후회한 적이 없다. 질문을 하면 뜻밖의 놀라운 결과를 얻는다. 대부분의 사람들은 질문을 잘 활용하면 삶이 훨씬 더 개선될 수 있다는 것을 모르고 있다. 젊은 시절에 나는 질문 덕을 톡톡히 보았으면서도 그 힘에 대해서는 별로 생각해 본 적이 없다. 그러다가 좀더 활동적으로 일을 하면서 경제뿐만 아니라 생활 전반에 미치는 질문의 엄청난 가치를 깨닫기 시작했다.

누구나 질문의 혜택을 볼 수 있다. 나 역시 좀더 일찍 질문을 하기 시작했더라면 더 많은 혜택을 볼 수 있었을 것이다. 결혼할 때 나는 남편에게 신혼 집을 고르게 했다. 그리고 이사하는 날 처음 그 집을 보게 되었는데 어두운 지하였다. 별로 관심이 없었기 때문에 그가 어떤 집을 찾고 있었는지 물어보지 않았다. 질문의 힘을 사용하는 법을 배우지 못했던 것이다. 몇 년 전에는 어느 친한 친구에게 화를 내고 나서 소원해진 후에 혼자서 계속 질문을 했다. "왜 그런 말을 했을까? 말다툼에서 이기는 것이 친구를 잃어버리는 것만큼 가치가 있을까?"

나는 평생 검은 머리로 살면서 "빨갛게 염색하면 어떻게 보일까?"라는 질문을 해보지 않았다(사실 빨간 머리가 훨씬 어울린다).

머리 색에서 직업 선택에 이르기까지 질문은 우리의 삶을 지배한다. 내가 이 책을 쓴 목적은 질문의 힘을 깨닫게 하고 그 힘을 이용해서 좀더 나은 인생을 살 수 있도록 도와주는 것이다. 질문을 하지 않는 것은 지도가 없이 여행을 떠나는 것과 마찬가지다. 하지만 질문의 힘을 이용한다면 스스로 인생을 주관하고 어떤 길을 택할지 결정할 수 있다. 만일 다른 사람들에 대해, 당신 자신에 대해, 그리고 당신 자신을 위해 더 많은 질문을 한다면 삶이 얼마나 풍요로워질지 상상할 수 있겠는가?

도로시 리즈

차례

1

왜 질문이 중요한가?

Why a book about Questions?

태양이 하늘에서 불타기 전부터,
인류가 태어나기 전부터,
나는 어떤 '질문'을 기다려왔노라.

— 영원의 수호자, 〈스타 트랙〉

질문은 보다 나은 방향을 제시한다

사람들은 어떤 말을 할 때마다 두 가지 방식 중에서 하나를 선택한다. 즉, 서술을 하느냐 아니면 질문을 하느냐이다. 질문을 하면 어떤 감정 상태에 대해 좀더 깊이 탐구하거나 주변을 변화시키는 조치를 취하는 계기가 마련되기도 한다.

　　사람들은 모두 자신의 삶을 변화시키는 힘을 갖고 있다고 믿고 싶어 한다. 하지만 현실에서는 좌절과 실패와 욕구불만의 희생자가 된다. 결국 인생의 부정적인 면에 초점을 맞추고 "왜 나에게는 항상 이런 일이 일어나지?" 또는 "왜 나는 제대로 되는 일이 없을까?"라는 식의 답이 나오지 않는 질문을 한다. 이런 질문은 "난 너무 어리석어." 또는 "나는 이 정도밖에 안 돼. 아무래도 더 나아질 수 없어."라는 부정적인 대답으로 이어진다.

종종 우리는 다른 사람들까지 부정적인 생각을 갖게 만드는 질문을 한다. "왜 당신은 항상 그 모양인가?" 또는 "당신은 왜 그렇게 무분별한가?" 등의 질문에 이성적이고 긍정적인 대답은 기대할 수 없다.

질문을 바꾸면 세상을 바라보는 관점이 달라질 수 있다. 적절한 질문을 하면 앞을 향해 전진하고 어려운 시기를 통과할 수 있다. 보다 나은 질문을 하면 보다 나은 대답이 나오며, 보다 나은 대답을 하면 보다 나은 해결책이 나온다. 질문을 개선하면 가정과 직장에서의 대인관계가 개선된다.

이 책에서 대화의 핵심 도구인 질문에 대해 자세히 배우게 될 것이다. 또한 질문의 힘을 이용해서 생활 전반에 걸쳐 잠재력을 발휘하는 법을 배울 수 있다. 그리고 비즈니스와 가족과 사생활 속에서 질문의 힘을 사용하는 법에 대해 보다 구체적으로 접근할 것이다. 특히 마지막 장에서는 50가지의 중요한 질문을 소개한다.

또한 책 전체에 IQ(I Quote : '나도 한마디' 라는 뜻임 – 역주)라고 시작하는, 질문에 관련된 금언들이 실려 있다. ●

IQ

질문하기를 주저하지 않는 사람은 반드시 더 많이 알게 되며, 지식과 훌륭한 판단력은 분명히 서로 깊은 관련이 있다. 또한 정보를 소유한 사람들과 성공하는 사람들 사이에도 깊은 관계가 있다.

– 마이클 블룸버그, 현 뉴욕 시장

이러한 인용문 중에 상당수는 마이클 블룸버그를 비롯해서 이 책을 위해 친절하게 시간과 지혜를 할애해 주었던 질문의 대가들에게 들은 이야기이다. 나는 영업사원, 의사, 법률가, 기자, 심리학자, 검사, 발명가, 성직자 등 수십 명을 만나서 인터뷰를 했다. 그들 모두에게 질문은 직업적으로나 사생활에서 더할 나위 없이 중요한 자리를 차지하고 있었다. 나 역시 인터뷰를 하면서 질문이 얼마나

중요한 역할을 하는지 다시금 확인할 수 있었다. ●

IQ

질문은 우리가 상상하는 것 이상으로 강력한 도미노 효과를 유발한다. 우리가 부딪히는 한계에 대해 제기하는 질문은 삶의 장벽들(비즈니스, 대인관계, 그리고 국가 간의 장벽)을 무너뜨린다. 나는 모든 인간의 진보가 새로운 질문에서 비롯된다고 믿는다.

– 앤서니 라빈스, 『네 안의 잠든 거인을 깨워라』

질문은 새로운 방향을 제시한다

당신은 인생에서 원하는 것을 이루고 있는가? 당신의 대인관계는 긍정적인 방향으로 진행되고 있는가? 당신은 자신이 일하고 있는 방식에 만족하고 있는가? 당신은 자신의 잠재력을 최대한 발휘하고 있다고 느끼는가?

만일 위의 질문에 하나라도 '아니오'라는 대답이 나오면 "왜 이 책을 읽어야 하는가?"라는 질문에 대답한 셈이다.

좀더 신선하고 독창적인 사고를 하기 위해, 매일 마주하는 상황을 좀더 분명히 이해하기 위해, 일종의 정신적이고 정서적인 전환점을 마련하는 유일한 방법이 질문을 하는 것이다. 자기 자신과 다른 사람들에 대해 좀더 많은 질문을 해야 한다. 생활 방식의 작은 변화가 커다란 차이를 만들 수 있다. 단지 질문을 좀더 하는 것만으로도 어떤 계기가 마련될 수 있다.

아주 작은 변화가 전혀 새로운 방향을 제시해 줄 수 있다. 반드시 180도의 전환이 필요하지는 않다. 당신이 원의 중심에 있다고 상상해 보자. 만일 앞으로 곧장 걸어가면 A라는 지점에 다다를 것이다. 하지만 같은 중심점에서 단 몇 도만 발을 움직인다고 해도 전혀 다른 길을 향해 가게 된다.

만일 매일 하는 질문의 수준을 양적으로나 질적으로 조금씩 높여간다면 인생이 점차 향상될 것이다. 또한 원하고 필요로 하는 것들을 좀더 많이 얻을 수 있다.

그러면 이제부터 어떤 상황에서든지 서둘러 말문을 열기 전에 대신 어떤 질문을 해야 하는지 생각하는 법을 배워보자.

의사소통 수단의 진보

인류의 진보는 종종 의사소통 방법으로 정의되어 왔다. 지난 100년 동안 세상은 몰라보게 진보했다. 21세기에 들어선 지금만 해도 어떻게 변화될지 알 수 없다. 앞으로 모든 것이 얼마나 더 빨라질까?

우리가 지난 100년 동안 배운 것이 있다면, 모든 것이 가능해지고 점점 더 빨라지고 있다는 사실이다. 우리는 기술을 발전시켜서 세상을 보다 효율적으로 만들기 위해 노력하고 있다. 하지만 그 기술을 움직이는 것은 개인과 조직이다. 컴퓨터가 모든 것을 대신할 수는 없다. 피카소는 한때 이렇게 말했다. "컴퓨터는 아무짝에도 쓸모가 없다. 기껏해야 대답이나 할 뿐이다." 그리고 뉴욕 대학교 문화통신학 학장이며, 언어학자이자 작가인 닐 포스트맨은 "컴퓨터 사용법을 배우는 것은 적절하게 질문하는 법을 배우는 것만큼 중요하지 않다."라고 강조한다. 기술이 아무리 발전한다고 해도 만일 그 중심에서 사람들이 서로 소통하면서 강력하고 지속적인 관계를 형성할 수 없다면 아무 소용이 없다.

의사소통을 위한 기술이 아무리 놀라운 발전을 거듭하고 앞으로도 계속해서 다양한 방법들이 생겨난다고 해도 기본적으로 메시지를 주고받는 원리는 같다. 인류의 진화에 대해 생각해 보면 중요한 발전이 있을 때마다 의사소통 방식의 변화가 함께 일어났다. 아마 가장 위대한 진보는 인간을 동물과 구분하는 언어의 발전이었을 것이다. 그 후 인간이 기호와 상징을 사용해서 의사소통을 하기 시작하면서 문자가 생겨났다. 몇 세기 후에 구텐베르크가 활자를 발명했고, 이로 인하여 인쇄된 글이 그리고 그 글이 전달하는 사상이 급격하게 세상에 퍼져나갈 수 있었다.

전보, 타자기, 전화 등은 우리 선조들이 상상조차 할 수 없었던 컴퓨터 연결 방식으로 대체되었다. 하지만 언어가 시작된 이래 언제나 존재해 왔으며 매일 사용하면서 당연한 것으로 여기고 있는 훌륭한 통신 수단이 있다. 그것은 바로 질문이다.

질문은 대답이다

사람들은 매일 엄청난 양의 정보, 뉴스 그리고 조언을 접하면서 거기에 휩쓸리지 않으려고 애쓴다. 이런 세상에서 성공하기 위해서는 질문의 힘을 이용해야 한다.

질문은 다음과 같은 많은 것들을 얻을 수 있는 간단하면서 강력한 수단이다.

• 특별하거나 필요한 정보를 구할 수 있다.

- 각별한 대인관계를 수립한다.
- 다른 사람들을 설득하고 자극한다.
- 좀더 창의적으로 생각한다.
- 생활에 중요한 변화를 가져온다.

우리는 혼잡한 정보의 고속도로를 여행하면서 분명하고 구체적이고 포괄적으로 이해하는 데 점점 어려움을 느낀다. 가정에서나 직장에서 필요한 기준을 잃어버린다. 생활을 편리하게 하기 위한 기술이 오히려 더 복잡하게 만들고 있다.

세상이 눈코 뜰 새 없이 바쁘게 돌아가면서 집중력은 점점 줄어들고 있다. 그 어느 때보다 통신 수단은 많아졌는지 모르지만 대화할 시간조차 없다. 팩스, 자동응답기, 음성 메일, 이메일, 휴대폰, 호출기, 바늘 구멍 크기의 사진기, 그밖의 별의별 종류의 기술이 앞으로도 계속 등장할 것이다. 이러한 기술 혁신은 상호 연결의 기회를 더 많이 제공하지만, 한편으로는 의사소통에서 오류와 오해의 소지를 점점 더 많아지게 하고 있다.

1995년에 나왔던 「드니즈 콜즈업」이라는 영화를 보면, 재택근무를 하며 팩스와 전화와 컴퓨터만으로 다른 사람들과 접촉을 하는 뉴요커들의 이야기가 나온다. 그들은 한번도 직접 만나본 일이 없는 사람들과 관계를 맺기도 하고 끊기도 한다. 우리가 지금 매일 인터넷으로 그렇게 하고 있다. 집을 나가지 않고도 생활하기가 점점 더 쉬워지고 있다.

≪하버드 비즈니스≫ 리뷰에 실린 "직장에서의 인간적 접촉"

이라는 기사에서 정신의학자인 에드워드 M. 할로웰은 직장에서 사람들이 얼굴을 마주 보고 상대하는 시간이 점점 짧아지고 있다고 안타까워했다. 그리고 "아이러니컬 하게도 이러한 직장에서의 단절은 정보가 부족해서가 아니라 잘못된 정보가 너무 많기 때문이다."라고 지적했다.

서로를 좀더 잘 이해하려면 질문을 하자. 질문은 우리에게 인간적 접촉을 되돌려준다. ●

왜 인간적인 접촉을 필요로 하는가? 대화하는 방식이 바뀔지라도 대화를 하는 이유는 언제나 같기 때문이다. 우리는 정보를 필요로 한다. 그리고 정보를 얻기 위해서 어떤 질문을 할 것인지, 그 질문을 어떻게 할 것인지를 알아야 한다. 아는 것이 힘이다. ●

질문의 힘

정보화 시대에서는 정보를 많이 가진 사람이 이긴다. 따라서 적시에 적절한 정보를 구하는 것이 중요하고, 그만큼 보다 나은 대인관계를 수립하는 것이 그 어느 때보다 중요해졌다. 우리는 각자가 가진 권한과 함께 개인의 본질적인 차이를 이해해야 한다. 새로운 시대에서의 의사소통은 풀어야 할 과제가 되었다.

질문하는 기술과 능력은 대기업의 CEO에서 진로를 고민하는 고등학교 졸업반 학생에 이르기까지 모두에게 도움이 된다.

IQ

우리는 기름진 음식을 아무리 먹어도 살이 찌지 않는 새로운 묘약이나, 대기를 오염시키지 않는 휘발유나, 무절제하게 살아도 암이나 심장 질환에 걸리지 않을 수 있는 방법을 기다리고 있다.

적어도 우리는 기술이 개인적인 원칙과 책임감에서 벗어나게 해줄 것으로 생각한다. 하지만 그런 일은 없을 것이다. 주변의 기술이 발전할수록 인간적인 접촉은 점점 더 필요해진다.

– 존 나이스비트, 『메가트렌즈』

IQ

대뇌의 신피질은 불과 2000년 전 경에 생겨난, 뇌에서 가장 새로운 부분이다. 우리가 뇌의 5퍼센트만을 사용하고 있다고 말할 때, 바로 이 부분을 일컫는 것이다. 수백만 년 전에 생겨난 오래된 뇌의 부분은 본능이 지배하고 있다. 이 부분은 동물도 갖고 있다. 그러나 동물은 질문을 하지 않는다. 인간의 "새로운 뇌"가 하는 일은 오래된 뇌를 통제하고 지배하는 것인데, 그 방법은 질문을 하는 것이다.

– 래리 윌슨, AON 컨설팅의 창설자이자 부회장

나는 처음에 경영인들에게 의사소통 문제를 상담해 주는 컨설턴트로 사회 생활을 시작했다. 그들 대부분은 지성 있고 의욕적인 사람들이었지만 팀원들과의 의사소통 문제로 힘들어하고 있었다. 나는 계속해서 자문을 했다. "그들은 왜 마음먹은 만큼 잘하지 못하는 것일까?" 그 대답은 크고 분명하게 돌아왔다. 그들은 말을 하지만 질문은 하지 않고 있었다. 그들의 의식 구조는 설명하는 것으로만 짜여져 있었다. 그들은 직원들에게 일일이 지시를 내리면 일이 무사히 끝날 것이라고 생각하지만 별 효과를 거두지 못하고 있었다.

나는 보다 효율적으로 의사를 전달하고 팀워크와 참여와 의무감을 증진시킬 수 있는 도구가 필요하다고 생각했다. "이 일이 직원들에게 성장의 기회가 될 것인가, 아니면 단지 일만 더 늘어나게 되는 것인가?", "직원들은 내가 그들에게 기대하는 것에 대해 구체적으로 알고 있는가?", "내가 할 수 있는 선택은 어떤 것들이 있는가?" 그리고 "이것은 특별한 관리가 필요한 문제점인가?"라는 질문을 그들은 하지 않고 있었다. 나는 실험을 거듭할수록 경영인들에게 부족한 것이 질문이라는 것을 깨닫기 시작했다.

우리는 모두 경영인이다. 각자 자신의 인생을 경영하고 사람들과의 관계를 경영한다. 그런데 우리의 삶에는 질문이라는 중요한 연결 고리가 빠져 있다. 나는 지난 20년 이상 질문의 역할에 대해 광범위하게 연구해 오면서 질문이 7가지의 아주 특별한 힘을 갖고 있다는 것을 알아냈다.

1. 질문을 하면 답이 나온다. 질문을 받으면 대답을 하지 않을 수 없다. 이러한 의무감을 나는 응답반사라고 부른다.

2. 질문은 생각을 자극한다. 질문은 질문을 하는 사람과 질문을 받는 사람의 사고를 자극한다.

3. 질문을 하면 정보를 얻는다. 적절한 질문을 하면 원하고 필요로 하는 정보를 얻을 수 있다.

4. 질문을 하면 통제가 된다. 모든 사람은 스스로 상황을 통제하고 있을 때 편안하고 안전하게 느낀다. 질문은 대답을 요구하므로 질문을 하는 사람이 유리한 입장에 서게 된다.

5. 질문은 마음을 열게 한다. 사람들은 자신의 사연, 의견, 관점에 대한 질문을 받으면 우쭐해진다. 질문을 하는 것은 상대방과 그의 이야기에 관심을 보여주는 것이므로 과묵한 사람이라도 자신의 생각과 감정을 드러낸다.

6. 질문은 귀를 기울이게 한다. 적절하게 질문을 하는 능력을 향상시키면 보다 적절하고 분명한 대답을 듣게 되고, 중요한 일에 집중하기 쉬워진다.

7. 질문에 답하면 스스로 설득이 된다. 사람들은 누가 해주는 말보다 자기가 하는 말을 믿는다. 사람들은 자신이 생각해 낸 것을 좀더 쉽게 믿으며, 질문을 요령 있게 하면 사람들의 마음을 특정한 방향으로 움직일 수 있다.

왜 자주 질문하지 않을까?

만일 질문이 그렇게 강력한 도구라면 왜 자주 질문하지 않는 것일까? 어째서 아주 간단한 질문조차 하기를 꺼리는 것일까? 어째서 중요한 만남이나 협상을 끝낸 후 "그 문제에 대해 질문을 할 걸!" 하고 뒤늦게 후회를 하는 것일까? 그 이유는 몇 가지가 있다.

첫째, 권위에 도전하기를 겁내기 때문이다. 사람들은 자신보다 강한 사람 앞에서는 두렵고 불편해한다. 때때로 그런 사람을 만나면 당당히 맞서기보다는 그의 말을 그냥 인정하곤 한다. 하지만 다음과 같은 불리한 상황일수록 더욱 질문할 필요가 있다.

- 화가 나거나 당황해서 분명하게 생각할 수 없을 때
- 마주하고 있는 사람이 직장 상사나 사장이고 내가 맡은 일에 자신이 없을 때
- 곤경에 처했거나 희생된 기분일 때
- 겁을 내고 있을 때, 특히 신체나 감정이 고통을 겪고 있을 때
- 의사나 변호사같은 전문가와 함께 있는 자리에서 그들이 나보다 더 많이 안다고 생각할 때
- 옳은 결정을 내릴 만큼 충분히 알지 못한다고 생각해서 질문하기보다 다른 사람에게 판단을 맡길 때

이러한 상황에서는 무슨 말을 해야 할지 생각나지 않을 수 있다. 그래서 종종 입을 다물어버린다. 당장은 적절한 질문을 할 만

한 준비가 되어 있지 않다고 느끼고, 사실이 그럴 수도 있다. 그럴 때는 차라리 집에 가서 그 상황에 대해 차분하게 생각하고 자료를 찾아보고 질문을 준비해서 나중에 다시 만나는 편이 나을 수 있다. 질문을 반드시 그 자리에서 해야 한다는 법은 없다.

둘째, 질문을 하면 허점이 드러나서 불리한 위치에 놓일 것이라고 생각하기 때문이다. 여성보다는 남성이 곧잘 이러한 함정에 빠진다. 남자들이 운전을 하면서 길을 물어보지 않는 것을 보면 알 수 있다. 그러나 신중하고 분명한 질문을 하는 것은 경우가 다르다. 적절한 질문을 하면 상대방의 생각을 자기가 원하는 방향으로 유도해서 오히려 유리한 입장에 설 수 있다.

때로는 사람들 눈에 우리가 특정 주제나 상황에 정통한 사람으로 비칠 수 있다. 그럴 때 군이 그들의 생각이 틀렸다는 것을 알리고 싶지 않다. 질문을 하면 무식하게 보일 것만 같다. 하지만 대부분의 사람들은 모르는 것을 질문하는 사람을 존경한다.

질문의 힘을 보여주는 좋은 사례 중에 바바라 부시에 관한 일화가 있다. 조지 부시가 처음 대통령에 출마했을 때 그녀는 영부인이 되면 어떤 문제에 힘쓸 것인지 선택해야 했다. 그녀는 궁리를 하다가 만일 더 많은 사람들이 읽고 쓰고 이해할 수 있다면 세상이 좀더 나아질 것이라고 생각해서 문맹 퇴치 문제로 결정했다.

그런데 그녀는 문맹 퇴치에 관심이 있다고 했지만 아직은 그 문제에 대해 아무것도 모른다고 언급하는 것을 잊어버렸다. 어느 날, 선거 유세장에서 사회자가 말했다. "당신의 방문을 모두 기대하고 있습니다. 문맹 문제 관련 전문가들을 45명 정도 모셨습니다.

모두들 당신의 말씀을 듣고 싶어 합니다."

이 일에 대해 부시 여사는 나중에 이렇게 썼다. "나는 운이 좋았다. 문득 어떻게 해야 할지 생각이 났다. 몇 마디 하고 나서 나는 그들에게 질문을 던졌다. '만일 여러분이 대통령 부인이고 문맹 퇴치를 위해 일할 수 있는 입장이라면 어떤 일을 하시겠습니까? 그리고 어떤 방법으로 하실 건가요?' 말할 나위도 없이 탁월한 의견이 여기저기서 나왔다."

"나는 그 자리에서 분명 무엇인가를 배웠다. 사람들은 듣기보다 말하기를 좋아한다는 것이다. 그러니까 잘 모를 때는 입을 다물고 귀를 기울이면서 다른 사람들에게 말할 기회를 주면 된다. 그들은 기뻐할 것이고 나는 무엇인가를 배울 수 있다."

최근 《뉴요커》지에는 뉴욕의 성장하는 인터넷 산업을 대변해 주는 잡지를 출간하는 신세대 스타에 관한 기사가 실렸다. 제이슨 칼라카니스라는 그 젊은이는 브루클린의 뒷골목에서 자랐다. 처음에 그는 자신이 모르는 것에 대해 질문하기를 꺼렸다. 하지만 그는 곧 태도를 바꾸었다. 이제는 모르는 사람에 관한 이야기를 들으면 "그게 누군데요?"라고 묻는다. "18세기 시인이에요."라고 가르쳐 주면 "그렇군요. 이제 알았어요."라고 말한다.

똑똑해 보이려면 무엇이든지 다 알고 있어야 한다고 생각하지만, 사실은 적절한 질문을 하는 것이 더 중요하다. 사람들은 모르는 것을 배우려고 하는 사람을 존경한다.

때로는 질문하는 것이 폐가 될 수 있다. 다른 사람의 사생활을 침해하는 것이라고 생각해서 점잖은 사람들은 질문을 삼간다. 또한 좋은 것도 지나치면 해가 된다. 연달아서 하는 질문은 대화를 한다기보다 심문을 하는 것처럼 느껴질 수 있다. 특히 대답에 귀를 기울이지 않는다면 말이다. 대화란 서로 주고받는 것이다.

우리는 유치원에서 대학까지 공부를 하면서 대답하는 법은 배웠지만 질문하는 법은 배우지 않았다. 수업에 방해가 된다고 질문을 못하게 하는 경우도 있었다. 『질문하고 가르치기』에서 J. T. 디론은 27개 교실을 관찰해 본 결과, 질문을 한 학생은 11명밖에 없었다고 한다. "질문은 교사가 하는 말 중의 60퍼센트 이상을 차지했지만 학생이 하는 말 중에는 1퍼센트 이하였다. 각 교사가 시간 당 80번 질문을 한다면 학생들은 모두 합해서 시간당 2번밖에 질문하지 않는다."라고 디론은 말한다.

그러나 훌륭한 교사들은 학습 과정에서 질문의 중요성을 인정한다. 뉴욕 주에서 새로 표준화된 수학 시험은 단순히 정답만을 요구하지 않는다. 학생들은 각 문제마다 답을 생각해 내기 위해 스스로 어떤 질문을 했는지에 대해 간단히 설명해야 한다.

위에서 보았듯이 질문을 하지 않는 이유는 그릇된 오해와 근거 없는 불안 때문이다. ●

IQ

아이들은 자연스럽게, 그리고 천진난만하게 정곡을 찌르는 질문을 한다. 내가 주일학교 교사를 하기 시작했을 때 전임 교사가 말했다. "아이들이 질문을 할 겁니다. '성소에는 왜 큰 의자들이 있나요?' 그리고 '마이크에서는 왜 이런 소리가 나죠?'라고요." 나는 그런 질문에는 얼마든지 대답할 수 있다고 생각했다. 질문하는 시간이 되었을 때 고사리같은 손들이 열심히 올라왔다. 앞에 앉은 작은 소녀를 지목하자, 그 아이가 간단한 질문을 했다. "선생님, 하느님은 누가 만들었어요?"
— 매튜 D. 게바르츠, 유대 교회 랍비

2

첫 번째 힘
질문을 하면 답이 나온다

Questions Demand Answers

태초에 하느님은 산 위에서 모세를 만나 11계명을 전달할 예정이었다. 그런데 시간이 늦어서 서두르다가 그만 서판 하나를 떨어뜨려 산산조각을 냈다.

하느님은 모세에게 나머지 계명을 주었다(물론 모세는 10계명으로 만족했다). 그런데 하느님은 어떤 계율이 빠졌는지 궁금했다.

그는 조심조심 부서진 서판의 조각들을 주워 맞춰보았다.

열한 번째 계명은 무엇이었을까?

"질문을 하라. 그리고 거기에 답하라."

질문에 답한다

사람들은 매일 수많은 종류의 반사 작용을 경험한다. 뜨거운 물체를 만지면 손을 움츠리고, 큰 소리가 나면 눈을 깜박인다. 그리고 내가 응답반사라고 부르는 것이 있다. 이 반사를 일으키는 자극은 질문이다.

질문은 신경계를 자극해서 뇌세포를 활동하게 하고, 자신도 모르는 사이에 대답이 튀어나오게 한다. 물론 대답을 하지 않을 수도 있지만 우리가 처음 느끼는 충동은 대답을 하는 것이다. 사실 대답을 해야 할 것처럼 느낀다. 바로 이런 이유로 인해 질문하는 사람이 훨씬 유리한 위치에 서게 되는 것이다.

단지 질문을 받았기 때문에 잘 모르는 사람에게 은밀한 비밀을 말해 본 적이 있는가? 뉴스나 토크쇼를 보면 각계각층의 사람들 모두 질문을 하는 사람의 마술에 걸리는 광경을 보게 된다. 부와 권력을 가진 사람들이 질문하는 사람의 힘에 굴복하는 것을 본다. 질문을 하는 사람은 아마 금전적으로나 지위로 보나 훨씬 아래 있지만 정치가와 유명 인사들은 그의 질문에 어떤 식으로든 대답을 하지 않을 수 없다(대답을 하지 않으면 회피하는 것처럼 보인다).

질문을 할 때는 대답을 기대한다. 질문에 대한 답이 나올 때까지는 상당한 긴장감이 형성된다. 『질문하는 존재 : 워즈워스, 키이츠와 낭만주의 시에서의 의문법』이라는 저서에서 수잔 J. 울프슨은 "질문은 활동 중에 있는 단층작용이다. 질문에 대답하지 않은 사건은 파괴적인 영향력을 유지한다."라고 말한다.

응답반사는 매우 강력하며 대화술에서 아주 중요한 요인으로, 질문이 가진 다른 여섯 가지 힘의 바탕이 된다.

응답반사

응답반사는 언제부터 시작될까? 사람들은 처음 말을 하기 시작하면서 동시에 그것을 배운다. 아이들은 어떤 식으로 말하는 연습을 할까? 질문에 대답을 하면서 배운다. 부모는 기회가 있을 때마다 아이가 대답하는 것을 보여주면서 자랑을 한다. "아가야, 이모한테 말해 보렴, 소는 어떻게 울지? 오빠 이름이 뭐지?" 그래서 대답을 잘하면 칭찬으로 아이를 꼭 안아준다.

한두 해가 지나면 아이는 스스로 질문을 하고 다른 사람들에게 대답을 요구한다. "하늘은 왜 파랗죠? 왜 비가 오나요?" 질문을 많이 할수록 주변 세상에 대한 지식이 쌓여간다.

질문하고 대답하는 일은 태도나 예절과도 관계가 있다. 사람들은 어려서부터 묻는 말에 대답을 하지 않으면 무례하다고 배운다. 언어학자인 제임스 L. 피델로츠는 언어를 습득하면서 언어의 사용 규칙을 습득한다고 말한다. "특히, 협조적이 되어야 한다는 규칙이 있다."라고 말한다. "누군가 질문을 하는 것은 대답을 구하는 것이므로 거기 협조해야 한다."

대답을 하도록 프로그램 된다

질문에 대답을 하라는 훈계는 평생 따라다닌다. 학교에 가면 교사들의 질문과 시험지에 답을 해야 한다. 만일 답을 하지 않으면(더군다나 답을 할 수 없으면) 당황하고 못난이처럼 느껴진다.

교사가 질문을 하면 답을 아는 학생들은 손을 들고, 나머지 학생들은 자리에서 몸을 움츠리고 갑자기 쥐구멍에라도 들어가고 싶은 심정이 된다. 교사가 그런 학생 중에 한 명을 부르고 그 학생이 틀린 대답을 하기라도 하면 다른 학생들은 웃음을 터뜨린다. 이런 경험들은 평생 질문에 대해 느끼는 방식에 영향을 준다.

그러므로 질문은 우리의 정체성과 자존심, 다른 사람들이 우리를 보는 방식, 그리고 우리가 다른 사람들을 보는 방식에 영향을 준다. 질문을 두려워하면 배우지 못한다. 나 자신이 경험해 보아서 알고 있다. 나는 대체로 공부를 잘했지만 대학에서 논리학 때문에 애를 먹은 적이 있다. 강의 시간에 질문을 받는 것이 두려웠고 중간고사는 아예 치르지도 않았다.

또한 법률 체제는 질문에 답해야 한다는 것을 전제로 하고 있다. 간혹 증인이 눈물을 흘리며 고백하게 되는 이유는 질문에 대답을 해야 했기 때문이다.

법정 드라마를 보면 증인이 검사에게 추궁을 당하는 장면이 나온다. 만일 증인이 침묵을 지키면 판사는 몸을 앞으로 기울이고 엄중하게 주의를 준다. "질문에 대답을 해야 합니다!" 그래도 대답하기를 거부하면 법정모독죄가 적용될 수 있다. ●

물론 미국 헌법에는 불리한 증언을 거부할 수 있는 권리가 명시되어 있다. 재판관은 배심원들에게 피고가 증언을 하지 않는다는 이유로 유죄(또는 무죄)로 추정하면 안 된다고 주의를 준다. 하지만 만약 증언을 거부하면 "이 사람이 왜 대답을 하지 않는 걸까? 무엇을 감추려고 하는 걸까?"라는 생각이 드는 것은 어쩔 수가 없다.

이처럼 질문의 힘은 법의 힘보다 강력하다. 현실에서는 다른 사람에 대해 알 권리가 없는 사적이고 은밀한 일들이 있는데 질문은 종종 그런 비밀들을 자발적으로 털어놓게 만든다.

전화로 하는 설문조사에 답해 본 적이 있을 것이다. 그런 조사는 대부분 합법적인 회사들이 실시하지만 때로는 질문의 힘에 의존해서 정보를 얻어내려는 사기꾼들도 있다. 처음에 그들은 어떤 음료수를 좋아하는지 또는 어디로 휴가를 가고 싶은지 등의 일반적인 질문을 한다. 그러다가 나이가 몇인지, 결혼을 했는지, 혼자 살고 있는지, 연봉은 어느 정도인지 등을 물어본다.

질문이 대답을 요구한다는 사실을 염두에 두고 있으면 그 힘을 이용한 속임수에 걸려들지 않도록 자기 자신을 방어할 수 있다. 그리고 그 힘을 자신에게 유리한 방향으로 사용할 수도 있다.

질문하는 방식을 바꿔보자

질문의 힘이 의사소통에 도움이 될 수 있다는 사실에 기초해서, 원하는 대답을 듣기 위해 질문하는 방식을 바꿀 수 있다.

질문은 대답을 요구하므로 질문을 하는 사람은 막강한 힘을 갖고 있는 셈이다. 그 힘은 사용하는 단어, 질문하는 방식, 그리고 말투에 따라 달라진다. 정확하게 어떤 질문을 어떻게 하느냐에 따라 대답이 달라질 수 있다.

여론 조사원들은 잘 알고 있다. 『질문하는 기술』에서 스탠리 L. 페인은 여론조사에서 두 가지 방식으로 질문하는 예를 들고 있다. 아래의 두 질문에서 다른 점은 한 단어뿐이다.

1. 미국이 민주주의에 반대하는 공공 연설을 허용해야 한다고 생각하는가?
2. 미국이 민주주의에 반대하는 공공 연설을 금지해야 한다고 생각하는가?

위의 두 질문은 정확히 서로 반대이므로 페인은 그 비율도 역시 정확하게 반대가 되어야 한다고 말한다. 즉 만일 응답자의 25퍼센트가 첫 질문에 "그렇다."라고 대답한다면 그 25퍼센트는 두 번째 질문에 "아니다."라고 대답해야 한다. 하지만 결과는 그렇지 않았다. 훨씬 더 많은 사람들이 두 번째 질문에 "아니다."라고 대답했다. 좀더 강하고 부정적인 '금지'라는 단어가 사람들에게 좀더 강한 거부감을 갖게 한 것이다. 페인은 "분명히 '금지'라는 단어에는 금지된 뭔가가 있다. 사람들은 금지해야 한다는 말보다는 허락하지 말아야 한다는 말을 좀더 편안해 한다."라고 결론지었다.

모든 단어가 차이를 만든다. '할 수 있다'와 '해야 한다'라는 말을 예로 들어보자. 질문을 할 때 때로 그 두 가지를 동의어로 사용한다. 하지만 그 둘 사이의 차이로 인해 다른 대답이 나온다. 언뜻 보면 두 질문은 큰 차이가 없는 것처럼 보일 수 있다.

1. 의료보험료 인상을 억제하려면 어떤 조치를 취해야 한다고 생각하는가?
2. 의료보험료 인상을 억제하려면 어떤 조치를 취할 수 있다고 생각하는가?

단어 하나밖에 차이가 없지만 대답은 전혀 달라질 수 있다.

질문을 어떤 식으로 하느냐에 따라 큰 차이가 생길 수 있는데, 한 가지 완벽한 예를 사법제도에서 볼 수 있다. 거짓말 탐지기 실험과 최면술, 진술 분석을 전문으로 하는 캐나다 회사의 회장인 마미 머레이는 거짓말 탐지기 테스트를 할 때의 질문은 상황에 따라 단어 선정에 신중을 기해야 한다고 말한다.

"시험관은 각 테스트에 관련해서 부정확성, 언어 차이, 정신적인 요인을 신중히 고려해야 한다."라고 머레이는 말한다. 예를 들어, 만일 어떤 살인 사건이 일어났을 때 용의자에게 희생자를 죽게 했느냐고 물어볼 수 있다. 그러나 그 질문은 여러 가지 해석이 가능하기 때문에 잘못된 답이 나오는 경우가 많다. 베이비시터가 아이를 죽인 사건이 있었다고 하자. 만일 아이 엄마에게 "당신이 아이를 죽게 했느냐?"라고 물으면 그녀는 그렇다고 대답할 수 있다. 아이 엄마는 애초에 베이비시터를 고용한 자신이 아이를 죽게 만든 원인을 제공했다고 생각하는 것이다.

머레이가 한번은 어느 남자에게 손녀를 성폭행했는지 물은 적이 있다고 한다. 그러자 그는 노발대발하면서 부인했다. 그러나 질문을 바꿔서 손녀에게 뭔가를 했느냐고 묻자, 그는 순순히 자백을 했다. "나는 그 아이를 만지고 그 아이도 나를 만졌어요. 하지만 그 애를 건드리지는 않았습니다." 첫 번째 질문을 하면서 머레이는 자신과 그 노인이 성폭행이라는 단어를 같은 의미로 사용하고 있다고 가정했다. 하지만 노인의 두 번째 대답을 들어보니 그렇지 않았다는 것이 드러났다. 머레이가 질문을 다르게 하자 대답이 완전히 달라진 것이다.

어떤 답을 듣고 싶은가?

질문을 할 때는 자신이 어떤 대답을 원하는지 생각해 보아야 한다. 만일 "이 옷을 입으면 뚱뚱해 보이나요?"라고 묻는다면 듣고 싶지 않은 대답일지라도 들을 준비가 되어 있어야 한다.

「집시」라는 영화에서 엄마와 딸이 말다툼하는 장면이 나온다. 딸이 스트리퍼로 출세를 해서 엄마 곁을 떠나려고 하자 엄마가 묻는다. "한푼이라도 아끼려고 그렇게 허리띠를 졸라매고 살았는데 내가 뭐 하러 그랬지? 말해 봐라. 내가 뭐 하러 그랬겠어?" 딸은 돌아서서 다정하게 말한다. "저를 위해서 그러신 것 알아요." 그러나 그것은 엄마가 기대했던 대답이 아니었다.

때로는 자신에게 어떤 질문을 하면서 사실은 그 답을 원하지 않을 때가 있다. 어떤 질문은 대답하기가 불가능할 수도 있다. 비극이 닥쳤을 때 "왜 하필 나에게 이런 일이?"라고 아무리 물어도 소용이 없다. 그 질문에는 답이 없다. 상황을 인정하고 "지금 내가 할 수 있는 일은 무엇인가?"라는 식의 대답이 가능한 질문으로 바꿔야 한다.

현문현답

좋은 질문을 하려면 분명한 의도를 갖고 있어야 한다. 질문하는 의도가 분명하면 필요로 하고 원하는 대답에 접근할 수 있다.

중요한 질문을 하기 전에 자기 자신에게 물어보자. "나는 왜 이 질문을 하려고 하는가?" 우선 다음과 같은 질문을 해서 그 의도를 알아보자. ●

1. 이 질문을 해서 정확히 내가 얻으려고 하는 것은 무엇인가? 도움, 조언, 정보, 약속을 원하는가? 토의를 하고, 새로운 아이디어를 개발하고, 의견이나 입장을 끌어내려는 것인가? 동의를 구하거나 어떤 행동, 생각이나 결정을 제안하기 위한 것인가?

2. 누구에게 질문할 것인가? 잘 아는 사람, 아니면 전혀 모르는 사람, 상급자나 부하 직원?

3. 질문을 하기에 적절한 시기나 상황은? 타이밍이 중요하다. 크리스마스 파티에서 업무에 관련된 질문을 하거나 이사회에서 개인적인 질문을 하지 말라.

4. 이 질문은 어떤 영향을 미칠까? 질문은 여러 가지 방식으로 할 수 있다. "만일 내가 이런 식으로 질문을 하면 어떤 대답이 나올 것인가? 좀더 구체적인 대답을 얻기 위해서 좀더 구체적으로 질문을 할 수 없을까?"

의상 디자이너인 존은 질문하는 의도를 정하면 어떻게 유리한지에 대해 이런 이야기를 했다. 그는 몇 번의 시도 끝에 자신의 디자인을 제품으로 생산, 판매하고자 하는 어느 회사와 만남을 갖기로 했다. 하지만 그 회사에서는 계속 회의를 연기했다. 존은 거래를 추진하려면 어떻게 해야 할지 생각했다. 몇 장이나 되는 기획안을 작성하기도 했다.

이제 어떻게 할 것인가? 그 기획안을 제조업체에게 보낼까? 전화로 읽어 줄까? 존은 이러한 방법이 좋지 않다고 생각하고 다른 접근법을 시도했다. 그는 자신에게 다음과 같은 질문을 했다.

- **내가 목적하는 바는 무엇인가**—내가 디자인한 옷을 업체에서 생산, 판매하도록 하는 것
- **누구와 이야기할 것인가**—디자이너 선임권을 가진 마케팅부장
- **합의에 이를 수 있는 공통분모나 입장은 무엇인가**—디자이너와 제조업체가 좋은 짝이 되어 서로 이익을 취하는 것
- **내 작품이 제조업체의 목표와 부합되는 주요 장점은 무엇인가**—나의 의상은 그 회사에서 선호하는 자연 섬유를 소재로 하고 있으며, 그들이 손을 대려고 하는 시장에 이미 알려져 있고 공식적으로 인정된 상을 받기도 했다. 그들의 주요 경쟁사에서도 내 디자인으로 큰 성공을 거두었다.

그 다음에 존은 회사에 전화를 했다. 그는 자기 작품의 장점을 나열하는 대신 다음과 같은 질문을 했다.

- "새로운 디자이너의 의상을 선택하기 전에 어떤 점에 대해 알고 싶은가요?"

- "우리의 만남을 준비하기 위해 당신 회사의 목표, 계획에 대해 내가 알아야 할 것은 무엇인가요?"
- "내 디자인과 당신 회사가 서로에게 좋은 파트너가 될 수 있는지를 확인할 수 있는 만남을 언제 갖는 게 좋을까요?"

존은 자신이 필요로 하는 대답을 얻었을 뿐 아니라 상대방에게도 입장을 분명히 세울 수 있도록 도와주었다. 그는 만나달라고 애걸할 필요 없이 몇 가지 정선된 질문으로 문제를 해결했다.

어떤 대답을 원하는가?

질문은 인간의 언어만큼 복잡하고 인간의 생각만큼 포괄적이다. 일반적으로 질문을 하는 이유는 특정한 정보를 구하기 위해서이다. 그러나 종종 아주 광범위하고 애매한 질문을 하기 때문에 어떤 대답을 해도 대충 들어맞는 경우가 있다. ●

처음 이 책을 쓰기 시작할 때 나는 인터뷰 대상자의 목록을 만들었다. 그 다음에는 그들에게서 흥미로운 대답을 들을 수 있다고 생각되는 질문 목록을 만들었다. 하지만 그 질문 목록에 따라 서너 명을 인터뷰한 후에 나는 뭔가가 잘못되었다는 것을 깨달았다. 전혀 흥미로운 대답이 나오지 않고 있었다. 그들은 딱히 뭐라고 구분하기 어려운 애매한 대답을 했다. 나는 처음에 "대화 방법으로 질문의 장점이 무엇이라고 생각하는가?"라고 물었다. 그들

거트루드 스타인은 죽기 직전에 물었다. "답이 뭐죠?" 아무 대답이 없었다. 그녀는 웃으면서 말했다. "그러면 질문이 뭐죠?" 그리고 그녀는 숨을 거두었다.

– 도널드 서덜랜드, 거트루드 스타인의 자서전에서

의 대답은 기본적으로 모두 같았다. "필요한 정보를 구하고 사람들과 더 잘 연결되는 데 도움이 된다."라는 것이었다.

나는 질문의 의도를 분명하게 정하지 않았다는 것을 깨달았다. 내가 알고자 한 것은 실제로 사람들이 생활하면서 질문을 어떤 식으로 사용하는가 하는 것이었다. 그래서 이번에는 인터뷰할 사람에 따라 각기 다른 질문을 정해서 다시 목록으로 만들었다. 법률가들에게는 "소크라테스식 문답법이란 무엇이고, 그 방법은 법과대학과 실제 상황에서 어떻게 사용되고 있는가?", 성직자들에게는 "질문과 질문 과정에 관련해서 종교가 어떻게 발전해 왔는가?", 그리고 기자들에게는 "누구에게 질문을 할 때 어떤 면이 그를 좀더 깊이 조사해 보고 싶게 만드는가?"라는 질문을 했다.

우리는 질문을 하면서 알게 모르게 대답에 영향을 준다. 대답을 제한하거나, 어떤 사실을 가정하거나, 원하는 방향으로 유도할 수 있다. 어떤 질문을 어떻게 하느냐에 따라 대답에 포함된 정보의 양이 달라지고, 대답의 폭도 포괄적이거나 제한적이 될 수 있다.

"컴퓨터에 쓰레기를 넣으면 쓰레기가 나온다."라는 말이 있다. 컴퓨터를 잘못 프로그래밍하거나 엉뚱한 명령을 하면 찾는 정보를 얻을 수 없다는 뜻이다.

컴퓨터는 프로그램 방식과 특정한 종류의 질문과 대답을 처리하는 능력에 의해 제한을 받는다. 롱아일랜드 철도 여행을 했을 때 옆에 앉았던 신사가 나에게 이와 관련된 이야기를 아주 훌륭하게 설명해 주었다. 그는 컴퓨터 언어학자라고 했는데, 내가 자기가 하는 일을 잘 이해하지 못할 거라고 생각했는지 자세하게 설명해 주었다. "만일 내가 당신에게 목요일 밤에 함께 저녁 식사를 하겠냐고 물었을 때, 당신이 '목요일 저녁에 시카고에 갑니다'라고 대답한다면 그 말은 분명히 거절을 의미합니다. 열 살짜리도 이해를 할 겁니다. 하지만 컴퓨터는 당신이 '아니오' 또는 '안 돼요'라는 말을 하지 않았기 때문에 그 말이 거절이라는 것을 이해하지 못하죠."

인터넷에서 정보 검색을 할 때도 마찬가지다. 검색어로 사용하지 않은 단어는 검색되지 않는다. 원하는 검색어를 제대로 입력해야 어느 정도 원하는 답에 근접할 수 있다.

인간의 대화도 그와 별로 다르지 않다. 사람들도 역시 갖고 있는 정보와 질문을 이해하는 능력에 의해 제한을 받는다. 그러므로 만일 찾는 대답을 얻지 못하면 질문을 바꿔서 해볼 필요가 있다.

● **폐쇄형 질문과 개방형 질문**

질문은 대체로 이 두 가지 중에 하나에 속한다. 폐쇄형 질문을 하면 정보를 한 조각 얻어낼 수 있지만 설명은 더 이상 이어지지 않는다. 폐쇄형 질문을 하면 그렇다, 아니다 또는 단답형의 대답을 듣게 된다. 신속하게 정보를 구할 때 유용하다. 예를 들면

- 그 회의는 언제 시작하죠?
- 제품이 얼마나 많이 필요한가요?
- 보고서를 끝냈습니까?
- 병원까지 차를 태워줄 수 있나요?

• 음식을 데워드릴까요?

폐쇄형 질문은 대답하기 쉬우므로 필요로 하는 정보를 얻을 수 있다. 또한 토론이나 대화가 빗나갈 때 원점으로 되돌리기 위해 사용할 수 있다.

• 그 주제에 대해서는 이미 결정이 난 것 아닌가요?
• 지금 이 물건을 사고 어울리지 않으면 돌려줄 수 있습니까?

때로는 어떤 합의 사항에 대해 확인할 때 사용할 수 있다.

• 그렇다면 우리가 동의를 한 건가요?
• 합의서에 언제 서명을 하시겠습니까?

그러나 폐쇄형 질문으로 모든 일을 해결할 수는 없다. 폐쇄형 질문은 질문자나 응답자의 사고를 자극하지 않는다. 대화가 계속 이어지지 않는다. 처음 만나는 사람에게 몇 가지 폐쇄형 질문을 해보면 대화가 얼마나 삭막하고 어색해지는지 알 수 있다.

• 어디에 사십니까?
• 무슨 일을 하십니까?
• 겨자를 바른 달걀을 싫어하나요?
• 오늘 신문 헤드라인 기사를 보셨나요?

만일 대화를 계속하고 싶다면 개방형 질문을 해야 한다. 개방형 질문은 사람들로 하여금 생각을 하게 만들고 토의를 이끌어 낸다. 상대방이 함께 참여해서 의견을 교환하게 한다.

개방형 질문은 심층적인 대답을 요구한다.

- 이 파티의 주최자를 어떻게 아십니까?
- 이 파티를 어떻게 생각하십니까?
- 지난번 직장에서 어떤 일을 했나요?
- 우리 회사에 대해 무엇을 알고 있죠?
- 이 일을 좀더 잘하려면 어떤 점을 바꿔야 할까요?
- 어떻게 그런 결정을 내리게 되었나요?

이러한 개방형 질문을 하면 스스럼없는 대화가 이어지며, 폐쇄형 질문을 연달아 할 때처럼 상대방에게 심문하는 느낌을 주지 않는다. 사람들은 자기 자신과, 자신의 감정과 의견에 대해 이야기하기를 좋아하는데, 개방형 질문은 이 모든 것을 허락한다.

그런데 왜 개방형 질문을 자주 사용하지 않는 것일까? 질문하는 기술을 배우지 못했고 아무 생각 없이 질문하기 때문이다.

또한 개방형 질문을 하려면 좀더 생각이 필요하고 대답에 주의를 기울여야 한다. 폐쇄형 질문을 개방형 질문으로 바꾸는 것은 그다지 어려운 일이 아니다. 다음과 같이 어떻게, 무엇을, 할 수 있다 등과 같은 단어를 한두 마디만 덧붙이면 개방형 질문이 된다.

폐쇄형 : 내가 도와줄까요?

개방형 : 내가 무엇을 도와줄까요?

폐쇄형 : 그 임무를 끝내지 않았습니까?

개방형 : 그 임무를 끝낼 수 없었던 어떤 이유가 있었습니까?

폐쇄형 : 내가 전에도 그렇게 말하지 않았나요?

개방형 : 당신을 이해시키려면 내가 어떤 식으로 말해야 했을
         까요?

● 일반적인 질문과 구체적인 질문

만일 좀더 구체적인 대답을 원한다면 구체적인 질문을 해야
한다. 광범위하고 일반적인 대답이 필요할 때가 있고 좀더 구체적
인 대답이 필요할 때가 있다. 질문을 하는 방식에 따라 대답의 구체
적인 정도가 달라진다. 예를 들어,

일반적인 질문 : 당신은 지금 하는 일을 좋아하십니까?

보다 구체적인 질문 : 당신이 지금 하는 일에 대해 어떻게 생각
                    하십니까?

가장 구체적인 질문 : 당신이 하는 일에서 가장 어려운 문제 세
                    가지는 무엇입니까?

경영자들은 면접을 할 때 흔히 일반적인 질문으로 시작한다.

"당신 자신에 대해 이야기해 보시오." 이 말은 문법상으로는 서술문이지만 실제로는 "당신 자신에 대해 이야기해 보겠습니까?"라는 질문이나 마찬가지다. 경영자들이 이런 식의 일반적인 질문을 하는 이유는 구직자들이 어떤 이야기를 하는지 보고 많은 것을 짐작할 수 있기 때문이다.

하지만 구직자의 입장에서는 회사에 대해 아는 것이 없는 상황이므로 이러한 질문을 받으면 질문의 범위를 좁힐 필요가 있다. 다음과 같이 말하는 것도 좋다. "저에 대해 말씀드릴 것은 별로 없지만 회사에서 중요하게 생각하는 것에 관해 초점을 맞추고 싶습니다. 특별히 무엇에 대해 알고 싶으십니까?"

만일 구체적인 질문을 해서 원하는 답을 얻지 못하면 좀더 일반적인 접근을 시도할 수 있다. 다음은 《굿모닝 아메리카》지의 편집인 제니스 리버맨이 사용하는 방법이다. 만일 누군가가 그녀의 첫 질문에 대답을 하지 못하거나 하지 않을 때 제니스는 이렇게 한다고 한다.

"왜 나에게 말을 안 하느냐고 따질 수는 없다. '다른 방법으로 도와줄 수 있나요?'라고 부드럽게 말해야 한다. 예를 들어 '법적인 문제 때문에 회사 이름을 말해 줄 수 없다는 것을 이해합니다. 그렇다면 그들이 지금 주장하는 것에 대해 이야기해 줄 수 있습니까?' 또는 만일 월급에 대해 질문을 했는데 대답을 하지 않는다면 '월급이 얼마인지 말해 줄 수 없다면 대략 그 범위만이라도 말해 주시겠습니까?'라고 묻는다."

● 객관식 질문

객관식 질문은 원하는 대답을 제한할 때 편리하게 사용할 수 있다. 오로지 주어진 범위 내에서만 대답을 하게 만드는 것이다. "당신이 본 여자는 금발이었는가 아니면 검은 머리였는가?"라는 질문은 그 여자가 붉은 머리일 수 있는 가능성을 배제하고 있다. 객관식 질문은 종종 상대방에게 선택을 하도록 할 때 사용된다. "저녁 식사로 닭고기나 생선 중에 어떤 것을 먹겠느냐?" 또는 "빨간색 넥타이와 파란색 넥타이 중에서 어느 것이 더 마음에 드는가?"라고 묻는다. 아이들은 종종 "저녁으로 뭘 먹고 싶니?"와 같은 무제한적인 선택보다는 "저녁으로 통닭을 먹을까 아니면 피자를 먹을까?"와 같이 제한된 선택에 대답을 더 잘한다. "오늘 뭘 하고 싶니?"라는 물음에는 대답을 잘 못해도 "오늘 동물원에 갈까, 아니면 영화를 보러 갈까?"라는 질문에는 금방 대답한다.

● 가정 질문

어떤 사실을 가정하거나 인정하고 하는 질문이다. "세금이 왜 이렇게 많은가?"라는 질문은 세금이 너무 많다는 것을 사실로 가정하고 있다. 그 말은 사실일 수도 있지만 "너무 많다."라는 것은 상대적이다. 영업사원들은 종종 이런 식의 가정 질문을 하는 기술을 훈련받는다. 고객이 실제로 사겠다고 결정하기도 전에 "빨간색이나 검은색 중에 어떤 차를 원하시죠?"라고 묻는다.

● 유도 질문

예일 대학교 로스쿨의 법경제학 교수인 조지 프리스트는 유도 질문이란 원하는 대답을 하도록 증인을 유도하는 것이라고 말한다. 이것은 법률가뿐만 아니라 교사와 영업사원들도 사용하는 기술이다.

유도 질문은 그 자체가 어떤 대답을 제안한다. 예를 들어 "왜 이것이 좋은 해결책이라고 생각하는가?"라는 질문은 장점에 대해서만 묻고 있다. 상대방은 장점에 대해서만 이야기할 것이다.

반면에 개방형 질문("이 해결책을 어떻게 생각하는가?")은 상대방이 생각나는 대로 자유롭게 이야기하도록 허락한다.

거짓말 탐지기 전문가들 사이에서는 유도 질문이 대답하는 사람에게 어떤 정보를 주입하기 때문에 '오염된 질문'이라는 은어를 사용한다. 만일 수사관이 증인에게 "가해자가 빨간색 자동차를 운전하는 것을 보았는가?"라고 묻는다면 증인은 자기도 모르게 그 질문으로부터 정보를 취해서 대답에 반영한다. 만일 증인이 "그렇다. 가해자가 빨간색 자동차를 타고 있는 것을 보았다."라고 말한다면 그 대답은 "그가 타고 있는 차가 무슨 색이었는가?"라는 질문에 대한 대답보다 신뢰성이 떨어진다.

● 간접 질문

나의 어머니는 간접 질문의 명수였다. 텔레비전을 보다가 "다른 방송은 안 하니?"라고 물으면 다른 프로그램을 보고 싶다는 것을 돌려서 하는 말이었다. 또는 단도직입적으로 "물 좀 갖다줄

래?"라고 하는 대신 "물 좀 갖다주면 안 되겠니?"라고 한다.

이것은 자발적인 협조를 구하는 방법으로는 그다지 바람직하지 않다. 최근에 나는 백화점에 갔다가 다음과 같은 광경을 목격했다. 내가 쇼핑을 하러 들른 가게에 계산원과 점원이 서 있었다. 두 사람은 계산을 하면서 소곤거리며 이야기를 주고받았다. 관리자가 지나가다가 바쁘게 일하는 계산원을 점원이 방해한다고 생각했는지 "당신 지금 뭐 하는 겁니까?"라고 물었다. 그렇게 묻는 말투에 화가 난 점원이 쏘아붙였다. "아무 것도 안 하는데요. 제가 할 일이 있나요?" 그러자 관리자는 어질러진 진열대를 정리하라고 말했다. 차라리 처음부터 "저 진열대를 정리할래요?"라고 말했더라면 좋았을 것이다.

우리는 매일 여러 방식으로 질문을 한다. 질문을 잘하는 방법은 달성하고자 하는 목적에 따라 달라진다. 다음 몇 가지 예를 보자.

목적	예
토론을 시작할 때	무엇에 대해 논의할 것인가?
어떤 관점, 의견, 사실 또는 상황에 주목하게 할 때	존이 이 도전을 받아들이기를 꺼린 이유가 무엇이라고 생각하는가?
정보를 구할 때	그곳에 가기 위한 최선의 방법은 무엇인가?
원인이나 관계를 밝힐 때	네가 하는 아르바이트가 이번 학기 성적에 어떤 영향을 주고 있는가?
생각을 시험할 때	우리가 이런 식으로 하지 않는다고 가정하면 어떻게 되겠는가?
토론이 요점에서 벗어나지 않도록 할 때	아르바이트와 성적의 문제로 돌아가서 생각해 보겠는가?

요약하거나 토론을 끝낼 때	지금까지 한 이야기의 요점은 무엇인가?
의견과 입장을 이끌어 낼 때	대로변에 짓고 있는 쇼핑 상가에 대해 어떻게 생각하는가?
어떤 의견에 대한 반응을 이끌어 낼 때	존이 발표한 의견에 대해 어떻게 생각하는가?
어떤 행동, 아이디어 또는 결정을 제안할 때	만일 바바라가 사장의 실수를 비난하는 말을 하면 어떤 결과가 올 것이라고 생각하는가?

사람들이 질문하는 것을 관찰해 보자. 일상적인 대화에 귀를 기울여보자. 전문 사회자와 기자들이 하는 이야기를 들어보자. 힘을 가진 사람이 누구이고 질문을 누가 하느냐에 따라 그 힘이 어떻게 바뀌는지 주목해 보자. ●

우리가 듣는 대답은 모두 질문에 대한 답변이다.
– 닐 포스트맨, 『엉터리 이야기, 어리석은 이야기』

3

두 번째 힘
질문은 생각을 자극한다

Questions Stimulate Thinking

끈질기게 생각해서 해결되지 않는 문제는 없다.

— 볼테르, 작가

질문은 발명의 어머니

1943년, 에드윈 랜드는 어린 딸의 손을 잡고 해변을 거닐며 사진을 찍기 시작했다. 딸은 어서 빨리 사진을 보고 싶어서 조바심을 치며 물었다. "아빠, 왜 사진을 금방 볼 수 없는 거죠?"

약 20년 후, 아서 프라이는 성가대원들이 찬송가에 표시를 해 두는 종이 조각이 책장을 넘길 때마다 떨어지는 것을 보고 자신에게 물었다. "책갈피에 종이를 붙여 두었다가 찢어내지 않고 다른 페이지에 다시 붙일 수 있는 방법이 없을까?"

에드윈 랜드는 딸의 순진한 질문을 듣고 사진을 찍은 후 몇 초 만에 볼 수 있는 폴라로이드 랜드 카메라를 발명했다. 아서 프라이의 질문에서 탄생한 포스트잇 메모지는 가정과 직장에서 소소한 일들을 기억하기 위해 요긴하게 사용되고 있다.

이 두 가지 사례의 공통점은 질문으로부터 발명이 시작되었다는 것이다. 사실 모든 발명이나 발견은 질문이 사고를 자극한 결과라고 해도 과언이 아니다.

자신에게 하는 질문과 다른 사람에게 하는 질문

물론 발명가나 과학자만 질문에 자극을 받는 것은 아니다. 자기 스스로에게 하는 질문과 다른 사람에게 하는 질문에 의해 자극을 받는다. 생각을 자극하는 질문에는 두 종류가 있다.

첫 번째는 나는 누구이고, 다른 사람과 어떻게 관계하고, 살면서 부딪치는 문제들을 어떻게 해결할 것인지 생각하기 위해 자기 자신에게 묻는 질문이다. ●

두 번째는 상대방이 좀더 창의적으로 생각할 수 있도록 도와주기 위해 하는 질문이다. "당신이 지금 하고 있는 일을 하지 않는다면 어떻게 되겠는가?" 또는 "만일 당신의 목적이 돈이 아니라면 이 문제를 어떤 식으로 처리하겠는가?" 등의 질문들이다.

자신이 곤란한 상황에 처했을 때는 시간을 갖고 자기 자신과 다른 사람들에게 어떤 질문을 할 것인지 생각해 보자.

질문은 개인적이고 진지한 질문("나는 살면서 정말 무엇을 하고 싶은가?")도 있고, 실용적이고 피상적인 질문("오늘 저녁에는 무엇을 먹을 것인가?")도 있다. 하지만 어떤 질문이든지 사고를 자극한

IQ

"나는 어디에 가고 싶은가?" 그리고 "내가 올바로 가고 있는가?"라는 질문은 내가 자주 반복해서 하는 중요한 생각들이다. 그리고 매일 퇴근길에 나는 "오늘 무슨 일을 했는가?" 그리고 "어떻게 하면 좀더 잘할 수 있을까?"라고 나 자신에게 묻는다.

– 로드윅 J. R. 드 빙크, 워너 램버트의 CEO

다. 그리고 질문은 질문을 받는 사람들이 전혀 새로운 방향으로 생각을 하게 만드는 힘을 갖고 있다.

질문이 사람을 만든다

"생각이 사람을 만든다."라는 속담이 있다. 하지만 나는 "질문이 사람을 만든다."고 생각한다.

같은 재능과 능력을 가졌다고 해서 반드시 똑같이 성공하지는 않는다. 다양한 분야에서 모든 역경과 실패를 딛고 우뚝 올라서는 사람들이 있다. 그들이 성공할 수 있었던 공통분모는 무엇일까?

나는 그것이 자기 자신과 다른 사람들에게 하는 질문에 있다고 믿는다. 성공하지 못하는 사람들은 묻는다. "왜 하필 나야?" 하지만 성공하는 사람들은 이렇게 묻는다. "이 경험을 어떻게 이용할 수 있을까? 여기서 무엇을 배울 수 있을까?" 조지 버나드 쇼의 희곡《므두셀라에게 돌아가다》에는 "어떤 사람들은 지금 있는 상황을 보고 '왜 이렇게 되었을까?' 라고 묻지만 나는 일어나지 않은 일을 상상하면서 '왜 그렇게 되지 않았을까?' 라고 묻는다."라는 대사가 나온다.

질문은 생각을 결정하고, 생각은 마음가짐을 결정하고, 마음가짐은 행동을 결정한다.

오래 전에 나는 유방암 진단을 받았다. 다행히 조기에 발견하여 회복할 수 있었다. 처음에 의사는 유방절제술을 하라고 권했다.

하지만 나는 많은 사람들에게 끝없이 질문하고 내 나름대로 조사를 했다. 그리고 수술을 하지 않는 치료 방법을 택했는데, 나로서는 잘한 선택이었다.

나는 그 경험을 통해 내 인생을 재평가하게 되었다. 나는 나 자신에게 질문을 하기 시작했다. 나는 그동안 행복하게 살고 있었는가? 일에서 만족과 보람을 느끼고 있는가? 가족과 친구들과의 관계 향상을 위해 최선을 다했는가? 나는 이러한 질문에 대답해야 했고 거기서 얻어낸 답은 나에게 중대한 변화를 강요했다.

질문은 다른 사람들의 생각도 변화시킬 수 있다. "만일 앞으로 살 날이 한 달밖에 남지 않았다면 당신은 무엇을 하겠는가?"라는 질문은 사람들로 하여금 자신의 인생에서 정말 중요한 것이 무엇인지 돌아보게 한다. 그 대답은 의미심장할 것이다. 간단한 질문을 해서 사람들의 생각을 자기가 의도하는 방향(그들이 원하는 곳으로 가게 해주는 방향)으로 돌려놓을 수 있다.

지난달에 나는 친구를 만나 점심 식사를 했다. 그녀는 회사 동료와 사업을 하기로 했는데 마지막 순간에 그가 포기했다고 했다. 내 친구는 점심을 먹으면서 처음에는 부정적인 질문으로 일관했다. "그 사람이 어떻게 나한테 이럴 수가 있지? 이제 나 혼자서 어떻게 해야 하지?"

나는 이야기에 귀를 기울이다가 질문을 하나 던졌다. "이 상황에서 긍정적인 면이 있다면 어떤 것일까?"

"글쎄…. 그 사람과 나는 사업에 대한 비전이 서로 달랐어. 만일 우리가 일을 추진했다면 많은 다툼이 있었을 거야. 아마 지금 끝난 것이 더 잘된 일인지도 모르지."

나는 또 다른 질문을 했다. "혼자서 일한다면 어떤 식으로 운영을 하겠니?" 그녀는 나에게 흥미롭고 독창적인 자신의 아이디어에 대해 설명을 했다. 결국 이야기를 하면서 그녀는 사업을 혼자 시작할 수 있다는 생각을 하기 시작했다. 내가 던진 몇 가지 질문은 그녀의 생각을 긍정적인 방향으로 돌리게 하기에 충분했다.

개인적인 문제로 고민할 때, 자녀들과 대화할 때, 물건을 팔 때, 직원들을 지도할 때 질문을 하면 어떤 상황을 바라보는 관점을 바꿀 수 있다. 경영자들은 대부분 질문을 하기보다는 대답을 해주어야 한다고 생각한다. 하지만 직원들에게 끊임없이 할 일을 지시한다면 그들의 생각하는 습관을 억누르는 결과가 될 것이다.

해결책을 제시하기보다는 그들 스스로 해결책을 생각하게 만들자. "진짜 문제가 무엇이라고 생각하는가?" 또는 "당신이 지금 할 수 있는 일은 무엇인가?" 또는 "그 방향으로 진행한다면 어떤 결과가 나오겠는가?"라는 질문을 하자. ●

질문은, 적어도 훌륭한 질문이라면, 반드시 생각을 자극한다. 사생활이나 개인적인 이유를 제외하고, 어떤 질문에 대답하기를 망설이는 이유는 일반적으로 생각이 복잡하기 때문이다.
– 베스 앨토퍼, 심리학자

질문과 사고의 순환

사람들의 사고 활동을 살펴보면 질문을 하고 있다는 것을 알게 된다. 생각은 계속 서술문으로만 진행되지 않는다. 생각을 하고 있을 때 우리는 자기 자신과 대화를 하고 있다. 내면의 독백은 누군가의 대답을 기대하지 않는다고 해도 질문으로 점철된다.

우리는 생활하면서 여러 가지 문제와 도전에 마주치고 해결 방법을 찾으려고 한다. 각각의 이유와 동기, 숨은 의미를 찾는다. 지금까지 한 일, 앞으로 할 일, 그리고 할지도 모르는 일에 대해 질문을 한다. 아마 모든 생각의 전후에는 질문이 있을 것이다.

이렇게 자신에게 하는 질문은 개인적인 성숙을 위해 반드시 필요하다. 왜냐하면 자기 자신의 내면을 들여다보게 되기 때문이다. 자기 성찰의 성패를 좌우할 수 있을 뿐 아니라 그 결과 뒤에 숨은 이유를 이해할 수 있도록 해준다. 자기 자신과 주변 사람들에 대해 생각해 보자. 인생에서 가장 성공하고 행복한 사람들은 자신의 삶을 들여다볼 줄 아는 사람들이다. 다시 말해, 자기 자신에게 질문을 하는 사람들이다.

질문하고 또 질문한다

토마스 에디슨이 발명한 전구는 1,200번 실패하고 나서야 거둔 성공의 결과였다. 한 기자가 그에게 물었다. "1,200번의 실패를 어떻게 감당하셨습니까?" 에디슨이 대답했다. "나는 1,200번 실패를 한 것이 아닙니다. 1,200가지 방법이 효과가 없다는 것을 알아내는 데 성공한 것이죠."

에디슨은 번번이 실패할 때마다 질문과 사고를 거듭했다. 그는 자신에게 물었다. "어째서 기대했던 결과가 나오지 않은 것일까? 어떤 가설이 잘못되었을까?" 일단 어떤 가정에 대해 질문을 하기 시작하면 결국은 그 가정을 바꾸게 된다. 그러면 처음과는 전혀 다른 새로운 아이디어가 떠오를 수도 있다.

액정 기술을 발명한 제임스 퍼거슨은 새로운 아이디어로 작업에 들어가기 전에 우선 몇 가지 질문에 대한 답을 구한다고 한다. "이 작업은 할 가치가 있는가? 그 결과가 새로운 정보, 새로운 상품, 또는 지속적인 이익을 가져다줄 것인가? 만일 결과가 기대에 부응한다면 자원과 비용을 들여서 완성할 값어치가 있는가?"

일을 진행하면서 퍼거슨은 계속해서 혼자 질문을 한다. "현재까지의 결과로 보아 계속해서 예정대로 진행할 만한가? 계획을 재고해 볼 필요가 있지는 않은가? 뜻하지 않은 결과 중에서 주목할 만한 것이 있는가? 예상하지 않은 결과이긴 하지만 원래 의도한 것보다 더 중요하지 않은가?"

그리고 모든 진행이 끝나면 마지막 질문을 한다.

"나는 이 결과에 만족하는가?"

긍정적인 질문을 하면 긍정적인 대답을 얻는다

만일 돈을 빌려가서 갚지 않는 사람을 고소하려고 한다고 하자. 당신 자신에게 물어본다. "이 다툼을 계속할 가치가 있는가? 그렇게 해서 원하는 결과를 얻는다면 그것을 위해 시간과 노력과 비용을 들일 만한 가치가 있는가?" 그리고 일을 추진하면서 계속해서 자문해 보자. "이것은 여전히 나에게 가치가 있는가? 돈을 돌려받으면 그것으로 문제가 해결되는 것인가? 그 사람과의 관계를 유지해야 할 이유가 있는가? 만일 있다면 그것이 돈을 돌려받는 것보다 중요한가? 만일 그를 고소하고서도 돈을 돌려받지 못한다면 어떻게 되는가?"

과학자에게는 실험에 실패하더라도 그 실패를 기회로 삼아서 어떤 질문을 하느냐가 중요하다. 흔히 실패를 하면 자신이 잘못했거나 틀렸거나 어리석었다는 증거로 생각한다. 그 대신 과학자들이 하는 식으로 다음 단계를 향해 전진하는 질문을 해보자.

보고서를 제출했는데 엉망이라며 꾸중을 들었다고 하자.

이럴 때 당신은 세 가지 선택을 할 수 있다. "나는 왜 이렇게 멍청한가? 나는 왜 제대로 하는 일이 없을까? 나에게 적절한 정보도 주지 않고 제대로 하기를 기대해도 되는 거야?"라고 푸념할 수 있다.

또는 현실적이고 대답 가능한 질문을 할 수 있다. "완전한 보고서를 제출하려면 어떻게 해야 하는가? 나는 임무를 충분히 이해하고 있는가? 상사로부터 좀더 자세한 설명을 들을 필요가 있는가? 보고서에서 잘 된 부분은 어느 것인가? 어느 부분을 개선해야 하는가? 도움이나 지도를 받을 수 있는 사람이 있는가?"

"나는 왜 이리 무능한가?" 등과 같은 질문을 하면 보고서를 개선할 답을 얻을 수 없다. 좌절하고 무기력해질 뿐이다.

주의할 점은 이러한 질문과 사고의 순환이 노심초사로 변할 수 있다는 것이다. 걱정은 질문에 대한 답이 쉽게 나오지 않을 때 느끼는 감정이다. 지난 일을 되돌아보면서 "내가 왜 그런 말을 했지? 왜 내가 그렇게 하지 못했지?"라고 묻는다. 가족들이 집에 귀가하는 시간이 늦어지면 걱정을 한다. "왜 아직 전화가 없지? 언제 집에 돌아올까? 뭔가 좋지 않은 일이 일어났나?" 광범위한 질문을 할수록("왜 나는 불행한가? 남은 여생을 어떻게 살아야 하는가?") 대답하기 어렵고 더욱 불안해진다.

뉴욕 시 유대 교회의 랍비인 매튜 D. 게바르츠는 사람들이 프로작 Prozac 같은 항우울제를 쉽게 복용하는 이유가 스스로 질문하기를 두려워하기 때문이라고 말한다. "만일 이런 약을 심리 치료와 병행하지 않고 복용한다면 대답을 삼켜버리고 질문을 하지 않게 된다."라고 그는 말한다. 그는 암에 걸렸다고 생각해서 심리 치료를 받으러 다닌 어느 남자의 이야기를 들려주었다. 검사 결과가 음성으로 나왔지만 그는 매주 심리 치료를 받으러 다니면서 말했다. "저는 암에 걸렸습니다." 치료사가 말했다. "아니오, 당신은 암에 걸리지 않았어요. 당신 자신에게 질문을 해보시오. 왜 모든 검사가 음성으로 나왔는데도 암에 걸렸다고 믿는 걸까요?" 그러자 남자가 말했다. "그리고 싶지 않아요. 내가 원하는 것은 매주 누군가 나에게 암에 걸리지 않았다고 말해 주는 것입니다. 그 짐을 내가 지고 싶지는 않아요." ●

인간의 이성은 그 자체의 본성 때문에 무시하지도 못하고 대답할 수도 없는 어려운 질문에 짓눌려 살아야 하는 기구한 운명을 타고났다.
– 임마누엘 칸트, 철학자

심리치료사는 그가 무엇 때문에 그렇게 믿는 것인지 스스로 질문을 해보게 하고 싶었다. 하지만 그는 단지 자신이 병에 걸리지 않았다는 것만을 알고 싶어 했다. 더 깊은 내면에 있는 자신의 진짜 병에 대해서는 알고 싶어하지 않았다.

대답할 수 없는 질문들이 이성적인 사고를 몰아낼 때는 어떻게 해야 하는가? 그런 질문들을 멈추고 좀더 논리적이고 적절하고 대답이 가능한 질문을 해야 한다.

- 내가 이런 걱정을 하는 것이 타당한가? 걱정할 만한 현실적 이유가 있는가?
- 이것은 내가 걱정을 하건 안 하건 어차피 일어나는 일이 아닌가?
- 걱정만 하는 대신 일어날 수 있는 결과에 대비해서 할 수 있는 일이 무엇인가?
- 과거에 너무 사로잡혀 있는 것이 아닌가? 현재의 문제를 마주하고 즉각적인 행동을 취하기를 회피하고 있는 것은 아닌가?
- 이 문제로 많은 시간을 고민할 가치가 있는가? 집중해야 하는 더 중요한 문제는 없는가?
- 이 문제를 전화위복으로 만들 수 있는 방법이 있는가?
- 도움을 청할 수 있는 사람이 있는가?

질문에 따라 사고방식이 바뀐다

최근에 나는 글을 쓰는 작가 친구를 만나 토론을 했다. 우리는 둘 다 새로운 글을 쓸 준비를 하는 중이었으므로 "이번에는 무엇에 대해 쓰고 싶은가?"라고 질문을 했다. 그러자 새로운 집필 아이디어를 자극하는 것들에 대한 대화가 시작되었다.

내 친구는 경영서를 집필하는 매우 성공한 작가다. 그는 새로운 책을 쓰고 싶으면 최근 경제 동향을 면밀하게 연구한다. 그리고 자신에게 질문한다. "요즘 제일 인기가 있는 직종은 무엇인가? 그러한 직종에 뛰어들려면 시장을 어떻게 개척해야 하는가?" 그리고 그러한 직종에 투자할 수 있는 아이디어를 구상해서 책을 쓴다. 그는 이렇게 현실적인 주제를 찾아 돈을 많이 벌었다.

반면에 나는 새로운 책을 쓰고 싶을 때 아주 다른 질문을 한다. 돈은 내가 우선으로 여기는 가치가 아니다. 보통 내가 제일 먼저 하는 질문은 "나는 이 주제에 대해 책 한 권을 쓰고 싶을 만큼 아주 절실하게 느끼는가?" 이다.

그 친구와 나는 서로 아주 다른 접근법과 사고 방식을 갖고 있다. 어느 한 쪽이 다른 쪽보다 더 낫다고는 할 수 없다. 그 차이는 각자 자신에게 하는 질문에 있다. 만일 그가 하는 식의 질문을 나 자신에게 한다면 지금과는 전혀 다른 책을 쓰게 될지도 모르며, 그 친구도 역시 그럴 것이다.

사고는 질문에 따라 달라진다. 이것은 질문의 첫 번째 힘, 즉 질문을 하면 대답이 나온다는 주제와 연결된다. 만일 어떤 한 가지 사고 방식에 얽매어 있다면 똑같은 질문을 계속하고 있기 때문일지도 모른다. 질문을 바꾸어보자. 그러면 좀더 도움이 되는 대답이 떠오를지도 모른다.

문제의 핵심으로 들어가기

모든 질문이 심오한 사고를 자극하는 것은 아니다. 만일 누가 "당신은 이름이 무엇인가?"라고 묻는다면 그 답에 대해 생각할 필요가 없다. 하지만 보다 깊은 사고를 요구하는 질문을 하는 경우에 단 한번의 질문으로 문제의 핵심에 도달하지 못하는 경우가 있다. 단 하나의 질문으로 최선의 대답을 끌어내기 위한 사고를 자극하지 못하기 때문이다. 이때는 확인 질문이나 탐색 질문이 필요하다.

분명한 의사소통이 가능하려면 대화에 참여한 모든 사람들이 같은 언어를 사용하고 같은 용어를 이해해야 한다. 또한 같은 주제에 대해 같은 진도, 같은 방향으로 가고 있는지 확인하는 질문이 필요하다.

확인한다는 것은 불분명한 것을 분명히 또는 알기 쉽게 하는 것을 의미한다. 확인 질문을 꺼리는 이유는 상대방이 말하는 의미를 이해하지 못하는 것이 자신의 잘못이라고 생각하기 때문이다. 하지만 이 때문에 심각한 결과가 올 수 있다. 만일 의사가 "이 약을 먹으면 졸립니다."라고 말했다면 그 말은 실제로 어떤 의미일까? 출근하지 말고 집에서 쉬라는 것일까, 아니면 운전을 하지 말라는 것일까?

확인 질문을 하면 상대방의 기대에 맞출 수 있고 종종 상대방에게도 자신의 사고와 요구를 분명히 밝힐 수 있는 기회가 생긴다.

상대방과 같은 이해 선상에서 생각하고 있다는 것을 확인하는 또 다른 방법은 탐색 질문을 하는 것이다. 탐색 질문이란 어떤 문제에 깊이 들어가서 철저하게 조사하거나 또는 자세하게 질문하는 것을 의미한다. 탐색 질문은 좀더 자세한 정보를 구할 때뿐만 아니라 상대방으로 하여금 마음을 열고 사고의 폭을 넓히도록 하기 위해서도 사용할 수 있다.

탐색 질문은 특히 영업 현장에서 요긴하게 사용할 수 있다.

제약업 영업사원의 경우라면 의사들이 좀더 깊고 넓게 사고하도록 만드는 단어를 사용하라고 제안한다. "처방 약을 어떻게 결정하십니까?"라는 질문보다는 "어떤 과정으로 처방 약을 결정하는지 설명해 주시겠습니까?"라는 질문이 더 효과적이다. 설명하라는 말은 상대방이 좀더 활발한 사고를 하도록 만든다. 그밖에도 탐색 질문에 사용할 수 있는 단어와 구문을 예로 들어보자.

설명하라. 상술하라. 분명히 하라. 이야기하라. 조명하라. 이해를 도와달라. 보여달라. 분석하라. 체계적으로 하라. 가르쳐달라. 공개하라. 부연 설명하라. 풀이하라.

이러한 능동형 동사를 사용하면 상대방을 사실과 감정의 두 가지 차원에서 생각하게 만든다. 즉, 어떤 주제에 관해 알고 있는 사실뿐 아니라 거기에 대해 느끼는 감정을 확인할 수 있다. 이것은 양쪽 뇌로 생각한다는 의미이다.

좌뇌와 우뇌

우리의 뇌는 두 개의 반구로 이루어져 있고, 각각 특별한 기능을 하는 것으로 알려져 있다. 우뇌는 왼쪽 신체의 기능을 조절하며 좌뇌는 오른쪽 신체의 기능을 조절한다. 또한 각각은 다음과 같은 특정한 사고 기능을 처리한다.

좌뇌의 기능	우뇌의 기능
언어	그림
수학 공식	공간 조작
논리	형태와 모형
숫자	음악적 이해
순서	상상
일차원적	공상
가사	선율
학문적 추구	사랑, 충성, 아름다움과 같은 추상적 이해

　　좌뇌 기능이 발달한 사람은 보통 이성적이고 분석을 좋아하며, 판단력이 뛰어나고 꼼꼼하고 객관적이라는 말을 듣는다. 그런 사람들은 회계사, 건축가, 수학자가 될 소질이 있다. 우뇌가 발달한 사람들은 좀더 직관적, 창조적, 주관적이고 관대하다. 그들은 음악가, 미술가, 작가 그리고 영업사원에 적성이 맞는다. 물론 이 이론은 모두 일반론에 불과하다. 아무도 완전하게 좌뇌형이거나 우뇌

형이 될 수는 없다. 예를 들어 음악은 수학과 밀접한 관계가 있고, 건축은 지극히 미술적이다.

연구에 의하면 좌뇌와 우뇌를 함께 사용하면 학습력과 기억력이 더 좋아진다고 한다. 고속 학습이라고 부르는 분야는 이러한 이론에 근거한 것이다. 이제는 우리가 최선의 학습법이라고 생각했던 권위적이고 순차적인(누가 시키는 대로 한번에 하나씩 배우는) 구식 학습법 대신, 함께 참여해서 정해진 순서 없이 여러 가지를 함께 배우는(경험에 의해 동시에 여러 가지를 처리하는) 학습법이 활용되고 있다.

만일 누군가의 관점을 바꾸고 싶다면(자기 자신이나 다른 사람의 관점) 우뇌와 좌뇌의 사고를 동시에 자극하는 질문을 하는 것이 효과적이다. 좌뇌형 질문이 "이것을 어떻게 했는지 단계적으로 설명해 주겠습니까?"라면 우뇌형 질문은 "거기에 대해 어떻게 느꼈습니까?"가 될 수 있다.

사람들은 종종 다른 사람의 마음을 좀더 열게 만들고 그들의 감정을 탐지하기 위해 우뇌형 질문을 한다. 특히 심리치료사들은 언제나 이 방법을 사용한다. 상담자가 과거에 일어난 어떤 사실에 대해 설명할 때 심리치료사는 종종 "그래서 어떻게 느꼈나요?"라고 묻는다. 물론 우뇌형 질문이라고 해서 반드시 '느끼다'라는 단어가 포함되는 것은 아니다.

지나치게 사실 묘사에 충실하면 무슨 이야기를 하는 것인지 파악하기 어려울 때도 있다. 상대방이 자세히 설명을 할 때 "예를 들어주시겠습니까?"라는 질문으로 좀더 큰 그림에 초점을 맞추도록 할 수 있다.

그 반대의 경우도 있다. 때로는 좌뇌형 질문이 격한 감정을 진정시키기도 한다. 한번은 어느 회사 사장실에서 열린 회의에 참석한 적이 있었다. 사장은 어떤 직원을 잘못 해고했다고 책임자에게 화를 냈다. 책임자도 감정이 격해져서 방어적으로 대들었다. 그러자 사장이 물었다. "그런 결정을 내리게 된 근거를 차례차례 말해 볼 수 있겠습니까?"

이 질문에 대답하기 위해 그 책임자는 격한 감정에서 벗어나 일련의 사건에 생각을 집중해야 했다. 그러자 평정을 되찾고 자신의 결정에 대해 조리 있게 설명할 수 있었다. ●

IQ

강자의 본성이자 장점은 중요한 질문을 제기해서 분명한 입장을 취한다는 것이다. 반면에 약자는 항상 질문을 받고 양자택일을 해야 하는 상황에 놓인다.
– 디이트리히 본회퍼, 「거부와 복종」

생각하기 싫어 하는 집단

왜 좀더 생각하게 만드는 질문을 해야 할까? 왜 이전 세대보다 생각을 안 하면서 살고 있을까? 예전보다 훨씬 더 복잡한 세상에 살고 있으므로 당연히 생각을 더 많이 해야 할 것 같다. 하지만 요즘처럼 복잡한 세상에서는 주의가 산만해져서 볼테르가 주장한 '끈질긴 사고로 공격' 할 시간이 없다. 허둥지둥 쫓겨다니다 보면 질문을 하고 거기에 답할 시간이 없다.

하루 종일 소리와 영상에 둘러싸여 지내기 때문에 스스로 생각할 수가 없다. 휴식을 취할 때조차 텔레비전을 보거나 영화를 보러 간다. 차를 타면 CD 플레이어를 틀고, 귀에는 헤드폰을 끼우고 다닌다. 화장실에 가면 잡지를 읽는다. 공원에도 휴대폰을 들고 간다. 사람이 아닌 컴퓨터와 대화를 한다. 우리는 외로울지 모르지만 결코 혼자 있는 것은 아니다. 우리는 생각하기 싫어하는 집단에 합류했다. ●

또한 생각을 하지 않는 데는 다음과 같은 몇 가지 이유가 있다.

●알고 싶지 않은 정보나 대답을 이끌어 낼 수 있다

최근에 나는 영업부와 마케팅부에 문제가 있는 어느 생물공학 회사에 컨설팅을 했다. 그 회사는 날이 갈수록 더 많은 실수가 발견되었는데 그 때문에 수십 만 달러의 손실을 보고 있었다. "왜 이런 실수가 생긴다고 생각하십니까?"라고 내가 질문했을 때 "수량을 이중으로 확인하지 않았습니다.", "능률적으로 일하지 못하고 있습니다." 등의 일반적인 대답들이 나왔다. 이런 대답은 모두 사실이지만 문제 해결로 이어지지는 않는다.

그 다음에 내가 질문했다. "이 문제가 언제부터 발생했습니까?" 그 문제는 부서가 개편되고 새로 영업부장이 바뀌면서 시작되었다는 사실이 드러났다. 직원들은 새로운 부장을 전임자보다 좋아했다. 그는 생물공학과 마케팅의 귀재였다. 하지만 경영자로서의 경험은 부족했다. 그는 새로운 직원들과 사귀느라고 바빠서 일에 집중하지 못하고 있었다.

만일 직원들이 단순히 "뭐가 잘못된 거지?"라고 막연하게 생각하기보다 스스로 좀더 구체적인 질문을 몇 가지 해보았다면 내 도움이 필요하지 않았을 것이다. 하지만 그들은 그 상사를 좋아했고 문제의 답을 정말 알고 싶어하지 않았기 때문에 질문을 하지 않았던 것이다.

● 독창적인 사고가 반드시 득이 되지는 않는다

요즘 경영학자들은 비즈니스에는 변화가 필요하며 혼돈이 작금의 질서라고 말하지만 많은 조직들은 여전히 보수적인 기업 문화를 고수하고 있다. 만사형통 하는 회사에서는 굳이 개선을 하려고 하지 않는다. 그런 곳에서는 기존의 방식에 의문을 제기하면 독창적이라기보다는 말썽꾼으로 여겨질 위험이 있다. 그래서 질문을 하기보다는 현상유지에만 힘을 기울인다. ●

● 행동하는 것이 생각하는 것보다 더 생산적이라고 여긴다

내가 아는 영업사원들이 이런 이야기를 한다. 그들이 워크숍에 참석해서 교육을 받거나 문제점 개선을 위해 연구하고 생각하는 시간을 요구하면 상사가 한숨을 내쉬면서 "자네를 영업에서 빼야겠군!"이라고 핀잔을 준다고 한다. 이런 소리를 밥 먹듯이 하는 상사는 분명 학습의 장기적인 이익을 모르고 있는 사람이다.

사장이 당신에게 이틀 후에 열리는 사업설명회에서 프레젠테이션을 하라는 지시를 내렸다. 사장이 사무실을 지나가다가 당신이 컴퓨터 앞에서 일하고 있는 것을 본다. 그는 '좋아, 이번 설명회를 위해 열심히 연구하고 있군'이라고 생각한다. 몇 분 후에 사장이 다시 지나가다가 당신이 책상 앞에서 허공을 응시하며 조용히

IQ

5퍼센트의 사람들이 생각을 하고, 그들이 생각하는 것을 10퍼센트의 사람들이 생각하고, 나머지 사람들은 생각하기를 죽기보다 싫어한다.
– 익명

앉아 있는 것을 본다. 그는 '사업설명회가 이틀밖에 안 남았는데 앉아서 공상이나 하고 있다니'라고 생각한다.

많은 사람들은 눈에 보이는 활동이 없으면 불안해한다. 『대화의 마술』이라는 책에서 다니엘 얀켈로비치는 '무작정 덤벼드는' 태도를 비난한다. "흔히 토론에서 어떤 문제점이 드러나면 그 즉시 누군가가 말한다. '그럼 이 문제를 어떻게 해결할 것인가?' 그래서 모두들 문제점에 대해서는 더 이상 생각해 보지 않고 뭔가를 행동하는 방향으로 집중하기 시작한다." ●

IQ

사람들은 오로지 활동적인 사고를 생산적이라고 여긴다. 하지만 사회가 창의성과 지혜의 우상으로 존경하는 사람들 중에 상당수는 사실 많은 시간을 빈둥거리면서 보냈다. 아인슈타인은 프린스턴 대학의 집무실에서 허공을 바라보고 있는 모습이 종종 눈에 띄었다. 달라이 라마는 매일 몇 시간씩 명상을 한다. 날카로운 추리력의 대명사인 셜록 홈즈는 꿈을 꾸는 듯한 명한 표정으로 생각에 잠기곤 했다.
– 가이 클랙스턴, 『토끼의 뇌와 거북이의 생각』

● 사고는 시간과 에너지를 필요로 한다

「바람과 함께 사라지다」라는 영화 초반에 스칼렛 오하라는 다음날 애슐리 윌키스의 농장에서 열리는 바비큐 파티에 참석하겠느냐는 질문을 받는다. 스칼렛은 "아직 생각해 보지 않았어. 그 문제는 내일 생각해야지."라고 대답한다. 이 사고방식은 영화 전체를 통해 그녀를 따라다닌다.

생각하지 않는 것이 더 쉽고, 생각은 종종 변화를 요구하며, 변화는 때로 고통스럽기 때문에 이미 안전이 보장된 것에 안주하거나 기존의 방식을 되풀이한다. 하지만 판에 박힌 해결책을 사용하면서 그것이 최선인지 질문해 보지 않는다면 해결하는 것보다 문제점이 더 많이 생기기 쉽다. ●

IQ

만일 우리가 항상 하던 대로 계속한다면 이미 갖고 있는 것밖에 얻지 못한다.
– 익명

● 일단 학교를 졸업하면 생각하기를 중지한다

대학 시절을 기억하는가? 나는 하루 수업을 마치고 친구들과 기숙사 방에 모이곤 했다. 앉아서 피자를 먹으며 친구 한 명이 그날 강의에서 제기된 문제에 대해 이야기를 꺼내면 몇 시간이고 심오한 철학적 토론을 벌이곤 했다. 아니면 맥주를 앞에 놓고 밤늦도록 정치 토론을 했다.

대부분 이런 일은 졸업과 함께 끝난다. 매일 밤 모여서 함께 생각하는 친구들도, 매일 질문을 해서 뇌를 자극하는 스승들도 없다. 더 이상 끈질긴 사고와 체계적인 논리를 요구하는 숙제가 주어지지 않는다. 또한 성인으로서 책임져야 하는 많은 일들이 생각하는 시간을 방해한다.

● 오락거리가 너무 많다

몇 주일 전에 나는 중요한 강의 준비를 하고 있었다. 강의 내용에 대해 생각할 시간을 가지려고 했는데 친구가 브로드웨이 쇼 입장권이 한 장 남는다고 전화를 했다. 결국 나는 생각할 시간을 포기하고 그 쇼를 보러 갔다. 즐길 일이 얼마든지 있는데 생각할 시간이 어디 있겠는가? 어떤 문제가 생기면 즉각적인 해결책과 신속한 결정을 찾는다. 체육관에 가서 육체는 단련하면서도 정신 근육을 단련하는 시간은 갖지 않는다.

피곤할 때는 아무 생각도 하고 싶지 않다. 정신 없이 치고받는 액션 영화나 십대들이 살인마에게 쫓겨 다니는 공포 영화가 보고 싶다. 이런 식의 현실 도피를 가끔 한번씩 하는 것은 좋은 일이고,

이렇게 해서 매일 받는 스트레스를 풀어버릴 필요도 있다. 하지만 생각하기를 피하다 보면 생각하는 습관에서 점점 멀어진다.

●스스로 똑똑하지 않다고 생각한다

　다른 사람들이 자신을 깎아내리든, 자기 스스로 그러든 간에 때로 열등감을 느낀다. 인간이라면 누구나 생각을 할 줄 알지만 '사상가'가 따로 있다고 생각한다. 물론 그런 사람들은 매우 똑똑하다. 하지만 그들도 우리 모두가 갖고 있는 것과 같은 도구(질문)로 시작했다. 천재들만 생각을 하는 것은 아니다. 단지 흥미롭고 도전적인 질문을 하고 그 답을 찾기 위해 노력할 자세가 되어 있으면 누구나 사상가가 될 수 있다. ●

법률가들이 했던 어리석은 질문들
- "전쟁에서 죽은 것은 당신이었나요 아니면 당신 형제였나요?"
- "자동차가 충돌했을 때 얼마나 멀리 떨어져 있었습니까?"
- "지하실에 계단으로 내려갔다면 어디로 올라왔나요?"
  – 법률가들이 하는 농담

무슨 문제 있나요?

생각하기를 싫어하든 말든, 전혀 생각을 하지 않고 살 수는 없다. "저녁은 뭘 먹을까?"와 같은 비교적 단순한 질문부터 "이 병을 고치려면 어떤 치료 방법이 효과적일까?" 등과 같은 보다 중요한 질문에 이르기까지 매일 수백 가지 문제를 해결해야 한다.

　질문은 우리를 문제의 근원으로 데려다줄 수 있다. 하지만 적절한 질문을 해야만 최선의 해결책을 구할 수 있다. 발명가인 제임스 퍼거슨이 맨 처음 자신에게 하는 질문은 "이 아이디어를 어떻게 현실화할 수 있는가?"가 아니라 "이 계획은 가치가 있는 일인

IQ

가?"라는 것이다. 일단 '그렇다'는 결론이 나오면 그는 문제 해결에 들어간다. ●

어떤 문제에 대한 해결책을 발견하기 위해서는 반성이 필요하다. 먼저 자기 자신에게 물어보자.

- 나는 어떤 일이 일어나기를 바라는가?
- 나는 어떤 일이 일어나지 않기를 바라는가?
- 일어날 수 있는 최악의 상황은 무엇인가?
- 일어날 수 있는 최선의 상황은 무엇인가?

그 다음에는 혼자 또는 다른 사람들과 함께 자유로운 토론을 할 수 있는 질문을 한다.

- 이 문제에 어떤 방법으로 접근할 수 있는가?
- 돈이 충분하다면 이 문제를 어떻게 해결할 것인가?
- 시간이 충분하다면 이 문제를 어떻게 해결할 것인가?
- 그 해결책을 내가 가진 제한된 돈과 시간에 맞게 조절할 수 있는가?

마지막으로 어떤 해결책이 떠오르면 그것이 정말 최선인지 확인하는 질문을 한다.

- 내가 이 길을 선택한 것은 누구를 기쁘게 해주기 위해서인 가(동료, 사장, 배우자, 스승, 어머니, 아버지)?
- 다른 사람들의 기대에 따라 선택한 것은 아닌가?
- 다른 사람들이 하는 대로 따라서 선택한 것은 아닌가?
- 쉬운 방법이기 때문에 선택한 것은 아닌가?

분명하고 독창적인 사고는 안팎으로 생활을 풍요롭게 해주고 세상을 개선한다. 당신은 얼마나 많은 시간을 생각하며 보내는가? 다른 사람들에게 생각을 하도록 격려를 해주고 있는가? 생각을 하면 인생은 보다 흥미진진해진다. 질문은 자기 자신이나 사람들로 하여금 생각을 하게 만들고 창의성을 샘솟게 한다.

질문과 사고를 많이 하면 자연히 창의성이 향상된다. 그런데 요즘 세상은 행동을 중요시한다. 하지만 조직이나 개인이나 긍정적인 변화를 원한다면 지혜로운 질문으로 사고를 자극해야 한다.●

롭 : "나는 왜 행복하지 못할까?"
로라 : "언제나 그 모양 그 꼴이니까 요."
- 닉 혼비의 소설을 영화화 한 〈하이 피델리티〉

4

세 번째 힘
질문을 하면 정보를 얻는다

Questions give us Valuable Information

정보를 얻기 위해서는
두 가지 방법밖에 없다.
보고 읽는 것과
질문하고 듣는 것이다.

질문 금지?

만일 질문을 할 수 없다면 어떻게 될까?

　나는 세미나에서 종종 '종이 찢기'라고 부르는 실험을 한다.
사람들에게 빈 종이를 하나씩 나누어 주고 눈을 감으라고 한다. 그
다음에는 내가 가진 종이를 여섯 번 접어 찢으면서 참가자들에게
내가 시키는 대로 따라하게 한다. 그들이 내가 하는 것과 같은 모양
을 만들게 하는 것이다. 그들은 눈을 감고 있으므로 내가 하는 것을
볼 수 없다. 그리고 질문은 하지 못하게 한다.

　아무도 제대로 따라 하지 못한다. 일방적으로 지시만 받고 물
어볼 수는 없기 때문이다. 내가 "종이를 반으로 접으세요."라고
말하면 그들은 가로로 접으라는 것인지 세로로 접으라는 것인지
모른다. "모서리를 조금 찢어내세요."라고 말하면 그들은 어느

모서리를 어느 정도 작게 찢으라는 것인지 모른다. 따라서 내가 만든 모양과 비슷하게 만들 수 있는 가능성은 희박하다.

그 다음에는 파트너와 서로 등을 대고 앉으라고 한다. 한 사람이 지시를 하면 상대방은 그 지시에 따라하면서 볼 수는 없지만 질문할 수 있도록 한다. 지시하는 사람이 "모서리를 조금 찢어내세요."라고 말하면 상대방은 "어느 모서리요?" 등의 질문을 할 수 있다. 이번에는 절반 정도가 같은 모양을 만들어낸다.

단지 질문을 하는 것만으로도 올바른 결과가 나올 확률을 50퍼센트로 끌어올릴 수 있는 것이다.

이 게임을 해보면 필요로 하는 정보를 얻는 일에서 질문이 얼마나 큰 차이를 만들 수 있는지를 직접 눈으로 확인할 수 있다.

빈칸 채우기

서술문은 사실, 관찰 또는 의견을 말하는 문장이다. 다시 말해 정보를 제공한다.

한편 의문문은 그 자체가 어떤 정보를 요구한다. 영어로 질문을 의미하는 question은 무언가를 발견하거나 구하는 탐색이나 추구를 의미하는 quest의 파생어이다. 따라서 질문은 부족한 정보의 조각을 찾기 위한 것이다.

간단한 예를 생각해 보자. "새로 산 옷은 무슨 색이니?"라는 질문에 대해 "내가 새로 산 옷은 갈색이다."라고 상대방이 원하는 정보를 제공한다.

그런데 "캐나다 공장의 생산성을 높이려면 어떻게 할 수 있는가?"라는 질문에 답하려면 연구와 의견과 통찰력이 요구된다. 찾고 있는 조각이 클수록 대답하기가 어려워지고, 더 많이 생각해야 한다. 찾는 정보는 옷의 색깔처럼 단순할 수도 있고 캐나다의 생산성에 대한 것처럼 복잡할 수도 있다. 어쨌든 우리는 본능적으로 그 공백을 메우려고 한다. 비어 있는 것을 채우기 위해 질문을 한다.

질문을 할 때는 이유가 있다. 우선 무엇인가를 인식한다. 그 다음에는 인식한 것을 다른 비슷한 경우들과 비교한다. 그래서 적절해 보이면 그냥 넘어간다. 만일 열쇠를 주방 식탁에 두고 나갔다면 돌아왔을 때 열쇠가 그 자리에 있으면 아무 문제가 없다.

그런데 우리의 지각이 기대에 어긋나면 당황하게 된다. 식탁 위에 열쇠를 두고 나갔다가 돌아왔는데 그 자리에 없으면 어리둥절하게 된다. 열쇠가 없어진 것인지는 모르지만 뭔가 이상하다는 느낌을 받을 수 있다. 어쨌든 우리의 직관이 문제가 있다고 말하면 그것을 해결해야 한다. 그때 사용하는 도구가 질문이다. ●

IQ

당혹감은 마음뿐 아니라 신체적으로 느끼는 유기적 경험이다. 불안하거나 초조하거나 불편할 때 이마를 찌푸리거나 머리를 긁적이거나 이를 악물거나 손톱을 물어뜯거나 머리카락을 쥐어뜯는다. 이러한 모든 신체 언어는 뭔가에 대한 의심, 놀라움, 무지, 몰이해, 불확실, 황당함을 경험하고 있다는 증거이다. 이런 어리둥절한 상태에서 질문이 나온다.
– J. T. 딜론, 『질문과 가르침』

아는 것이 힘이다

정보화 시대에서는 어떤 사람이 성공할까? 힘을 가진 사람이다. 힘은 누가 갖고 있는가? 최고의 정보를 가진 사람이다. 요즘은 징

보에 쉽게 접근할 수 있지만 제대로 된 정보를 구하기는 쉽지 않다.

G. 리차드 셸은 『유리한 거래』라는 책에서 "일반 협상가들은 하지 못하지만 뛰어난 협상가들이 할 수 있는 것은 무엇인가?"라는 물음에 대해 뛰어난 협상가는 일반 협상가보다 두 배나 더 많은 질문을 한다고 말한다. 뛰어난 협상가는 분명한 의도로 특정한 정보를 끌어내는 질문을 한다. 실제로 영국의 근로 계약 과정을 조사한 연구를 보면 뛰어난 협상가들은 정보를 구하고 확인하는 일에 38.5퍼센트의 시간을 쓰는 데 비해 일반 협상가들은 18퍼센트 이하의 시간을 쓴다는 것을 알 수 있다.

공식적인 협상이 아니더라도 사람들은 항상 정보를 필요로 한다. 훌륭한 정보를 얻는 것은 언제나 중요한 일이지만, 특히 절실하게 확실한 정보를 필요로 할 때가 있다.

면접을 볼 때 고용주가 어떤 사람을 원하는지 안다면 좀더 유리할 것이다. 자녀들이 생각하고 느끼는 것을 안다면 좀더 나은 부모가 되지 않겠는가? 영업을 할 때 고객들이 원하고 필요로 하는 것을 안다면 실적을 좀더 올릴 수 있지 않겠는가?

현명한 결정을 내리기 위해, 새로운 것을 배우기 위해, 자기 자신과 다른 사람들을 이해하기 위해, 좀더 유능한 사원이 되기 위해, 이익을 얻기 위해 질문을 해야 한다. ●

IQ

이야기를 해서는 아무것도 배우지 못한다. 질문을 해야 배울 수 있다.
- 루 홀츠, 전직 축구코치

원하는 정보를 누가 쟁반에 담아준다면 얼마나 좋을까? 불행히도 대부분의 정보는 잔뜩 쌓여 있는 우편물과 이메일과 보고서와 무심코 하는 이야기들 속에 묻혀 있다. 게다가 다른 사람들의 생각과 감정을 거치면서 불분명해진다. 우리가 찾는 한 조각의 자료는 수많은 정보와 숫자와 감정의 바다 속 어딘가에 있다.

그래서 육감과 희망 사항에 기초해서 결정을 내리고 좋은 결과를 기대한다. 하지만 적절한 정보를 구하지 못하면 여러 가지로 손해를 볼 수밖에 없다.

- 시간을 낭비한다.
- 불필요한 자료와 필요한 정보를 구분하지 못한다.
- 기회를 놓친다.
- 잘못된 길을 따라간다.
- 지레짐작으로 판단한다.
- 사람들을 오해한다.
- 필요한 것을 얻지 못한다.
- 사람들이 필요로 하는 것을 주지 못한다.

절망적이라고? 그렇지 않다. 정보화 시대에서는 성공하기 위해 아인슈타인이 될 필요는 없다. 사실 요즘처럼 정보가 넘치는 세상에서는 셜록 홈즈처럼 되는 것이 좀더 유리하다. 적절한 단서들을 찾아서 큰 그림의 조각을 맞출 수 있고, 적당한 정보만 있으면 원하는 만큼 멀리 갈 수 있다.

탐정이 되자

"어떤 문제를 풀기 위해서는 개에 관해 알아볼 필요가 있다."라고 헬싱키 대학의 철학 교수인 자코 힌티카는 말한다. 그는 셜록 홈즈 소설을 인용해서 학생들에게 문제 해결 논리를 설명한다. 『은빛 섬광』에서 말을 도둑맞고 마구간 주인이 살해되는 사건이 벌어지는데 경찰은 그 사건을 해결하지 못하고 미궁에 빠진다.

홈즈는 그 소식을 듣고 즉시 마구간 주인이 말 도둑과 관계가 있을 것이라고 추측한다. 어떻게?

경찰이 홈즈에게 "제가 알아봐야 할 수상한 점이 있습니까?"라고 묻자 홈즈는 대답한다. "밤중에 개와 관련된 일이 이상하군요." "개는 밤중에 아무 일도 없었습니다."라고 경찰이 말하자, 홈즈가 대답한다. "그것이 이상하다는 겁니다."

홈즈는 자신이 내린 결론(마구간 주인이 범행과 관련이 있다는 것)에 경찰이 도달하게끔 도와주려고 한다. 홈즈는 세 가지 질문을 통해 그런 결론을 내렸다. 첫째, 말이 사라졌을 때 근처에 개가 있었을까?(그렇다. 집 지키는 개가 있었다) 둘째, 말을 도둑맞았을 때 개가 짖었는가?(아니다. 마부들은 한번도 깨지 않고 밤새 잠을 잤다) 셋째, 개가 한밤중에 보고도 짖지 않는 사람은 누구인가?(물론 마구간 주인이다) 질문을 잘하면 답은 아주 쉽다. ●

그러나 현실에서 필요한 정보를 구하는 것이 항상 쉽지만은 않다. 종종 아주 중요한 정보 한 조각을 놓치는 바람에 일을 그르치거나 비참한 결과가 오기도 한다. 어떤 일을 하면서 마감일을 물어보지 않는다. 갑자기 마감일이 일주일 후라는 것을 알았을 때는 다른 할 일이 두 가지나 더 있다. 아니면 어떤 병으로 의사의 진찰을 받고 나서도 다음주 참석할 결혼식에서 술을 마셔도 되는지 물어보지 않는다. 포도주 한 잔을 마시고 응급실에 실려간 후에야 간단한 질문을 하지 않은 것을 후회한다.

사람들에게 많은 정보를 제공해 주는 신문기자들조차 질문을 충분히 하지 않는다. 몇 년 전에 NBC는 아이다 호의 숲을 개간한 영향에 대해 부정확한 기사를 내보내고 비난을 받았다. 그 명망 높은 방송국은 죽은 물고기들이 물 위에 떠다니는 장면을 두 번이나 보여주면서 산림을 벌채한 간접 결과라고 주장했다. 하지만 그 중 한 장면에서는 물고기들이 죽지 않았음이 나중에 밝혀졌다. 게다가 또 다른 장면에 나온 곳은 아이다 호가 아니었다.

그런 실수가 일어난 이유는 기자가 뉴스 편집 과정에 참여하지 못했고, 아무도 그 기사에 관해 의문을 품지 않았기 때문이었다. 《뉴욕 타임스》에 실린 기사에서 NBC 뉴스 팀원은 이렇게 말했다. "그것은 어리석은 실수였다. 하지만 그런 일은 누구나 저지를 수 있다. 이번 일을 게기로 뭐든지 이 사람 저 사람에게 시시콜콜 질문을 해야 한다는 것을 알았다."

오해라는 '범죄' 해결하기

우리는 모두 질문하는 탐정이 되어야 한다. 콜롬보 형사를 생각해 보자. 그는 항상 마지막에 한 가지 덧붙이는 질문으로(갑자기 생각 난 듯이 던지는 그 유명한 질문) 범죄를 해결했다. "귀찮게 해 드리고 싶지는 않지만 선생님, 마지막으로 하나만 더 묻겠습니다." 우리는 콜롬보 형사처럼 추가로 질문을 해서 이해를 분명히 해야 한다. 우리는 탐정들이 하는 것처럼 대답을 찾고 있다. 누가 관련이 되었는가? 그들은 누구인가? 그들과 언제 이야기를 할 수 있을까?

누가, 언제, 어디서, 무엇을, 왜, 어떻게 등은 가장 기본적인 질문이다. 이런 기본적인 질문을 하지 않으면 오해라는 범죄에 걸려 든다. 다음 질문은 기본적인 단서를 구할 때 사용할 수 있다.

1. 누가

풋내기 영업사원들은 엉뚱한 사람을 상대하는 실수를 저지른다. 한 영업사원이 애크미 제작사의 밥 존스와 만날 약속을 하고 잔뜩 들떠 있다. 그는 제품 설명을 하면서 45분을 보낸다. 존스 씨는 미소를 지으며 내내 관심을 보이는 듯했고, 마지막으로 영업사원이 그에게 말한다. "존스 씨, 내친 김에 오늘 계약을 하는 것이 어떨까요?" 그 말에 존스 씨가 대답한다. "아, 먼저 담당자와 상의를 해야겠군요. 이런 구매 결정은 내가 할 수 없습니다."

영업사원은 45분의 시간을 허비한 것이다. 그는 밥 존스가 담당자인지를 물어보았어야 했다.

물건을 파는 일이 아니더라도 종종 이와 비슷한 실수를 한다. 이야기하는 상대가 적절한 자격을 갖추었는지 알기 위해서는 질문을 해야 한다.

- 당신은 내게 이 문제에 대해 정보를 줄 수 있는 사람인가?
- 당신 말고 필요한 정보를 줄 수 있는 사람이 또 있는가?
- 이 문제의 결정권을 가진 담당자는 누구인가?

2. 언제

요즘은 모두들 너무 바쁘기 때문에 약속 시간에 맞추어 도착하는 것이 점점 더 중요해지고 있다. 나는 시간을 정확히 지킨다. 언제까지 가야 하는지를 알아서 먼저 도착하려고 한다. 사람들이 상습적으로 늦는 이유는 시간에 대해 질문을 하지 않기 때문이다. 예를 들어 1시까지 어디를 가야 한다면 집에서 언제 떠나야 하는지, 그 모임을 위해 준비하는 시간이 얼마나 걸리는지 생각해 봐야 한다. 시간을 지키기 위해서는 자기 자신과 상대방에게 다음과 같은 질문을 하는 것이 필요하다.

- 정확히 언제 만날 것인가?
- 제시간에 도착하려면 언제 떠나야 하는가?
- 정확히 언제까지 준비를 마쳐야 하는가?
- 준비하는 시간이 얼마나 걸리는가?

3. 어디서

왜 그런지 모르지만 사람들은 길눈이 어둡다. 게다가 남자들은 길을 물어보기 싫어한다. 여자들은 묻기는 하지만 자세히 묻지 않는다. 주소를 받으면서 방 번호는 알아두지 않는다. 방 번호를 물으면서 어느 골목에 있는 건물인지 묻지 않는다. 다음부터 길을 물을 때는 머릿속으로 출발하는 지점에서 목적지까지 차례차례 따라가는 그림을 그려보자. 그리고 단계적으로 설명을 듣는다. 기본적으로 다음과 같은 질문이 필요하다.

- 정확한 위치는 어디인가?
- 몇 층에 있는가?
- 방 번호는 어떻게 되는가?
- 여기서 얼마나 멀리 있는가?

4. 무엇을(어떤)

이 질문은 다른 질문만큼 분명하지 않으며, 종종 개념이나 목표 또는 수많은 다른 가능성을 포함한다. '누가' 라는 질문은 사람에 대한 질문이고, '어디' 라는 질문은 장소에 관한 것이다. 하지만 '무엇(어떤)' 에 관한 질문은 좀더 막연하고 그 대답이 더 길고 다양할 수 있다. 예를 들어 "이 문제에 대해 어떤 생각을 하는가?", "무엇이 이런 상황을 만들었는가?", "이 문제를 해결하려면 어떤 방법이 있는가?" 등의 질문이 있다.

대화를 할 때 단어와 개념과 문제점을 분명히 밝히지 않으면 많은 오해가 빚어진다. '무엇(어떤)'이라는 질문을 해서 그러한 오해를 피하면 올바른 의사소통과 문제 해결로 가는 지름길이 될 수 있다. 종종 의미를 다르게 해석해서 문제가 생긴다. "그 말은 무슨 뜻입니까?"라는 질문을 하면 그 말의 의미가 분명해진다. 한편, "문제가 무엇입니까?"라는 질문은 개념을 분명히 한다.

또한 "만일 이러이러한 상황이라면 어떤 일이 일어날까?"라는 질문을 하면 가능성과 결과에 대해 생각해서 나중에 일어날 수 있는 일에 대비할 수 있다.

- 어떤 문제에 직면하고 있는가?
- 영업사원들의 사기를 높이려면 어떤 방법이 있을까?
- 이 제안에 대해 모두 어떤 생각을 하고 있는가?
- 어떤 식으로 다르게 할 수 있을까?
- 성공하지 못하면 어떻게 되는가?

5. 왜

이 질문은 아주 조심해서 해야 한다. "왜 당신은 그렇게 무심한가?" 또는 "왜 나에게 전화를 하지 않았는가?" 또는 "왜 공부를 더 잘하지 못하는가?" 등과 같이 비난 섞인 말에 종종 사용되기 때문이다. "왜 나는 다른 사람들처럼 되지 못할까?"라고 자기 자신을 비난하기도 한다. 그러나 '왜'라는 질문을 적절히 사용하면 궤도에서 벗어나지 않도록 생각을 조절할 수 있고 전체적인 목적을 환기하는 데 도움이 된다.

내 친구 수잔은 85세의 고모를 가족과 함께 깜짝 파티를 열기로 했다. 그녀와 네 명의 형제가 저녁에 만나서 각자 파티에 대한 의견을 내놓았다. 가족끼리 조촐하게 집에서 칵테일 파티를 하자, 음식점에서 잔치를 벌이자, 파티는 그만두고 각자 특별한 선물을 하자 등 여러 가지 주장이 나왔다. 서로 자기 주장을 하고 있을 때 수잔이 물었다. "고모님을 위해 파티를 열려고 하는 이유가 뭐죠?" 그 질문으로 인해 각자 하던 말을 멈추고 생각을 하게 되었다. 대답은 모든 가족과 오랜 친구들이 모여 고모를 축하해 주는 기회를 마련하자는 것이었다. 결국 그들은 음식점에서 파티를 열기 했고 70명을 초대해서 즐거운 시간을 보냈다.

어떤 결정을 내리기가 힘들다면 다음과 같은 질문을 해보자.

- 왜 이것을 하려고 하는가?
- 왜 이것이 문제가 되는가?
- 왜 이런 문제가 이 시간에 일어났는가?
- 이것이 왜 중요한가?

6. 어떻게

우리는 어제 한 일을 돌아보지 않는 행동지향적인 사회에서 살고 있다. 속도를 늦추고 차근차근 생각해 보려고 하지 않는다. 하지만 목표를 달성할 수 있는 방법을 이리저리 궁리해 보고 관련된 모두의 요구에 맞는 방법을 선택해야 할 때가 있다. 그럴 때는 다음과 같은 질문을 해보자.

- 어떻게 하면 주요 목표에 가장 근접할 수 있는가?
- 어떻게 하면 무사히 진행을 할 수 있는가?
- 어떻게 하면 가장 훌륭한 질문을 할 수 있는가?
- 어떻게 하면 이 일을 여러 단계로 나누어서 부담을 줄일 수 있는가?

사실이 전부는 아니다

앞에서도 언급했듯이, 정보에는 사실에 대한 정보와 감정에 대한 정보가 있다. 무엇인가를 완전히 이해하기 위해서는 두 가지 정보가 모두 필요하다. 질문은 대부분 사실을 찾기 위한 것이다. 탐정들이 하는 질문이 그렇다. 그들은 증거를 하나하나 수집하고 배열해서 수수께끼를 푼다. 모든 문제에는 빼놓을 수 없는 핵심적인 요소가 있는데, 그것은 바로 동기다. 그 사람은 왜 그런 일을 했는가? 그 행동의 배후에는 어떤 감정이 있는가?

사실 모든 상황을 시시콜콜 분석하는 것은 가능하지도 않을뿐더러 필요하지도 않다. 하지만 자기 자신이나 다른 사람들에게 실제로 어떤 일이 일어나고 있는지 알아야만 할 때가 있다.

하지만 그것이 항상 쉽지만은 않다. 사람들은 감정 드러내는 것을 꺼리므로 물어보기가 어렵다.

우리는 종종 '느끼다' 라는 단어와 '생각하다' 라는 단어를 같은 의미로 사용한다. 누군가가 어떻게 느끼는지 알고 싶을 때 "거기에 대해 어떻게 생각하느냐?"라고 말한다. 그 이유는 "거기에 대해 어떻게 느끼느냐?"라고 솔직하게 물어볼 수 없기 때문이기도 하다. 감정은 사실보다 개인적이며, 사람들은 감정에 대해 이야기하고 싶어 하지 않는다. 또한 스스로도 자신의 감정에 대해 모를 수 있고 분명한 말로 표현하지 못할 수도 있다. 그래서 다른 사람이 정말 어떻게 느끼는지 알기 위해서는 몇 가지 질문이 필요하다.

보통 때 학교 공부를 열심히 하던 아이가 갑자기 숙제를 안 한다고 가정하자. 그럴 때 "너에게 어떤 감정 변화가 일어났느냐?"라고 물을 수는 없다. 그보다는 다음과 같은 대화를 할 수 있다.

엄마 : 왜 숙제를 안 하려는 거니?
아이 : 하고 싶지 않아요.
엄마 : 너는 항상 숙제를 잘했잖니. 이 숙제는 뭐가 다른데?
아이 : 마음에 들지 않아요.
엄마 : 어떤 점이 마음에 들지 않지?
아이 : 바보같아요.
엄마 : 왜 바보같지?
아이 : 문제가 엉터리예요. 너무 어려워요.
엄마 : 어떤 문제인지 같이 읽고 생각해 보면 도움이 되겠니?
아이 : 좋아요.

이런 대화를 하지 않으면 엄마는 아이가 문제를 이해하지 못한다는 사실을 모르고 투정을 부리거나 게으름을 피운다고 생각할 수 있다. 어떤 직원이 갑자기 일을 열심히 하지 않거나, 배우자가 화를 내거나 짜증을 부릴 때도 같은 식으로 질문해 볼 수 있다. 상대방이 느끼는 방식을 항상 변화시킬 수는 없지만 상대방의 관점에서 상황을 이해하려고 노력하면 서로에게 도움이 된다.

적절한 정보 입수를 방해하는 네 가지 장애

필요한 정보를 구하기 어려운 이유는 무엇일까? 때로 사람들은 정보를 공유하지 않으려고 한다. 하지만 대부분은 일부러 숨기려고 하는 것이 아니라 전달을 제대로 못하기 때문이다. 정보 입수에 방해가 되는 장애에는 네 가지가 있다. 이 장애들은 서로 관련이 있으며 종종 한번에 한 가지 이상의 장애를 경험한다. 그러한 장애를 극복할 수 있는 방법 중의 하나가 바로 질문이다.

● **장애 #1 : 사람들은 자진해서 말하지 않는다**

　어떤 문제는 종종 한 말이 아니라 하지 않은 말 때문에 일어나기도 한다.

　어느 주말에 지방에서 친구들이 찾아왔다. 우리는 브로드웨이 쇼를 보러 가기로 결정했다. 나는 신문을 훑어보고 마음에 드는 쇼를 하나 찾았다. 극장에 전화를 걸어서 그날 저녁 쇼가 몇 시에 시작하느냐고 물었다. "8시 정각입니다." 매표원이 친절한 목소리로 대답했다. "얼마죠?" 네가 물었다. "20달러입니다." 그가 대답했다. "공연이 끝나는 시간은 몇 시죠?"라고 물으니 그는 "10시 15분입니다."라고 다시 정중하게 대답했다.

친구들과 나는 중심가에 있는 극장으로 우르르 몰려갔다. 나는 매표소로 올라갔다.

"오늘 저녁 표 넉 장 주세요."

"매진됐는데요. 몇 주일 치가 이미 매진되었습니다."

나는 깜빡 잊고 그날 밤 표가 있는지 물어보지 않았던 것이다. 만일 마지막으로 질문을 하나만 더 했더라면 극장까지 가서 허탕을 치고 돌아오지는 않았을 것이다. ●

IQ

잠수함 지휘관이 잠망경을 통해 볼 수 있는 시야는 제한되어 있다. 잠망경은 우리가 표적으로 하는 것만 보여 준다. 만일 무언가를 겨냥해서 보지 않으면 그것을 볼 수 없다. 질문도 마찬가지다. 질문하는 것에 대해서만 답을 얻을 수 있다. 만일 무엇인가를 물어보지 않으면 그 답을 구할 수 없다.
– 아비놈 샤피르, 과학 탐구 연구소 소장

사람들이 정보를 제공하지 않는 것은 대부분 고의적이 아니라 어떤 연관성을 깨닫지 못하거나 생각이 거기까지 미치지 못하기 때문이다. 매표소 직원은 내 질문에 꼬박꼬박 대답했다. 문제는 질문에만 대답하고 자진해서 다른 정보를 주지 않은 것이다.

몇 주일 치 표가 이미 다 팔렸기 때문에 매표원의 관점에서 보면 매진이 되었다는 것이 당연한 사실이었다. 그리고 나는 매표원이 내가 표가 필요로 한다는 사실을 알고 있다고 당연히 생각한 것이다. 양쪽 모두 상황을 자기 입장에서만 생각한 것이다.

필요한 정보를 모두 얻었다고 생각하더라도 마지막으로 대화를 끝내면서 한 가지 확인 질문을 하자. 이것은 옛날부터 기자들이 사용하는 기술이다. 인터뷰를 끝낼 때 기자는 "덧붙이고 싶은 말씀이 있습니까?"하고 묻는다. 그들은 종종 이 질문으로 최고의 인용문을 얻어내기도 한다.

확인 질문은 사고를 자극하여(질문의 두 번째 힘을 기억하자) 빼먹은 사실을 한두 가지 생각해 낼지도 모른다. ●────

● 장애 #2 : 막연하게 말하고 생각한다

운동 경기를 해본 적이 있다면 코치가 선수들에게 더 잘하라는 식으로 막연하게 말하지 않는다는 것을 알 것이다. 코치는 더 빨리 달려라, 무릎을 구부리고 방망이를 더 높이 잡으라는 등 구체적으로 설명을 한다. 선수들에게 단지 경기를 더 잘하라고 말한다고 해서 실제로 더 잘할 수는 없다.

사업에서도 훌륭한 경영자는 직원들에게 일을 더 잘하라고 말하지 않는다. 직원들에게 기대하는 구체적인 기준을 만들어서 제시간에 출근하라거나 분기별 보고서를 제출하라고 지시한다. 훌륭한 교사는 학생들에게 시험을 통과하고 성적을 올리려면 어떻게 해야 하는지에 대해 자세히 조언을 한다. 최고의 코치는 선수들을 격려만 하는 것이 아니라 정확히 어떤 부분에 노력을 기울여야 하는지를 가르쳐 주고 거기에 맞게 연습을 시킨다.

하지만 구체적인 질문을 하지 않는 경우가 많다. 문제는 아무도 막연하게 알고 있는 일을 완전하게 수행할 수는 없다는 것이다. 어째서 좀더 구체적으로 말하지 않는 것일까? 자신이 하는 말의 의미를 상대방도 역시 알고 있으리라고 가정하기 때문일 것이다 (장애 #3 참고). 아니면 자신이 원하는 것이 무엇인지 정확하게 알지 못하면서 상대방이 대신 알아서 해주기를 바라기도 한다.

막연한 이야기는 아무 도움이 되지 않는다. 게다가 부정적인 내용이라면("그것은 내 마음에 들지 않는다."라는 식으로) 문제가 더욱 심각하다. 개선 방법을 알려 주지 않는 말은 역효과를 가져오기 쉽다. 따라서 막연하고 부정적인 이야기를 들으면 "어떤 점이 특히 마음에 들지 않나요?"라든가 "개선이 필요한 부분을 지적해 주시겠습니까?"라고 물어봐야 한다.

"잘했다."라는 칭찬을 들으면 기분이 좋기는 하지만 별로 도움이 되는 것은 없다. 그에 비해서 구체적인 칭찬은 상대방의 노력을 진지하게 평가하고 있다는 것을 보여준다. 나는 지난주에 어떤 분에게 감사 카드를 보냈다. 그녀는 나에게 전화를 해서 카드를 잘 받았으며 특히 그 카드에 써 있는 시를 읽고 마음이 훈훈해졌다고 말했다. 나는 그녀의 구체적인 칭찬을 듣고 기분이 좋았다. 왜냐하면 내가 적절한 카드를 찾느라고 시간을 보냈다는 사실을 그녀가 알아주었기 때문이다.

상대방에게 칭찬을 좀더 구체적으로 해 달라고 말하기는 어려울 것이다. 단, 칭찬을 하는 이유를 말해 달라고 요구할 수는 있다. 예를 들어, 사장이 당신의 발표를 듣고 "잘했네."라고 말한다고 하자. 그러면 당신은 "고맙습니다. 다음 발표 때 참고할 수 있도록 어떤 점이 마음에 드셨는지 말해 주시겠습니까?"라고 질문할 수 있다. 그러면 당신의 장점을 알 수 있을 뿐 아니라 사장도 당신이 잘한 점에 대해 좀더 기억을 할 것이다.

막연한 이야기는 직장에서만 문제가 되는 것은 아니다. 사람들은 대충 말을 하는 버릇이 있다. 몇 년 전에 나는 우리 집 페인트칠을 산뜻하게 다시 해야겠다고 생각했다. 다음날 아침 식사를 하면서 남편에게 언제 페인트 칠을 할 수 있을지 물어봤다. 그러자 그는 "곧." 이라고 대답했다. 그러려니 하고 나는 생각했다.

며칠 동안 나는 어떤 색이 좋을지, 어떤 색이 가구와 어울릴지 궁리를 했다. 한 달 후에 다시 남편에게 몇 가지 아이디어를 갖고 이야기를 꺼냈다. 다시 그는 '곧' 하자고 말했다. 지금까지 나는 손에 온갖 페인트 견본을 들고 이제나저제나 '곧' 이 돌아오기를 기다리고 있다.

'곧' 이라는 말은 절대 믿을 수 없다. 그것은 10분, 1시간, 또는 몇 주일이 될 수 있다. 이와 같은 막연한 단어나 문구는 너무나 많다.

- 항상, 대략, 더 적다, 더 많다, 더 낫다, 좋다, 개선되다, 증가하다, 절대 아니다, 많다, 더 나쁘다, 할 수 있다, 그럴 수 있다, 모든, 모든 것, 곧바로, 비슷하다, 키가 크다, 키가 작다, 사람들, 몇 개, 매우, 모두 등

다음 말도 마찬가지로 그대로 믿으면 안 된다.

- 마음에 들지 않는다. 필요에 맞지 않는다. 그만한 여유가 없다. 몇 마일밖에 되지 않는다. 그렇게 하자. 좋은 생각이다.

이런 단어나 문구를 들을 때마다 좀더 구체적인 대답을 요구하는 질문을 해야 한다. ●

IQ

우리는 막연하게 생각을 하지만 우리가 사는 현실은 구체적이다.
– 알프레드 노스 화이트헤드, 수학자, 철학자, 우주학자

나는 영업사원 교육을 시작하면서 막연한 이야기 때문에 정보 수집이 빗나갈 수 있다는 것을 처음 알았다. 나는 참가자들에게 교육 과정에서 무엇을 얻고 싶은지 물었다. 그러면 대부분 "좀더 나은 영업사원이 되고 싶다."라는 대답이 돌아왔다. 하지만 그 말로는 구체적으로 그들에게 필요한 것이 무엇인지 알 수 없었다. 그들이 말하는 '좀더 나은'의 의미를 알기 전에는 내가 맡은 일을 제대로 할 수가 없다.

　　이제 나는 워크숍에서 사람에게 각각 물어본다. "당신이 하는 일에서 좀더 나은 영업사원이 되기 위한 조건은 무엇입니까?" 그들의 대답을 듣고 나는 어느 교육 과정에 초점을 맞출 것인지 정한다. 만일 그 질문을 하지 않는다면 훌륭한 영업사원에 대한 정의를 내 자신의 판단에 맡겨야 하는데 그것이 그들의 영업 목표에 적절한지 아닌지는 알 수 없다.

　　필요한 정보를 입수하기 위해서는 처음에는 일반적인 질문으로 시작해서 점차 구체적인 질문으로 옮겨가는 것이 효과적이다. 수사관들은 일반적인 질문으로는 필요한 정보를 얻지 못한다는 것을 알고 있다. 로널드 P. 피셔와 R. 에드워드 가이젤맨은 『기억 증진 심문 기술』이라는 책에서 "강도의 외모에서 특별한 점이 있었는가?"와 같은 일반적 질문을 하면 대부분의 사람들은 별 생각 없이 "없었다."라는 대답을 한다고 말한다. 이 질문은 막연할 뿐 아니라 단순히 있었다, 없었다로 대답해도 충분하다. 그 대신 "강도의 외모에서 가장 특이한 점이 무엇이었는가?"라고 질문해야 한다고 말한다. 이 질문은 증인이 강도의 외모에 집중해서 머릿속으로 그림을 그려 보게 만든다. 증인이 이 질문에 대답하면 뒤따라 확인 질문을 한다. "알아야 하는 다른 사실이 있습니까?"

만일 애매모호하고 의미가 없는 대답을 들었다면 질문을 좀더 구체적으로 하자. 어떤 질문을 하기 전에 질문하는 목적에 대해 생각해 보자. ●

● 장애 #3 지레짐작한다

의사소통이 잘못되는 책임은 말하는 사람에게만 있는 것이 아니다. 듣는 사람도 자신이 이해한 것을 확인할 책임이 있다. 사람들은 종종 사람들이 막연하게 하는 말을 혼자 지레짐작으로 이해하고 질문을 하지 않는다. 듣는 사람이 말하는 사람과 같은 생각을 하고 있는 줄로 알지만 사실은 동문서답을 하고 있을지도 모른다.

어떤 사람은 "아침에 일어나자마자 전화하세요."라고 말한다. 나는 아주 일찍 일어난다. 아침에 일어나자마자 전화를 할 수는 있지만 그러면 상대방이 반가워하지 않을 것이 분명하다. 그래서 나는 "몇 시쯤이요?"라고 묻는다.

사람들은 의사나 법률가나 주식중개인을 만나면 전문가인 그들이 다 알아서 해주리라고 가정한다. 그래서 반드시 해야 하는 질문을 하지 않는 바람에 종종 예기치 않은 불상사가 생기곤 한다.

내 친구 역시 자신이 고용한 경리사원이 고액을 횡령한 사건이 생겼을 때 그런 경험을 했다. 경리사원이 체포되자, 펜실베이니아 주 정부에서 기소를 했다. 내 친구는 경리사원에 대한 법정 심문이 열리는 날짜를 통보 받았다. 그런데 그 후에 날짜가 이틀 앞당겨

졌는데 내 친구는 까맣게 모르고 있었다. 변호사는 내 친구가 법정에 출두하지 않아도 되기 때문에 알리지 않아도 된다고 생각했던 것이다.

그것은 변호사에게 중요하지 않았겠지만 그 범죄의 희생자에게는 매우 중요했다. 내 친구는 어떤 변화가 있으면 변호사가 알려주리라 생각하고 그에게 사건에 관련된 법원 절차를 빠짐없이 알려달라는 부탁을 하지 않은 것이다.

때로는 무식함이 드러날까봐 질문하기를 두려워하기도 한다. 그러나 중대한 상황에서는 필요한 모든 정보를 알아야 할 권리가 있다. 따라오는 결과가 클수록 잠시 멈추어 자기 자신에게 물어보는 것이 중요하다. "나는 이것을 철저하게 생각해 보았는가? 내가 지레짐작을 하고 있는 것은 아닌가?"●

나는 나 자신에게 질문했다. "우리는 왜 그렇게 곧잘 가정을 할까?" 나는 일상생활에서 가정을 하지 않으면 모든 활동이 정지될 수 있다는 것을 알았다. 어떤 건물에 들어갈 때 사람들은 그곳이 튼튼하게 지어져 있고 무너지지 않으리라고 가정한다. 음식점의 물과 음식은 오염되지 않았다고 가정한다. 만일 그런 가정을 하지 않는다면 모든 일에 노심초사하면서 살아야 할 것이다.

또한 자기 자신에 대해서도 가정을 한다. 내가 할 수 있는 것, 특히 할 수 없는 것에 대해 선입관을 갖고 있다. 그리고 그러한 한계가 사실이라고 가정한다.●

이러한 부정적인 가정을 극복하기 위해 몇 가지 질문을 해볼 필요가 있다. 예를 들어 "나는 마라톤을 할 수 없다."라고 가정하고 있다고 하자. 그러면 아래와 같은 문답을 할 수 있다.

문 : 나는 왜 마라톤을 할 수 없는가?
답 : 몸이 약하기 때문이다.
문 : 어떻게 하면 튼튼해질 수 있을까?
답 : 운동을 시작해야 한다.
문 : 언제 운동을 할 수 있는가?
답 : 매일 아침 15분간 가볍게 걷기 운동을 할 수 있다.
문 : 그것은 가능하다. 그 다음에는 어떻게 해야 할까?
답 : 빨리 걷기를 오래 하다 보면 뛰기 시작할 준비가 된다.

용기를 배우고 싶다면 랜스 암스트롱을 보라. 세계적인 사이클 선수인 그는 말기 암 선고를 받았다. 그러나 그는 자신이 죽을 것이라고 가정하지 않았다. 대신 어떻게 하면 치료를 받으면서 계속 연습을 할 수 있을지 질문했다. 다른 사람들은 모든 희망을 포기했지만 그는 운동을 계속했다. 그리고 1999년, 6개월밖에 살지 못한다는 말을 들은 지 3년 후에 그는 국제 대회에 나가 우승함으로써 눈부신 재기를 했다.

긍정적으로 질문하고 긍정적으로 대답해야 한다. "나는 왜 이리 게으른가?" 또는 "나는 왜 다른 사람들보다 건강을 유지하기가 어려운가?"라는 질문은 버리자. 그런 비현실적인 질문이 아닌 답할 수 있고 행동을 취할 수 있는 질문을 하자. 비관적인 생각이 사라질 때까지 한번에 한 가지씩 자신에게 질문을 계속해 보자.

● 장애 #4 : 같은 말을 다른 의미로 해석한다

어느 미인 대회에서 일어난 일이다. 그 해에는 뛰어난 미인들이 너무 많아서 심사를 하기 어려웠다. 마침내 본선에 오른 다섯 명의 미인들은 각자 방음이 된 칸막이 안에 들어갔다. 그리고 사회자가 차례대로 질문을 했다. "당신이 꿈꾸는 데이트(date는 데이트 상대라는 의미와 날짜라는 의미가 있다 – 역주)를 묘사해 볼 수 있나요?" 심사위원들은 그들이 이상적인 동반자를 어떻게 묘사하는지 알고 싶었던 것이다.

처음부터 네 명까지는 모두 유머 감각이 뛰어나고 낭만적이고 자상한 남자가 좋다고 이야기했다.

다섯 번째 미인에게 같은 질문을 했다. "당신이 꿈꾸는 데이트를 묘사할 수 있나요?" 그녀가 뭐라고 대답했을까? "제가 꿈꾸는 날은 5월 1일이에요. 꽃이 피기 시작하는 봄이죠."

질문은 똑같이 했지만 다섯 번째 미인은 완전히 다른 의미로 해석을 한 것이다. 그녀는 당연히 왕관을 쓰지 못했다.

이런 식의 오해는 아주 흔하게 일어난다. 회사에서 사장이 회의를 소집해서 발표를 한다. "회사를 대대적으로 정비할 예정입니다." 그는 벽에 페인트 칠을 하고 새로 카펫을 깔고 사무실을 확장한다는 의미로 한 말이다. 하지만 직원들은 기절초풍을 한다. 왜냐하면 '대대적인 정비'를 모두 해고한다는 뜻으로 알아들었으니까.

누군가 이야기를 할 때 사람들은 머릿속으로 그가 말하는 단어가 의미하는 그림을 그려본다. 다음 단어와 구절을 읽으면서 그 의미에 대해 생각해 보자.

집, 근사한 레스토랑, 직업, 대가족, 채소, 꽃

꽃을 생각할 때 나는 머릿속으로 푸른 줄기에 잎사귀가 두 개 달린 완벽한 빨간 장미를 떠올린다. 장미는 내가 좋아하는 꽃이다. 하지만 당신은 머릿속에 다른 그림을 그릴 것이다. 그럼에도 불구하고 대화를 나누는 상대방이 나와 같은 그림을 보고 있다고 믿는다. 그러므로 다음과 같은 질문을 할 필요가 있다.

• 그 말은 무슨 뜻입니까?
• 특별히 어떤 것을 생각하고 있습니까?
• 예를 들어 주겠습니까?

단어는 각자에게 다른 의미가 있을 뿐 아니라 단어의 연결 방식에 따라 의미가 달라지기도 한다. 또한 어느 단어를 강조하느냐에 따라서 문장의 의미가 크게 달라지기도 한다. 그래서 다음 이야기에서 볼 수 있듯이 많은 오해가 생길 수 있다.

캐롤 헤이스는 몇 주일 동안 아파서 끙끙거리다가 병원을 찾아갔다.

"당신은 희귀병을 앓고 있습니다." 의사가 말했다. "만일 내

지시를 따르지 않으면 병을 다스릴 수 없습니다. 무엇보다 중요한 것은 녹색 채소는 아무리 먹어도 지나치지 않다는 것입니다."(You can't eat too many green leafy vegetables. 채소를 너무 많이 먹으면 안 된다는 뜻으로 해석이 될 수도 있다—역주)

캐롤은 집에 가서 남편에게 의사가 말한 그대로 이야기했다. 그날 밤 남편은 심란해하는 아내를 위로한 후, 건강에 좋은 샐러드, 콩 껍질, 완두콩, 양배추 등으로 저녁을 차렸다.

캐롤은 펄쩍 뛰면서 접시를 바닥에 내던졌다.

"왜 그래?" 남편이 물었다.

"나를 죽일 작정이에요?" 그녀가 소리쳤다. "의사가 녹색 채소를 너무 많이 먹지 말라고 했잖아요!"

단순한 오해가 빚은 결과다. 캐롤은 의사가 녹색 채소의 섭취를 줄이라고 했다고 생각했고 남편은 반대로 생각했다. 다음 날 캐롤은 의사에게 전화를 걸어서 다시 물어보았다. "제가 녹색 채소를 많이 먹어야 한다는 건가요, 먹지 말라는 건가요?" 의사가 말했다. "많이 드세요. 건강에 좋아요!" 영어는 애매한 부분이 많아서 영어로 대화를 한다는 것이 신기할 정도이다.

정보화 시대라고는 하지만 모든 것을 다 알 수 없다. 노력할 수는 있지만 불가능하다. 생명의 수수께끼에 대한 해답을 일부 찾았을 때조차 더 많은 의문이 생긴다. 오랫동안 과학자들은 "어떻게 하면 생명을 연장할 수 있을까?"라는 문제와 씨름해 왔다. 그런데 더 이상 스스로 기능을 하지 못해도 생명을 유지하는 기술을 개발한 지금에는 "과연 생명을 연장해야 하는가?"라는 문제가 대두되고 있다.

필요한 정보를 모두 얻을 수는 없을 것이다. 하지만 정보를 구하는 질문 습관을 들인다면 "왜 진작 이것에 대해 물어보지 않았을까?"라고 후회하는 경우가 훨씬 줄어든다.

성공하려면 정확하고 자세하게 알아야 한다. 필요한 정보를 얻으려면 질문을 해서 의사소통을 가로막는 장벽을 제거해야 한다. ●

IQ

유능한 의사가 되는 비결을 알고 싶다고? 명석하고 분석적인 두뇌, 아니면 걸어다니는 백과사전이 되는 것? 천만에 말씀. 그 비결은 아주 간단하다. 환자에게 질문을 많이 하는 것이다.
— 마이론 R. 손펠드, 「극비」

5

네 번째 힘
질문을 하면 통제가 된다

Questions put you in Control

정복하기는 쉽다. 통제하기가 어렵다

— 커크 선장, 〈스타트랙〉

통제란 무엇인가?

친한 친구 하나가 최근에 어떤 몹쓸 병에 걸렸다. 그녀는 병원에서
처음 그 사실을 알았을 때 난감하고 혼란스러웠다. 인생이 허무하
고 부질없이 느껴졌다.

그녀는 집에 돌아와서 혼자 질문을 하기 시작했다. "이 병에
대해 내가 알고 있는 것은 무엇인가? 이 병을 전문으로 치료하는
의사가 있는가?" 그녀는 질문을 할수록 통제력을 회복했다. 질문
은 그녀에게 어디서부터 시작해야 하는지를 알게 해주었고, 두려
움에서 벗어나 이성적으로 생각할 수 있게 했다.

그런 일이 아니라도 화가 나거나 좌절했을 때, 불안하거나 두
려울 때, 어떤 일에 대해 당연히 알아야 한다고 생각하는 것만큼 알
지 못할 때도 통제력을 잃어버린다. 누군가 자신을 비난하거나 윽

박지르면 어쩔 줄 모르고 당황한다. 또한 곤란한 상황에 처하면 속수무책으로 느껴진다.

내가 말하는 통제란 다른 사람들에게 힘을 행사한다는 의미가 아니다. 자신이 원하는 일이 무엇인지 알고 다른 사람에게 해를 끼치지 않으면서 그 일을 성공적으로 달성하는 것을 말한다.

사람들은 스스로를 통제하고 있을 때 좀더 이성적으로 생각할 수 있다. 좀더 분명하게 생각을 하고 좀더 분명하게 자기의 생각을 다른 사람들에게 전달할 수 있다. 자기 스스로를 통제하면 감정을 조절할 수 있다. 감정적이 되어서는 안 될 때, 예를 들어 회사 사장이 질책을 하거나 고객이 불평을 할 때 감정을 자제할 수 있다.

왜 질문을 하면 통제가 될까?

통제의 문제는 기본적으로 자신의 감정 상태를 조절하고 곤란한 상황에 대처하는 방법과 관계가 있다.

●감정 통제하기

인간은 감정적인 동물이지만 그렇다고 해서 감정의 지배를 받아서는 안 된다. 감정적이 되면 불리한 입장이 될 수 있다. 질문은 감정이 우세한 우뇌에서 벗어나 이성적인 사고가 우세한 좌뇌를 사용하도록 도와준다. 예를 들어, 어느 고객이 계속 마음을 바꾼다고 해서 화를 내면 일을 그르칠 수 있다. 대신 "우리는 마감일에 맞추어야 합니다. 당신이 원하는 것을 분명히 결정한 후에 내일 다시 이야기할까요?" 또는 "제시간에 일을 끝낼 수 있도록 최종적인 결론을 내릴까요?"라고 질문해 보자.

질문은 감정을 진정시킨다. 아주 바쁜 어느 날, 나는 어느 고객에게 연락을 하려고 했지만 연락이 제대로 되지 않아 화가 치밀어 올랐다. 그러나 잠시 호흡을 가다듬고 나 자신에게 물었다. '이 상황이 정말 내가 화를 낼 만한 가치가 있는 일인가?' 그 대답은 물론 '아니다'였다. 나는 심호흡을 하고 그 질문을 한 뒤에야 비로소 감정을 추스를 수 있었다.

그날은 눈코 뜰 새 없이 바빴다. 할 일이 산더미같이 쌓여서 헐떡거리고 있는데, 내 조수가 질문을 했다. "오늘 해야 하는 일이 어떤 것이고, 내일이나 모레까지 해도 되는 일은 어떤 거죠?" 그의 질문 덕분에 나는 일의 우선순위를 정해서 일부를 다음 날로 미룰 수 있었다. 나는 통제력을 회복하고 그날 하루를 무사히 끝냈다.

● 상황 통제하기

사람들은 때로 누군가에게 통제를 당하고 있다고 생각한다. 아니면 언젠가 통제를 당한 적이 있다고 느낀다. 통제를 당한다고 생각하면 무기력해진다. 사람들은 어릴 때 부모님 밑에서 통제를 받던 느낌을 계속해서 여러 권위적인 인물들, 예를 들어 교사, 의사, 법률가, 감독관, 경영자 등에게 전가한다. 특히 여성들은 남성들에 의해, 처음에는 아버지 그 다음에는 배우자에 의해 통제를 받고 있다고 느낀다.

질문을 하면 상대방과 동등한 입장에 서게 된다. 첫 번째 이유는 질문을 하면 상대방이 대답을 하기 때문이다. 둘째, 적절한 질문을 하면 자기가 이끄는 대로 사람들이 따라오게 된다. 셋째, 질문은 정보를 제공하며, 정보는 힘의 원천이다. 이러한 힘 때문에 질문은 어떤 상황에서도 자기가 필요로 하는 통제력을 제공한다.

적절한 질문을 하면 원하는 방향으로 대화를 이끌어 갈 수 있다. 가장 좋은 예가 면접이다. 보통 면접에서는 고용주가 질문을 하고 구직자는 대답을 한다. 고용주는 다른 질문을 하고 구직자는 계속 대답을 한다. 결국 고용주는 구직자에 대해 알게 된다.

나는 그런 규칙을 깨고 구직자 쪽에서 몇 가지 질문을 하라고 말하고 싶다. 구직자가 면접을 하는 목적은 두 가지이다. 그 자리가 자신에게 적절한지를 알아보는 것과 고용주에게 자신이 적임자임을 납득시키는 것이다. 만일 뒤로 물러나서 면접관이 상황 전체를 통제하도록 한다면 이 두 가지를 모두 얻을 수 없다.

질문을 기다리지만 말고 자신이 묻고 싶은 질문을 하자. 면접관의 질문에 대답을 한 다음에는 당신이 질문을 해보자.

예를 들어 "이 직책에는 어떤 자격과 능력이 필요합니까?"라는 질문을 할 수 있다. 그리고 면접관의 대답과 당신 자신의 조건을 연결한다. 만일 "이 일의 적임자는 조직적이고, 꼼꼼하고, 팀으로 함께 일할 수 있는 사람이다."라고 대답하면 당신은 과거의 직장에서 그러한 능력을 어떻게 보여 주었는지 말한다. 그리고 당신이 얼마나 그 일에 적합한지에 대해 설명하며 대화를 이끌어 간다.

왜 통제하려고 하는가?

통제하기를 원하는 것은 인간 본성의 일부다. 자기 자신을 누군가
에게 맡기지 않고 스스로 통제할 수 있다면 좀더 안전하게 느껴진
다. 많은 사람들이 비행기 타는 것을 두려워하는 것도 그 때문이
다. 비행기를 타면 자기가 알지 못하고 본 적도 없는 사람에게 모든
결정을 맡겨야 한다. 또한 운전을 하다가 승객이 되면 불안해진다.
아무래도 내가 직접 하는 것이 낫다는 기분이 드는 것이다.

　통제는 복잡하고 미묘한 문제이다. 사람들은 통제하기를 원하
면서 구속받는 것은 원하지 않는다. 독립적이고 자발적이기를 원
하면서 무모해지는 것은 싫어한다. 힘든 상황에 대처하는 능력을
원하면서 한편으로는 포기하고 싶어 한다. 인생의 다른 일과 마찬
가지로, 나 자신이나 다른 사람에게 해를 끼치지 않는 범위 내에서
통제의 균형을 유지하는 것이다.

　사람들을 만나면 서로 질문하고 대답한다. 예를 들어, 어느 파
티 손님이 "무슨 일을 하십니까?"라고 물으면 우리는 대답을 하고
나서 "당신은 무슨 일을 하시죠?"라고 묻는다. 아무 생각 없이 자
연스럽게 그렇게 한다.

　하지만 공식석상에 나가서는 종종 통제권을 포기한다. 만일
상대방이 더 월등한 지위에 있다고 느끼거나 권위를 갖고 있다고
느끼면 대답만 하고 질문하는 것을 잊어버린다. 하지만 질문하는
습관을 들이면 어떤 상황에서도 통제권을 행사할 수 있다.

　항상 모든 상황을 통제할 필요는 없다. 파티나 사교 모임에 가

면 사람들과 만나서 즐기면 된다. 그런 상황에서 반드시 대화를 통제할 필요는 없다. 하지만 사업상 원하는 정보를 구하기 위해서는 대화를 통제할 필요가 있다. 누군가를 설득하려고 한다면, 예를 들어 고객과 만나서 영업을 한다면 대화를 통제해야 한다. 만일 누군가의 행동을 변화시키고 싶다면 대화를 통제해야 한다.

몇 년 전 회사의 기금 마련을 위한 행사를 계획하는 이사회 회의에서 나는 통제하는 것이 아주 쉽다는 것을 배웠다. 이사들은 모두 그 행사를 열렬히 지지했고 퀸 엘리자베스 2호 유람선을 빌리기로 했다. 이때 이사회 회장이 일어나서 한 가지 질문을 했다. "만일 호화 유람선을 빌리기 위해 돈을 낭비한다면 그날 저녁은 즐겁겠지만 회사 예산이 바닥날 것입니다. 그날의 흥분과 영광이 그만한 가치가 있는 일일까요?"

그녀의 질문은 우리가 가야 할 방향을 잡아주었고 좀더 실용적인 계획에 초점을 맞추게 했다. 그녀는 우리에게 아무런 설득도 하지 않았다.

신문기자들은 항상 대화를 통제하는 문제로 씨름한다. 유능한 신문기자는 상대방의 기분을 거스르지 않는 범위 안에서 적절한 질문으로 대화를 주도한다. 신문기자가 기사를 쓰려면 다른 사람들에게 필요한 정보를 얻어내야 한다. 그런데 어떤 식으로든 기분을 상하게 만들면 입을 다물어 버릴지도 모른다. 따라서 대화를 적절히 이끌어 가되 너무 밀어붙여서도 안 된다. 섬세하고 성실한 자세로 이끌어 가야만 사람들이 따라온다.

영업사원들 역시 이와 같은 외줄타기를 해야 한다. 영업사원은 필요한 정보를 얻기 위해 적절한 질문을 해야 하지만 고객을 너무 강압적으로 밀어붙이면 일을 그르칠 수 있다. 아니면 고객에게 오히려 끌려갈 수 있으므로 조심해야 한다. 만일 고객이 계속해서 딴소리만 한다거나 화제를 바꾸면 다시 제자리로 돌려놓아야 한다. 그럴 때는 고객이 상품을 믿지 못하고 있는 것일지도 모른다. 고객이 잠시 숨을 돌릴 때 그가 하는 이야기와 관련된 질문을 하자. "우리가 합의를 못하는 가장 큰 문제가 무엇일까요?"라고 분명하고 당당하게 질문한다. 그리고 "제가 제시하는 상품이 가치 있고 유용하다는 것을 어떤 식으로 보여드리면 좋을까요?"라고 묻는다. 그러면 계속 대화를 주도하면서 동시에 고객의 거부반응에 대응하기 위해 필요한 정보를 얻어낼 수 있다.

단호하되 공격적이어서는 안 된다

대화를 통제하는 것은 상대방을 밟고 모든 상황을 마음대로 조정하는 것이 아니다. 통제란 상대에게 강요하지 않고 목표를 달성하는 것이다. 단호하게 이야기하되, 공격적이 되어서는 안 된다.

웹스터 사전에시 '공격적'이란 단어를 찾아보면 '정당한 근거 없이 화를 내거나 비난을 하거나 폭력을 가하는 경향, 또는 호전적이거나 위협적인 행동'이라고 나와 있다. 다른 사람들을 배려하지 않고 자기 욕심만 채우는 것은 내가 말하는 통제가 아니다.

'단호하다'의 의미를 찾아보면 '확신과 신념을 갖다. 또는 강력하고 긍정적으로 말하다'라고 되어 있다. 다시 말해, 상대를 배려하면서 원하는 것을 구하는 것이다. 단호한 사람은 침착하고 주관이 뚜렷하고 매력적이고 차분해 보인다.

통제한다는 것은 자기가 원하는 것이 무엇인지를 알고, 자격을 갖추고, 의식적으로 대화를 이끌어 가는 것이다. 어떤 식으로든 다른 사람에게 피해를 주거나 기분을 상하게 해서는 안 된다.

감정을 진정시킨다

질문의 목적이 상대방을 조종하려는 것이 되어서는 안 된다. 상대방과 대립하기 위해서가 아니라 관계를 수립하기 위한 질문이 되어야 한다. 우리는 사람들과 껄끄러운 관계가 아닌 원만한 관계로 지내고 싶어 한다.

통제한다는 것은 상대방에게 무엇을 하라고 지시하거나 "이거 해라! 저거 해라!"라고 명령하거나, "왜 이것을 하지 않았어? 왜 그렇게 했나?"라는 식으로 귀에 거슬리는 비난을 하는 것이 아니다.

우리는 감정이 격해지면 불안하고 당황한다. 통제를 할 수 없다고 생각하면 명령과 비난에 의존한다. 하지만 통제를 하기 위해서는 침착하고 냉정해질 필요가 있다. 그때 질문을 하면 한숨 돌리면서 평정을 되찾을 수 있다.

보통 비난을 받으면 어떻게 반응할까? 변명을 한다. 방어적이 된다. 어떤 말이든 비난을 받는다는 느낌이 들면 당황한다. 언젠가 나는 어느 고객과 그녀의 사무실에서 회의를 한 적이 있었다. 회의를 끝내고 나오면서 그녀는 접수계원에게 아주 침착하고 공손한 태도로 말했다. "우편물을 3시까지 내 책상에 꼭 좀 갖다 주세요." 접수계원은 그녀가 사신을 비난하고 있다고 생각했는지 톡 쏘아붙였다. "우편물은 받는 대로 갖다드리고 있습니다. 제시간에 도착하지 않는 것은 저도 어쩔 수 없죠!" 접수계원은 상사가 은근히 자신을 질책하는 줄 알고 기분이 상한 것이다. 한마디 말이, 실제로 비난이든 아니든 간에, 두 사람 모두에게 상처를 입혔다.

　사람들은 방어를 하면서 많은 시간을 낭비한다. 누군가 공격을 하면 싸우거나 도망치는 방식을 취한다. 보복을 하거나 변명을 하려고 한다. 하지만 질문을 한다면 적개심을 누그러뜨리고 근본적인 원인을 찾아서 합리적으로 해결할 수 있다. "무엇 때문에 화를 내는지 말해 주실래요?"라고 물어보자.

　이런 질문을 하면 상대방은 고함 지르는 것을 중지하고 생각한 후 좀더 이성적인 대답을 하게 된다. 질문하는 법을 배우면 폭발 직전에서도 방어적이 되지 않고 좀더 차분하게 대처할 수 있다. 적개심, 두려움이나 분노를 진정시키는 가장 좋은 방법 중 하나는 감정적인 대화를 좀더 이성적으로 이끌어 가는 것이다.

　질문을 사용해서 감정적인 상황을 진정시킬 수 있는 경우는 얼마든지 있다. 사장이 실수를 했다고 질책할 때 변명을 늘어놓는 대신 "실수를 해서 죄송합니다. 같은 실수를 되풀이하지 않도록 제게 도움이 될 만한 조언을 해주시겠습니까?"라고 질문해 보자.

사람들은 조언을 청하면 좋아한다. 해결책을 찾는 방향으로 사고하면서 자부심을 느낀다.

부모나 배우자에게도 같은 방법을 사용할 수 있다. 많은 사람들은 부모가 자신을 통제한다고 느낀다. 어른이 되어서도 어린 시절에 받은 그런 느낌에서 벗어나지 못할 수 있다. 누군가가 욕을 하거나 함부로 말할 때는 그 이유가 무엇인지 물어보자. 예를 들어 "무슨 말인지 잘 모르겠군요. 다시 한 번 말해 주실래요?"라고 질문한다. 홧김에 한 말을 다시 반복해서 하기는 쉽지 않다. "당신이 제정신이라면 그런 말을 할 수가 없을 겁니다. 뭐라고 하셨나요?"라고 물어보자.

또 다른 방법은 드러내고 통제를 하려는 사람에게 동정심을 보이는 것이다. 예를 들어, 만일 배우자가 "도대체 왜 이 모양이오? 청소할 줄도 몰라요?"라고 잔소리를 하면 "당신은 집이 좀 지저분하다고 그렇게 화를 낼 사람이 아닌데 직장에서 힘든 일이 있었나보군요. 무슨 일이 있었어요?"라고 물어보자.

말을 많이 한다고 통제할 수 있는 것은 아니다

직장에서 상사는 아마 직원들에게 잔소리를 하면서 통제를 하고 있다고 생각할지도 모른다. 하지만 정말 그럴까? 청중 앞에서 프레젠테이션을 한다고 생각해 보자. 시작하기 전에는 가슴이 두근거리고 조마조마하다. 하지만 차츰 진정이 되면서 모든 것이 순조롭게 진행된다. 그러다가 어떤 사람이 질문을 하려고 손을 든다. 그러자 심장이 튀어나올 것처럼 쿵쿵 뛰면서 다시 불안해지기 시작한다. 왜 그럴까? 더 이상 통제가 되지 않기 때문이다. 어떤 질문이 나올지, 그 질문에 대답을 할 수 있을지 모르기 때문이다.

대통령이나 공직자들은 정기 연설보다 기자 회견을 위해 더 많은 시간 동안 준비한다. 왜냐하면 기자 회견의 성패는 질문이라는 무기로 무장한 기자들에게 달려 있기 때문이다. 연사는 기자들이 질문 공세를 퍼붓기 시작하면 통제하기 힘들다는 것을 알고 있다. 그 시간에는 기자들이 자유롭게 원하는 질문을 하면 무슨 말이라도 대답을 해야 한다.

흔히 생각하듯이 이야기를 많이 한다고 해서 통제를 할 수 있는 것은 아니다. 정치와 사업뿐 아니라 사생활에서도 마찬가지다.

말을 많이 하는 사람은 자신이 대화를 통제하고 있다고 느낄지도 모른다. 과연 그럴까? 사실 사람들은 그에게 귀를 기울이는 것이 아니라 다른 생각을 하거나 예의상 고개를 끄덕이면서 어떻게 하면 이 따분한 상황에서 빠져나갈지 궁리한다.

대화는 두 사람 이상의 상호작용을 의미한다. 쉴 새 없이 혼자 떠드는 것은 독백에 불과하다. "만일 숲속에서 나무가 쓰러질 때 아무도 듣는 사람이 없다면 소리가 난 것일까?"라는 수수께끼가 있다. 마찬가지로 어떤 사람이 이야기를 하고 있는데 아무도 듣는 사람이 없다면 그는 대화를 한 것일까?

상대방이 이야기할 수 있도록 만드는 사람이 대화를 통제할 수 있다. 수사관들은 겉으로는 심문하는 것처럼 보이지만 사실은 증인이 대화를 이끌어 가게 한다. 심문하는 사람이 모든 것을 주도하고 있다고 생각하면 증인은 물어보는 것 외에는 자진해서 정보를 제공하지 않을 것이다. 증인이 수동적으로 대답하면 심문에 성공할 수 없다. ●

통제할 것인가, 통제당할 것인가?

어떤 사람들은 항상 대장이 되려고 한다. 모든 상황을 통제해야 직성이 풀린다. 그런가 하면 반대로 끊임없이 통제를 포기하는 사람들도 있다. 그들은 다른 사람들을 따라가는 것을 더 편안해한다.

통제광은 모든 일에 참견을 한다. 가정에서나 직장에서나 모든 일을 자기 방식대로 해야 한다. 마치 인형극을 하는 사람이 혼자 희곡을 쓰고, 무대를 설치하고, 인형들을 줄로 당기는 것과 같다. 모든 일을 스스로 주도해야만 안전하고 편안하게 느낀다.

통제광을 만나면 어떻게 해야 할까? 보통은 적당히 통제력을 내주는 것이 현명하다. 만약 새로 취직을 했을 때는 상사에게 통제력을 내주는 것이 현명하다. 상사의 통제력을 위협한다면 도움을 받을 수 없을지도 모른다. 하지만 상사가 통제할 수 없거나 통제해서는 안 되는 상황(사생활 등)을 통제하려고 한다면 주의를 주고 권리를 회복해야 한다. 어느 정도까지는 통제를 허락해도 완전히 점령당할 수는 없다. 부드러운 어조로 상대방의 의도를 묻는 질문을 하자. "제가 그렇게 하기를 바라는 이유를 말해 줄 수 있습니까?"

통제광은 참을성이 없는 사람들이 많다. 그들은 보통 직설적이다. 그런 사람들에게는 내 쪽에서도 단도직입적으로 질문을 해야 한다. 만일 어설프게 통제를 하려고 했다가는 공격을 당한다. 질문은 간단명료하게 하고 감정 표현은 피하자. "이 점에 대해 어떻게 느끼는가?"와 같은 질문은 좋지 않다. 대신 "언제까지 이것을 필요로 하는가?" 또는 "당신의 궁극적인 목표는 무엇인가?" 또는 "어떻게 하면 이 일을 더 잘할 수 있을까?" 등과 같이 필요한 정보를 구하는 식으로 질문을 하자.

통제광과는 반대로 너무 수줍어하거나 겁을 내면서 뒤로 물러나는 사람들이 있다. 그들은 자진해서 다른 사람들에게 이끌려간다. 다른 사람들에게 결정권을 맡기고 하라는 대로 묵묵히 따른다. 회의나 모임에서 절대 발언을 하지 않는다. 이런 사람들은 일대일 대화에서도 선택을 하거나 의견을 말하지 않는다.

이런 사람들은 위협적이지 않은 질문을 함으로써 껍질에서 나오도록 유도할 수 있다. 수줍어하는 사람과는 우선 교감을 형성하자. 그런 사람들은 강압적인 분위기를 감당하지 못한다. 우선 좀더 적극적으로 만든 후에 단계적으로 질문을 하자. 회의나 모임에서는 "이 자리는 각자 제안을 할 수 있는 기회입니다. 당신이 훌륭한 생각을 많이 갖고 있는 건 알아요, 찰스. 그 생각들을 우리에게도 알려주실래요?"라고 격려를 해주자.

반대로 수줍음을 많이 탄다면 질문을 해서 통제력과 자신감을 회복할 수 있다. 자연스러운 호기심을 발휘해서 '무엇'이나 '어떻게'로 시작하는 간단한 질문을 해보자. 처음에는 너무 무리하지 말고 천천히 하자. 요령은 편안한 구역에서 나와 잠시 머물러보는 것이다. 일단 그곳이 편안해진 다음에 조금씩 더 멀리 가다 보면 결국 두려움이 정복된다. 질문은 훌륭한 평형 장치이다. 질문을 하면 상대방과 대등해지고 좀더 유리한 위치에 설 수 있다.

효과적인 질문

질문은 통제를 위한 이상적인 방법이지만 아무 질문이나 다 효과가 있는 것은 아니다. 오히려 상대방을 방어적으로 만들거나("왜 제대로 된 서류를 가져오지 않았는가?") 깎아내릴 수 있다("어떻게 그다지 어리석은가?"). 이런 질문은 상대에게 상처를 줄 뿐 아니라 통제 효과도 없다. 다음과 같은 질문은 오히려 역효과를 낼 수 있다.

● 변명을 하게 만드는 질문

이런 질문은 사람들을 도망가게 만든다. 상대방이 반성이나 개선을 하기는커녕 변명을 하게 만든다. "왜 계속해서 늦게 오느냐?"라고 묻는 대신 "자네는 이번 달에만 세 번 지각을 했네. 다시 늦지 않으려면 어떻게 해야 하겠는가?"라고 질문해 보자. 변명을 하게 만드는 질문은 다음과 같다.

- 왜 이 일을 제시간에 끝내지 않았는가?
- 왜 나에게 말하지 않았는가?

• 어떻게 내 생일을 잊어버릴 수 있는가?

● 수치감을 느끼게 하는 질문

어떤 사람들은 상대방에게 모욕을 주면서 그것을 통제라고 생각한다. 그래서 질문을 무기처럼 사용한다. "왜 이 모양이지? 어째서 제대로 하는 일이 하나도 없는 거야?" 하지만 이런 질문으로는 결코 긍정적인 반응을 얻지 못하고 부정적인 감정을 점점 더 키운다. 상대방에게 수치심을 주는 질문은 다음과 같다.

• 도대체 무슨 생각을 한 것인가?
• 지금 제정신인가?
• 어떻게 그런 일을 할 수 있는가?

비난하는 질문을 하면 대화가 지리멸렬해진다. 그리고 일단 감정과 변명이 끼어들면 다시 논리적인 대화로 돌아가기가 어렵다.

반면에 효과적인 질문을 하면 상대방이 나의 사고방식을 따라오게 만들 수 있다. 상대방이 나처럼 생각하기를 바란다면 질문의 힘을 이용해서 자극해 보자. 만일 신중하고 성실하게 질문을 한다년 상대방으로 하여금 생각하고, 문제를 해결하고, 좀더 나은 처리 방법을 구상하게 만들어서 정보와 지혜를 구할 수 있다.

효과적인 질문의 예를 몇 가지 알아보자.

● **문제 해결로 가는 질문**

사고를 자극하는 질문으로, 변명과 해명을 피하고 행동지향적인 사고를 하게 도와준다.

- 어떻게 하면 이 일을 좀더 잘할 수 있을까?
- 이 일을 끝내기 위한 노하우와 자원을 누가 갖고 있을까?
- 우리가 잘못하고 있는 것은 무엇인가?
- 우리가 잘하고 있는 것은 무엇인가?
- 만일 이렇게 하면 어떻게 될 것인가?
- 누가 다른 아이디어를 갖고 있는가?

● **정보를 구하는 질문**

분명한 의도를 갖고 묻는 구체적인 질문으로, 사실지향적인 사고를 이끌어 낸다.

- 이것에 대해서 어떻게 생각하는가?
- 이 상품이 경쟁력이 될 만한 장점은 무엇인가?
- 나는 왜 이 상품을 사면 안 되는가?
- 이것은 나에게 어떤 도움이 될까?
- 이것은 저것과 어떻게 다른가?
- 누구와 관련이 있는가?

효과적으로 전달하기

그러면 이런 질문을 어떻게 하면 가장 효과적으로 전달할 수 있을까? 침착하고 솔직한 태도를 갖추어야 한다. 또한 한번에 한 가지씩 질문한다. 예를 들어 "당신 이외에도 나를 도와 줄 수 있는 사람이 또 있을까요?"라는 질문을 할 수 있다. 그리고 대답에 귀를 기울이고 나서 다음 질문을 한다.

우리가 듣는 대답은 질문의 내용뿐 아니라 질문하는 방식, 특히 질문 속도와 시간에 의해 달라질 수 있다. 사람들은 때로 폐쇄형 질문을 다그치듯이 연달아서 묻는 경향이 있다. 하지만 그런 식으로 질문하면 신통한 대답을 듣지 못한다. 상대방은 마지못해서 대답을 하면서 심문을 당하는 것처럼 느낄 것이다.

효과적인 질문을 하려면 묻는 속도를 늦추어야 한다. 대답을 들은 후 잠시 쉬었다가 다음 질문을 하자. 시선을 고정시키고 침묵을 두려워하지 말자. 침묵은 상대방에게 이야기를 계속하라는 의미가 될 수 있으므로 상대방은 좀더 깊이 생각을 하게 된다.

미리 준비하자

어떤 상황에서나 가장 효과적인 통제 방법은 준비를 하는 것이다. 많이 알고 있을수록 적절한 질문으로 원하는 답을 얻을 수 있다.

최근에 내 친구인 쉴라는 원하지 않는 자리로 발령을 받고 그 조치에 대해 항의를 하려고 했다. 그녀는 어떤 식으로 사장에게 말을 하면 좋겠는지 나에게 조언을 구했다. 나는 미리 질문을 준비하라고 했다. 우선 사장에게 질문하는 의도를 생각해 보라. 사장이 그녀의 자리를 옮긴 이유를 알고 싶은 것인가? 사장이 마음을 바꿔주기를 원하는 것인가? 나는 사장이 그녀의 직책을 바꾼 이유를 좀더 분명히 이해할 수 있는 질문을 하라고 제안했다. 예를 들어 "이러한 결정을 내리게 된 이유를 말씀해 주시겠습니까?"라고 물을 수 있다. 그 이유를 이해한 다음에는 "어떻게 하면 이전 직책으로 돌아갈 수 있을까요?"라고 질문을 하도록 했다.

반드시 한번의 대화로 목표를 달성해야 하는 것은 아니다. 의도를 정하고 질문을 하면 침착성을 유지할 수 있다. 그리고 들은 답변에 대해 생각하는 시간을 가진 후에 두 번째 의도와 더 많은 질문을 준비해서 다시 대화에 임하도록 하자. ●

IQ

어떤 상황에서나(자동차를 사든지, 면접을 하든지) 가장 중요한 것은 준비하는 것이다. 가능하면 미리 최대한 많은 것을 알고 있어야 한다. 그리고 앉아서 어떤 질문을 할지 생각한다. 내가 알고 싶어 하는 것은 무엇인가? 만일 상대방이 X라고 말하면 나는 어떻게 할 것인가? 만일 상대방이 X가 아니라 Y라고 말하면 상황이 어떻게 달라질까? 나는 이런 식으로 증인 심문을 준비한다. 증인에게서 내가 원하는 답이 나올 것이라고 확신할 때까지 질문을 계속 갈고 다듬는다.

– 데이빗 콜롬, 뉴욕 법정 변호사협회 회장

에밀리 프린스는 회사에서 중간 관리직이었고 아늑한 사무실을 갖고 있었다. 그런데 하루는 출근해서 보니 부장이 그녀의 사무실에서 물건을 내가고 있었다. 그녀는 너무 놀라서 어쩌할 바를 모르고 나에게 전화를 해서 사태를 설명했다. 나는 그녀에게 부장한테 가서 잠시 행동을 멈추고 10분만 기다려달라고 부탁하게 했다. 부장은 승낙했다.

에밀리는 다시 나에게 전화했고 우리는 그녀가 부장에게 할 질문을 몇 가지 준비했다. 질문의 의도는 그녀의 사무실을 옮기는 이유를 알아내는 것이었다. 그녀가 침착하고 차분한 태도로 질문을 하자 그는 새로 부임한 간부가 다음 날 출근을 하는데 그녀의 사무실이 가장 넓기 때문에 그곳에 자리를 마련해 주려고 한다고 말했다. 화를 내는 대신 에밀리는 새 간부와 그가 하는 일에 대해 몇 가지를 더 질문했다. 에밀리의 질문에 대답을 하면서 부장은 새로 부임하는 간부가 사무실 옆에 비서를 두어야 하는데 에밀리의 사무실에는 그럴 만한 공간이 없다는 것을 깨달았다. 결국 새 간부의 사무실은 모두에게 좀더 바람직한 자리에 마련할 수 있었다.

통제는 해로운 것인가?

건강에 유익한 콜레스테롤이 있고 해로운 콜레스테롤이 있는 것처럼, 긍정적인 통제가 있고 부정적인 통제가 있다. 사람들을 화나게 만들고 협박하거나 비하하는 통제는 아무 도움이 되지 않는다. 반면에 긍정적인 통제를 하는 질문은 문제를 해결하고, 좀더 협조적이 되고, 화를 누그러뜨리고, 특정한 방향으로 생각하게 한다. 이러한 통제는 마음과 몸과 영혼의 건강을 위해 유익하다. ●

IQ

"여기서 어느 길로 가야 하는지 가르쳐 주겠니?" 앨리스가 체셔 고양이에게 물었다.
"그건 네가 어디로 가고 싶은가에 달려 있지." 고양이가 말했다.
"난 어디든 상관이 없는데." 앨리스가 말했다.
"그렇다면 어디로 가든 상관이 없지." 고양이가 말했다.
– 루이스 캐롤, 『이상한 나라의 앨리스』

6

질문은 마음을 열게 한다

Questions get people to open up

그는 대답을 하기보다는 질문을 더 잘했다.
우리가 뉴저지에 갔을 때 그는 이미 나에 대해
모든 것을 알고 있었다.

— 마이클 코르다, 『또 다른 인생』

감정에 호소하는 질문

매년 아카데미 상 시상식이 열리는 날 밤이면 바바라 월터스는 텔레비전 특집 프로의 사회를 맡아서 그해 최고의 인물 세 사람과 인터뷰를 한다. 이 프로그램은 항상 높은 시청률을 기록한다. 시청자들은 유명인의 개인적인 사연과 사생활을 엿보기 위해 채널을 고정시킨다. 그리고 어김없이 눈물을 보게 된다. 유명인들이 모두 인터뷰를 하면서 눈물을 글썽이는 것이 거의 전통처럼 되었다.

　어떻게 바바라 월터스는 그렇게 다양한 사람들을 질문에 대답하게 만들 뿐 아니라 수백만 명이 지켜보는 앞에서 사람들의 속마음을 드러내게 만들 수 있는 것일까? 그 이유는 그녀가 인터뷰 기술이 뛰어난 전문가이기 때문이다. 그리고 사람들의 마음을 열게 만드는 질문의 다섯 번째 힘 때문이다.

IQ

우리는 정보를 얻기 위해 질문을 한다. 어떤 때는 누구에 대해 무엇인가를 알아내기 위해, 그의 태도나 성격이나 기질을 이해하기 위해 질문을 한다.

– 앤서니 루이스, 《뉴욕 타임스》 칼럼니스트

이 힘은 질문의 감정적인 면에 작용한다. 신중하게 생각해서 하는 질문은 지적인 영역을 넘어서 감정적인 영역까지 파고든다. 겉으로 드러나지 않는 자기 자신은 물론 함께 생활하고 일하는 사람들에 대해 알고 분석하고 이해할 수 있게 해준다. ●

《뉴욕 타임스》의 칼럼니스트 앤서니 루이스는 감정적인 반응을 일으키기 위해 의도된 질문의 예를 이렇게 이야기해 주었다. 루이스는 어떤 영국 기자가 아르헨티나 독재자인 피노체트 장군에 대해 호의적으로 쓴 기사를 읽었다. "나는 그 기자와 서신 교환을 했는데, 그는 놀라울 정도로 솔직하게 피노체트가 위대한 인물이며 그를 여기저기 법정으로 끌고다니는 것은 크게 잘못하는 일이라고 말했다. 나는 답장에서 그의 솔직함을 칭찬한 후, '피노체트의 명령으로 아내나 아들이나 딸이 고문을 당하고 죽은 사람에게도 그렇게 말할 수 있겠는가?' 라고 물었다. 그 질문은 상대방을 난처하게 만들어서 진심을 드러내도록 만들기 위한 것이었다."

어떤 사람들은 다른 사람들보다 좀더 자연스럽게 자신의 속내를 이야기한다. 그들은 애써 추궁하지 않아도 솔직하게 자신을 드러낸다. 물론 천성적으로 수줍어하는 사람들에게는 힘든 일이다. 하지만 아무리 과묵한 사람이라도 적절한 질문에는 대답을 한다.

최근에 한 직장 동료가 십대 아들과 대화를 할 수 없다고 걱정했다. 매일 아들이 집에 돌아오면 그녀는 "오늘 학교에서 어떻게 지냈니?" 하고 물었다. 그리고 매일 "좋았어요."라는 같은 대답을 들었다. 나는 그녀에게 질문이 너무 막연한 것 같다고 말했다. 아이가 하루 종일 일어난 일을 모두 이야기하기를 바라는가. 무슨 이야기부터 해야 하겠는가. 아마 아들은 엄마와 이야기를 하고 싶지 않은 것이 아니라 무슨 대답을 해야 할지 모를 수도 있다.

　나는 "오늘 학교에서 가장 화가 났던 일은 무엇이었니?"라고 물어보라고 제안했다. 그러면 아이가 어디에 초점을 맞추어야 하는지 알 것이다. 또한 매일 같은 것을 묻지 말고 질문을 수시로 바꾸라고 했다. 예를 들어 "오늘 학교에서 재미있었던 일은 없었니?" 또는 요즘처럼 위험한 시절에는 "오늘 학교에서 가장 무서운 일은 뭐였니?"라고 물어볼 수 있다.

　또한 아들에게 물어볼 때 자신이 무엇을 하고 있었는지 생각해보라고 했다. 그녀는 보통 컴퓨터에 앉아서 일을 하거나 저녁 준비를 하면서 질문을 했다. 하던 일을 멈추고 질문을 하지 않았다. 내 친구는 고의가 아니지만 은연중에 '나는 의무적으로 너의 학교 생활에 대해 물어보고 있지만 일을 중단하고 너의 대답에 귀를 기울일 정도로 흥미가 있는 것은 아니다' 라고 말하고 있었던 것이다.

사람들은 자기 이야기를 좋아한다

사람들의 마음을 열게 만드는 질문이 효과가 있는 한 가지 이유는 대부분의 사람들이 자기 자신과 자신이 좋아하는 것에 대해 이야기하고 싶어 하기 때문이다.

- 사람들은 자기 자신에 대해 가장 잘 알고 있다. 자신에 대해 이야기하기 위해서는 연구나 학위가 필요하지 않다. 나보다 나에 대해 더 많이 아는 사람은 없다.
- 짐을 덜고 싶어 한다. 고민거리가 있으면 속으로 끙끙거리기보다 털어버리는 것이 건강에 좋다. 사람들은 사랑하는 사람들에게 고민을 이야기하고 연민과 도움과 조언을 얻기를 바란다.
- 특별한 메시지를 전달하고 싶어 한다. 정치, 도덕, 또는 종교에 관해 강렬한 감정이나 감동을 느끼며 다른 사람들과 함께 나누고 싶어 한다.
- 침묵을 불편하게 느낀다. 지극히 편안하고 익숙한 환경에 있지 않는 한(예를 들어, 집에서 가족이나 친한 친구들과 함께 있을 때) 보통 침묵을 어색하게 느낀다. 그러한 틈새를 메우기 위해 이야기를 하고 또한 가장 좋아하는 주제인 자기 자신에 대해 이야기한다.

때로는 사람들의 마음을 활짝 열게 하고 싶은 경우가 있다. 첫째 사교적인 행사가 있다. 파티에 초대를 받았는데 거기 온 사람들을 아무도 모른다면 대부분 그런 상황에서 어색해하고 수줍어한다. 어떤 사람들은 칵테일을 몇 잔 마셔야만 사람들과 이야기를 나누면서 즐거운 시간을 보낸다. 하지만 질문하는 습관이 있다면 따로 알코올같은 윤활유가 필요하지 않다. 질문은 우리가 갖고 있는 최고의 사교 도구다. 단지 사람들에게 접근해서 질문을 하기만 하면 된다. "무슨 일을 하십니까?", "최근에 본 영화 중에서 어떤 것이 가장 좋았습니까?" 등을 질문해 보자. 사람들은 자신과 자기 생각에 대해 이야기하기를 좋아하므로 즉시 말문을 열 것이다.

이 방법은 사교 행사나 일대일 대화가 아닌 경우에도 사용할 수 있다. 요즘에는 전화로 업무를 처리하는 일이 많아지고 있다. 많은 의뢰인들이 원격 회의에 관한 훈련을 요청해 오는데, 원격 회의란 전화상으로 많은 참가자들이 서로 이야기를 나누고 들어야 하는 일이다. 원격 회의는 복잡하기 때문에 각자 다른 참가자들의 이름을 알고 있어야 한다. 나는 사업상 원격 회의를 많이 하는데 종종 한번에 몇 사람의 박사들과 이야기를 한다. 이럴 때는 "에임스 박사님, 이 분야에서 많은 저술을 해온 것으로 알고 있는데요. 우리에게 추가로 어떤 혜안을 들려줄 수 있을까요?"라는 식으로 질문받는 사람의 이름과 그의 전문 분야를 언급하는 것이 필요하다.

사업 회의나 협회에 참가하면 사람들을 만나고 연결할 수 있는 기회가 생긴다. 그런 자리에서 사람들의 마음을 열게 한다면 많은 소득을 얻을 수 있다. 사람들과 그들이 하는 일에 대해 관심을 보여 주면 그들도 나에게 관심을 가질 것이다.

사람들의 마음을 열게 만드는 가장 쉬운 방법은 그들에 대해 질문하는 것이다. 어떤 사람에 대한 기사를 써야 하는 기자가 되었다고 상상해 보자. 기사거리를 얻어내려면 질문을 해야 하는데, 질문하는 내용과 방식에 신중을 기해야 한다. 심문하는 식으로 물으면 사람들의 마음을 열 수 없다. 상대방에게 대답을 강요하는 느낌을 주어서는 안 된다.

누가, 언제, 어디서, 무엇을 했느냐는 식으로 묻기보다는 어떻게 또는 왜라는 질문이 더 중요하다. "그들은 어떻게 해서 마음을 바꾸게 되었는가? 왜 그런 결정을 내리게 되었는가?" 흥미로운 기사를 쓰기 위해서는 그 사람만의 특별한 사실들을 알아내야 한다. 그러자면 "당신은 지금의 위치에 서기까지 어떤 준비를 해 왔는가?", "처음에 왜 정치에 관여하게 되었는가?", "어떻게 이런 결론에 도달했는가?", "일생에서 가장 큰 영향을 준 사람은 누구였는가?", "어떤 장애를 극복해야 했는가?" 또는 "아무도 모르고 있는 당신만의 특별한 사실을 말해 줄 수 있는가?"라는 질문을 할 수 있다. 그리고 마치 탐정처럼 상대방에게 귀를 기울여야 한다.

또한 목소리와 신체 언어에서 실마리를 찾아내야 한다. 만일 어떤 사람이 천천히 조용하게 이야기를 하다가 어떤 질문을 하자 갑자기 소리를 높여서 열심히 대답을 한다면 그의 관심을 불러일으킨 것이다. 만일 그가 몸을 앞으로 내밀고 팔이나 다리를 자연스럽게 풀며 좀더 과감한 몸짓을 보이기 시작하면 마음을 열고 있다는 신호이므로 대화를 계속 진행하면 된다.

입을 열게 만들기

사람들에게 말을 시키는 것은 별로 어렵지 않다. 하지만 최근에 내 친구 집에서 만났던 존과 같은 사람도 있다. 그날 저녁 내내 존은 거의 아무 말도 하지 않았다. 대화가 한창 무르익었지만 그는 참여할 생각을 하지 않고 기껏해야 가끔씩 사실에 입각한 정보를 한마디씩 던질 뿐이었다. 나는 존이 똑똑하지만 수줍음을 탄다는 것을 눈치 챘다. 그러다가 존과 나는 서재에 단 둘이 남게 되었다. 물론 처음에는 어색하고 긴장된 침묵이 흘렀다.

나는 그에게 뉴욕 시에서 생활하는 장단점에 대해 몇 가지 질문을 했고, 그는 무뚝뚝하게 대답했다. 그 다음에 나는 어떤 일이 그를 가장 행복하게 만드는지 물었다. "글쎄요." 그가 대답했다. "그 대답은 쉽네요. 체스를 두는 거죠."

"아 그래요?" 내가 대답했다. "몇 년 전에 체스 신동에 관한 '바비 피셔 찾아내기' 라는 훌륭한 영화를 본 적이 있어요. 당신도 어렸을 때 체스를 시작했나요?"

다음에 어떤 일이 일어났는지 짐작할 수 있을 것이다. 결국 존은 체스뿐 아니라 다른 화제에도 활발하게 참여했다.

편하고 자신 있어 하는 분야를 알아내라

만일 누군가의 말문을 열고 싶다면 우선 그가 편안하고 자신감을 갖고 있는 분야를 알아보는 질문을 하자. 몇 번의 시도가 필요할지 모르지만 일단 성공하면 아무리 과묵한 사람도 경계를 늦추고 입을 열게 된다.

남자는 여자보다 쉽게 마음을 열지 않는다. 남자들이 좀더 과묵한 편이다. 심리학자인 베스 앨토퍼는 "남자들은 좀더 구체적인 경향이 있는데 분석적이라거나 객관적이라고 말할 수도 있다. 여성들은 좀더 직관적이고 감정 표현을 잘한다."라고 말한다.

데보라 태넌은 《뉴욕 타임스》지에 하루 일을 끝내고 만난 한 쌍의 남녀에 대한 이야기를 실은 적이 있다. 남자가 하루를 어떻게 보냈냐고 묻자 여자는 무엇을 했고, 누구를 만나서 어떤 이야기를 했고, 그래서 무슨 생각을 하고 어떤 느낌이 들었는지 등을 이야기를 한다. 이번에는 여자가 남자에게 같은 질문을 하자, 남자가 대답한다. "매일 그날이 그날이지."

그날 저녁 파티에서 남자가 직장 일을 이야기하며 다른 사람들을 즐겁게 해줄 때 문제가 터진다. 여자는 남자가 친구들에게는 이야기를 잘하면서 자신에게는 말하지 않는다고 화를 낸다. 태넌에 의하면 여자는 그것을 애정 부족으로 여긴다. 하지만 남자는 굳이 자신과 가까운 사람을 즐겁게 해줄 이유가 없다고 느낀다.

그래서 결국 갈등이 생긴다고 태넌은 말한다. "많은 여자들은 남자들이 재미있는 이야기를 해주기 때문에 그를 사랑하게 된다. 그리고 결혼을 해서 가까워질수록 남자가 마음을 좀더 열어 주기를 기대한다. 하지만 실망스럽게도 결혼을 하고 나면 남자들은 입을 다물어버린다."

남자들은 이야기를 잘 안 하려고 하지만 그래도 그들의 입을 열게 만들 수 있다. 우선 그가 편안하게 느끼는 화제를 찾아야 한다. 그가 자신감을 느끼는 다른 주제를 찾아, 그가 안전하게 느끼는 장소에서 출발한 후 원하는 분야로 화제를 옮겨간다.

왜 좀더 마음을 열지 않을까?

사람들의 마음을 열게 만들려는 이유는 두 가지이다. 첫 번째 이유는 새로운 정보를 얻어내기 위해서이다. 그 정보는 기술적인 문제이거나 감정적인 문제일 수 있다. 예를 들어, 우편물이 늦게 도착한다면 기술적인 문제가 있을 수 있다. 배달 차가 제때 출발하지 않거나 아니면 배달원이 늑장을 부리고 있을지도 모른다. 아니면 배달원이 어떤 개인적인 감정을 갖고 있을 수도 있다.

두 번째 이유는 문제를 해결하기 위해서이다. 이번에도 역시 기술적인 문제와 감정적인 문제로 구분할 수 있다. 모두 같은 시간에 일을 하겠다는 직원들을 공평하게 교대 근무를 하게 하는 방법을 찾는 것은 기술적인 문제이고, 아이가 갑자기 축구 팀을 그만둔 이유를 알아보는 것은 감정적인 문제이다.

만일 상대방이 말을 하지 않고 마음을 닫는다면 근본적인 문제점을 알 수 없다. 항상 지각을 하는 여직원에게 "당신은 왜 항상 지각을 하느냐?"고 질문을 한다면 그녀는 방어적이 되고 아예 입을 다물어버릴지도 모른다. 반면 "내 경험으로는 사람들이 지각을 할 때 종종 그럴 만한 이유가 있다는 것을 알고 있다. 당신도 그럴 만한 이유가 있을 것이다. 그 문제를 해결할 수 있도록 내가 도와줄 방법이 있겠는가?"라는 식으로 질문하면, 마음을 열고 계속 지각을 하는 진짜 이유를 말하게 된다. 아이가 장애아라서 특수 통학 버스를 태워야 하는데 최근에 그 차의 배차 시간이 늦추어졌다는 사실을 털어놓을 수도 있다. 아니면 직장이 마음에 들지 않는다는 대답이 나올지도 모른다. 첫 번째 문제는 아마도 해결이 가능할 수 있겠지만 두 번째 문제는 해결이 되지 않는다. 어쨌든 진짜 이유를 아는 것이 중요하다. 일단 어떤 문제가 있는지 알면 피차에 도움이 되는 해결책을 찾을 수 있을 것이다.

사람들은 왜 마음 열기를 망설이는 것일까? 여기 몇 가지 이유가 있다.

- 문제를 분명히 알지 못한다. 위의 예에서 만일 지각을 한 이유가 막연히 무기력한 기분 때문이라면 그러한 느낌을 표현하기 어려울 것이다.
- 과거에 상처를 받았다. 누군가를 믿고 솔직한 감정을 표현했다가 상처를 받는 경우가 있다. 그런 경험이 있는 사람에게는 과거의 상처를 건드리지 않도록 조심해서 대화하지 않으면 좀처럼 마음을 열지 않는다.
- 진실을 말하면 대가를 치르게 된다고 느낀다. 사람들은 진실을 말했을 때의 결과를 감당하고 싶지 않거나 감당할 수 없을 때가 있다. 뭔가 잘못을 저지르거나 실수를 하면, 특히 처벌을 받게 된다고 생각하면 진실을 말하기 어렵다.
- 비판받는 것을 두려워한다. 사람들은 다른 사람들에게 유치하다거나 어리석다거나 재미없다거나 무식하다는 소리를 들을까봐 두려워한다. 매리 곤잘레스는 우편물이 늦게 배달되는 문제를 해결할 수 있는 기발한 아이디어를 갖고 있지만 그 아이디어를 회사에 이야기하지 않았다. 2년 전에

그녀의 어떤 아이디어를 회사에서 경제성이 없다면서 검토해 보지도 않고 기각해 버렸기 때문이다. 그 회사는 과거의 섣부른 판단으로 그녀의 좋은 아이디어들을 영원히 듣지 못할 것이다.

- 인정을 받지 못한다. 특히 여성들은 때때로 직장에서 아이디어를 발표하는 것이 내키지 않는다고 말한다. 부서의 누군가가 아이디어를 훔쳐서 자기 공로로 삼거나 아니면 아무도 관심을 갖지 않기 때문이다.

때로는 사람들이 마음을 열고 두려움과 불안과 거리낌을 극복할 수 있도록 해주어야 한다. 그래야만 필요한 정보를 구할 수 있다. 혼자서 떠들어대면 아무 것도 알아낼 수 없다.

질문하는 것은 관심을 보여 주는 것이다

사람들은 자신의 관심사와 의견과 경력과 전문 분야에 대해 질문받는 것을 좋아한다. 질문을 받으면 관심과 존중을 받고 있다고 느껴지기 때문이다. 그리고 관심과 존중을 받는다고 느끼면 기꺼이 마음을 연다. 일에서나 사생활에서나 마찬가지다. ●

나는 사회적으로 성공한 독신의 여자 친구가 몇 명 있다. 그들은 모두 재능이 있고 유능하며 남자를 보는 눈이 까다롭다. 몇 년

작년에 보잉사는 비행기 제작이 너무 부진해서 어쩔 수 없이 몇 주일간 부품 생산을 중단했다. 그리고 회사 임원들은 기자들과 월스트리트 애널리스트들을 위해 매월 전화로 원격회의를 열기 시작했다.
회의가 거듭될수록 임원들은 질문 공세에 시달렸지만 신제품 개발부의 대표인 앨런 R. 머랠리는 침묵을 지키며 앉아 있었다. 아무도 그에게 질문을 하지 않았기 때문이다.
"아무도 관심 없는 것 같았다."고 머랠리는 회고했다.
– 로렌스 주커만, 「포격받는 보잉 맨」 《뉴욕 타임스》 1998, 11월 8일자

전에 한 친구가 말하기를 자기는 남자를 처음 만났을 때 그가 어떤 질문을 얼마나 많이 하는지를 본다고 말했다. "남자가 나와 나의 관심사에 대해 질문을 하지 않으면 나에게 정말 관심이 없는 거야. 만일 나에게 관심이 있다면 나에 대해 질문을 하겠지."

그리고 독신 친구들은 만일 남자가 관심을 보이지 않으면 그와 다시 만날 필요가 없다고 입을 모았다.

사업에서도 같은 원리가 적용된다. 전국 소비자 연합에서 실시한 여론조사에 의하면 물건을 구매할 때 두 번째로 중요하게 작용하는 요인이 영업사원과의 감정이입이라고 한다. 고객들은 진심으로 자신과 자신이 하는 일에 대해 관심을 가져 주는 영업사원을 원한다. 영업사원이 자신을 오다가다 만난 사람처럼 대하기를 바라지 않는다. 그들 자신의 고유한 목표와 도전을 이해하고 인정해 주기를 원한다. 시간을 갖고 고객의 입장을 이해하기 위해 질문을 하는 영업사원과 거래를 하고 싶어 한다.

이것은 대부분의 사람들이 텔레마케터에게 좀처럼 대답을 하지 않는 이유 중 하나다. 그들은 미리 짜여진 각본대로 무성의한 질문을 하기 시작한다. "안녕하십니까, 리즈 부인?" 이 질문에 대해 "전혀 안녕하지 못해요. 사실은 심장마비가 올 것 같아요."라고 대답을 해도 아마 그들은 준비한 말을 계속할 것이다. "그거 잘됐군요 리즈 부인. 저희 회사는……." 그들은 우리 전화번호와 수수료에만 관심이 있는 것처럼 느껴진다. 물론 사실이 그렇다. 그들은 고객의 필요나 가치관에 대해서는 알려고 하지 않는다. ●

IQ

진지하게 질문하고 참을성 있게 귀를 기울인 후에 다음 질문을 하면 고객에 대한 관심을 보여 줄 수 있다. 만일 질문을 하고 대답을 기다리지 않는다면 불성실하게 보일 것이다. 인사치레로 질문을 하고 무슨 대답을 하건 아랑곳하지 않는 듯이 보인다. 그러면 역효과가 나서, 시간만 뺏고 속임수를 쓰려 한다고 고객이 화를 낼 것이다.
－ 로버트 슈크, 「수익을 올리려면 예언자가 필요하다」

'관심을 받으려면 관심을 보여라' 라는 속담이 있다. 사람들의 관심을 끌기 위해서는 자신이 먼저 관심을 보여 주어야 한다. 상대방에게 내가 귀를 기울이고 있다는 것을 알게 하자. 그들이 말하는 중요한 요지를 반복 확인하자. 그들의 관심사를 이해하고 문제를 해결해 주기 위해 최선을 다하겠다는 태도를 보이자.

그렇다면 대답에 열심히 귀를 기울여야 한다. 귀를 기울이지 않으면 사람들은 마음을 열지 않는다. 몇 년 전에 나는 심리 치료를 받은 적이 있다. 나는 항상 심리치료사가 내 말에 제대로 귀를 기울이지 않는다고 느끼면서도 6개월이나 그녀를 방문했다. 어느 날 나는 어떤 상황을 설명하다가 내 여동생의 이름을 언급했다. "그게 누구죠?"라고 그녀가 물었다. '6개월이나 만났는데 내 동생 이름도 기억을 못하다니!' 나는 그녀가 내 말을 충분히 귀담아 듣지 않는다는 것을 알고 다시는 찾아가지 않았다.

자신이 귀를 기울이고 있다는 것을 알리는 방법 중의 하나는 이전 질문과 대답에 연결해서 질문하는 것이다. 말하자면 주제를 철저하게 파고드는 것이다. 만일 "어디 사시죠?"라고 묻는다면 그 대답에 연결해서 "다른 곳에서 사신 적이 있나요?"라고 묻는다. 상대방의 대답에서 자녀들의 이야기가 나오기 전까지는 "자녀가 몇 명인가요?"라는 질문으로 건너뛰지 말자.

텔레비전 인터뷰를 지켜보자. 래리 킹이나 바바라 월터스와 같은 사회자들은 대답에 귀를 기울이고 그에 관련된 질문을 하는 명수다. 반면 어떤 사회자들은 일련의 질문 목록을 갖고 나와서 무슨 답변을 하든지 상관없이 미리 준비한 대로 진행을 하는 것처럼 보인다.

신체 언어 섞어 넣기

이야기하고 질문하는 것뿐 아니라 신체 언어도 사람들의 마음을 열게 만든다.

　눈을 마주치는 것은 사람들의 마음을 열게 하는 중요한 요소다. 질문을 할 때는 상대방의 눈을 똑바로 쳐다보자. 관심을 갖고 귀를 기울이고 있다는 것을 알게 하자. 상대방의 말을 들으면서 우리 몸이 반응하는 방식에 주의해 보자. 발로 바닥을 두드리거나, 천장을 올려다보거나, 머리카락을 만지작거리면 상대방이 정말로 귀를 기울이지 않는다는 것을 알아차린다. 관심을 보이고 싶다면 앞으로 몸을 기울이고 팔다리를 편안하게 늘어뜨리고 앉는다. 계속 뚫어지게 쳐다볼 필요는 없지만 몇 초마다 눈을 마주치도록 한다.

　말투 또한 사람들을 끌어당기기도 하고 밀쳐내기도 한다. 만일 다른 방에서 소리를 지르거나 다른 일을 하면서 어깨 너머로 질문을 던진다면 원하는 대답을 들을 수 없다. 전화로 이야기를 하고 있다면 좀더 친근하고 다정한 말투로 말할 필요가 있다. 그리고 질문을 한 후에는 잠시 기다리는 것을 잊지 말자. 상대방이 생각을 정리할 기회를 준 후에 다음 질문으로 넘어가자. 혼자서 묻고 혼자서 대답하는 일이 없도록 하자.

　질문을 하고 상대방이 대답을 하기도 전에 스스로 대답을 한

적이 있을 것이다. 나도 바로 그런 버릇이 있어서 바꾸려고 노력하고 있다. 나는 대답을 기다려야 한다는 것조차 깨닫지 못하고 툭하면 남편에게 이렇게 말한다. "오늘 우리 영화 보러 가요. 당신이 보고 싶어 할 만한 영화가 있어요. 일찍 저녁을 먹고 영화를 보면 10시쯤 끝날 거예요." 나는 그에게 의견을 말할 기회조차 주지 않았다.

하지만 요즘 나는 질문하는 방식을 바꾸고 대답을 기다리는 연습을 하고 있다. 그래서 내 멋대로 짐작하는 버릇이 줄어들었다. 남편은 내가 자신의 의견과 제안에 관심을 갖고 있다고 흐뭇해한다. 오랜 결혼 생활 이후에 남편과의 관계를 새롭게 정립할 기회가 주어진 셈이다. 단지 질문하는 방식을 바꾼 것뿐인데……

마음을 열게 하는 방법

사람들의 마음을 열게 하기 위해서는 다음과 같은 방법이 도움이 될 수 있다.

● 교감을 형성한다

상대방을 고객, 의뢰인 또는 종업원이 아닌 한 사람의 개인으로 대하자. 그냥 "안녕하십니까?"라는 인사만으로는 부족하다. 사람들은 저마다 흥미로운 사연을 갖고 있다. 단 몇 분이라고 해도 사람들에 대해 아는 시간을 가지면 일상과 인생이 풍요로워진다.

● 폭넓은 개방형 질문으로 시작하라

상대방이 자신을 충분히 드러낼 수 있도록 허락하자. 상대방이 이야기를 할 때는 방해하지 말자. 면담이나 대화가 진행되면서 점차 예리하고 직접적인 질문으로 옮겨갈 수 있다. 예를 들어, 경영자가 새로 직원을 모집할 때는 "왜 우리 회사에서 일하고 싶은가?"라는 질문으로 시작할 수 있다. 일단 구직자가 자유롭고 솔직하게 이야기를 하게 된 다음에 "이 직책에 도움이 될 만한 특별한 능력과 기술을 갖고 있는가?"라고 좀더 구체적인 질문을 한다.

● 어려운 질문은 나중에 한다

진실을 말했을 때의 결과를 두려워한다면 마음을 열고 털어놓기가 망설여질 것이다. 사실과 감정에 대해 둘 다 알고자 한다면 사실에 대해 먼저 질문한다. 예를 들어, 전문 수사관들은 증인에게 범죄가 일어나기 전에 무엇을 했는지, 범죄가 시작될 때 어떤 일이 일어났는지, 그리고 가해자의 외모에 대해 먼저 묻고 나서 마지막으로 총이 발사된 순간에 대해 질문한다. 총에 대해 너무 빨리 질문을 하면 증인이 너무 흥분을 해서 자세한 내용을 기억하지 못할 수 있기 때문이다.

● 관심을 보여 주는 비언어적인 신호를 사용한다

이야기를 들으면서 머리를 약간씩 끄덕이거나 몸을 앞으로 숙인다. 수시로 시선을 마주치면서 자연스럽고 활달한 태도를 보이자. 뒤로 몸을 젖히거나 팔짱을 끼거나 다리를 꼬고 앉거나 신경질적으로 손가락이나 발을 두드리지 않는다. 편안한 태도를 보이지 않으면 상대방도 불안해져서 마음을 열지 않는다.

진실과 거짓말

때로는 진실에 접근해야 할 때가 있다. 아이들이 마약이나 금지된 뭔가를 하고 있는지를 알아봐야 할 수도 있다. 어떤 직원이 횡령을 하고 있거나 배우자가 바람을 피우고 있는지 알아야 한다. 이런 극단적인 경우는 많지 않지만 상대가 진실을 말하고 있는지를 판단하는 방법을 알고 있으면 도움이 된다. ●

애틀랜틱 법의학 컨설턴트인 마미 머레이에 의하면 태초 이래로 사람들은 질문을 해서 속임수를 알아냈다고 한다. 고대에는 혐의자의 입에 마른 쌀을 한가득 물려주거나 뜨거운 석탄을 집어 넣은 다음 뱉어내게 했다. 그 이유는 거짓말을 하는 사람은 불안해서 입안이 바짝 마르기 때문에 쌀을 쉽게 뱉어내지 못하거나 석탄에 입안이 데일 것이고, 무고한 사람은 타액이 충분히 나와서 그런 테스트를 통과한다는 것이었다.

머레이는 상대가 거짓말을 하고 있는지 아닌지를 판가름하는 가장 좋은 방법은 그의 언어 선택을 주의 깊게 듣는 것이라고 말한다. 사실 대부분의 사람들은 거짓말을 하기보다는 대답을 회피한다고 그녀는 말한다. 따라서 상대방이 하는 말뿐 아니라 하지 않는

IQ

거짓말을 잘하려면 머리가 비상해야 한다. 만일 상대방이 거짓말을 하고 있는지 알아낼 때는 아주 단순한 질문을 하라. 먼저, 그냥 귀를 기울이고 듣는다. 그리고 그가 이야기를 끝낸 후에 아주 일반적인 질문을 한다. 상대방에게 단순하게 보일수록 유리하다. 너무 따지고 들면 상대방이 솔직한 답변을 하지 않고 단지 그렇다, 아니다로 대답하면서 빠져 나가려고 할 것이다. 자세하게 알고 싶다면 그가 어떻게 A라는 지점에서 B라는 지점까지 갔는지 질문한다. 그리고 그가 이런저런 이야기를 계속하도록 내버려둔다. 15분이 지난 후에 다시 말한다. "오, 그런데 다시 한 번 이야기해 줄래요? 어떻게 A에서 B로 가게 되었죠?"
– 짐 머피, 전직 FBI 요원 협회의 회장이자 사설탐정

말에도 귀를 기울여야 한다. 예를 들어, 어떤 여자가 남편이 바람을 피운다고 의심하고 있다고 하자.

"당신 바람 피우고 있죠?"

"어떻게 그런 말을 할 수 있소! 당신이 나를 믿지 못하는 것이 안타깝구려. 나를 그렇게 모른단 말이오? 나는 당신을 사랑하고 당신을 가슴 아프게 하진 않소."

남편은 자신이 바람을 피운다는 것을 부정하지도 않았고 부인의 질문에 직접적으로 대답하지도 않았다. 아마 그는 자신이 거짓말을 하고 있다고 생각하지 않을지도 모른다. 하지만 내가 그의 아내라면 매우 의심스러울 것이다. 이럴 때는 아내에게 선택권이 있다. 그 문제를 좀더 추궁하면서 "당신은 내 질문에 대답하지 않았어요."라고 분명한 대답을 요구할 수도 있고 아니면 의심을 하면서 그럭저럭 살 수도 있다.

사람들이 하는 말을 귀담아 들어 보자. 예를 들어, 딸이 스웨터를 빌려가서 잃어버렸다고 하자. 만일 "네가 내 스웨터를 잃어버렸니?"라고 다그치면 궁지에 몰린 아이는, 특히 엄마가 화를 낼 것을 알고 있다면, 거짓말을 하기 쉽다. 진실을 말했을 때 부정적인 결과가 따라온다는 것을 알면 피하는 것이 당연하다.

하지만 거짓말을 하면 뭔가가 어색하다. "내 스웨터가 어떻게 됐니?"라고 물었을 때 딸이 "몰라요. 엄마 방에서 봤는데 그 후에 사라졌어요."라고 대답할 수 있다. 아이는 스웨터를 본 시간과 그것이 사라진 시간 사이에 일어난 일에 대해 직접적인 설명을 피하고 있다. 따라서 아이가 스웨터가 사라진 사실과 어떤 관계가 있다는 것을 눈치 챌 수 있다. 하지만 아이는 솔직하게 인정하기가 어려울 것이다. 아이에게 변명거리를 제공해서 진실을 털어놓도록 도와주자. "그 스웨터를 네가 새로 산 옷과 함께 입고 싶었다면 나무라지 않겠다. 아마 똑같은 분홍색 계통이지? 그래서 내 스웨터를 가져간 거니?" 그럴 듯한 핑계를 만들어주면 아이가 사실을 말할지도 모른다.

상대가 시간을 끌기 위해서나 대답을 준비하기 위해 반문을 할 수도 있다. 예를 들어

- 뭐라고 물으셨죠?
- 내가 왜 그런 짓을 하겠어요?
- 다른 시간에 이 일을 상의하면 안 될까요?
- 좀더 구체적으로 설명해 주실래요?
- 요점이 뭐죠?

대부분의 경우에서는 확인 질문이 필요하지만, 위와 같은 시간 벌기 작전은 완전히 진실을 말하지 않는 것일 수 있다.

사람들의 마음을 열게 만들면 그들의 진짜 고민거리나 숨은 의도나 동기가 무엇인지, 또는 거짓말을 하거나 감추고 있는 사실이 없는지 알아낼 수 있다. 따라서 직장에서나 가정에서 좀더 나은 대인관계를 수립하고, 필요한 정보를 구하고, 주위 사람들에게 관심과 사랑을 보여 줄 수 있다. ●

IQ

머프는 완벽한 공감대를 형성했다. 그녀는 또한 질문을 하는 재능으로 사람들이 자기 이야기를 하도록 만들었다. 그러고 나면 그들은 아주 의기양양하게 마치 소설의 주인공이나 된 것처럼 걸어 나갔다. 자연히 그들은 다시 찾아왔다.
– 제이 맥클너니, 「풀밭 위의 나신」,
《뉴요커》 1999년 1월 18일자

7

여섯 번째 힘
질문은 귀를 기울이게 한다

Questions Lead to Quality Listening

오늘날 사람들에게 가장 필요한 것은
새로운 백신이나 새로운 종교나 새로운 생활 방식이 아니다.
달이나 다른 태양계에 가야 하는 것도 아니다.
더 크고 더 성능 좋은 폭탄과 미사일은 필요하지 않다.
진정으로 필요한 것은 '환자'가 아닌 한 인간에게
귀를 기울여 주는 사람이다.

— 테일러 콜드웰, 『귀를 기울이는 사람』

질문하는 탐정은 귀를 기울인다

우리는 왜 질문을 할까? 대답을 듣기 위해서이다. 하지만 중요한 것은 그 답으로 무엇을 하는가이다.

사람들은 대부분 남들이 하는 이야기에 귀를 기울인다고 생각한다. 진짜로 그럴지도 모르지만 충분하지 않다. 미국 노동부에서 최근에 실시한 설문조사에 의하면 사람들이 의사소통에 보내는 전체 시간 중에서 22퍼센트는 읽기와 쓰기, 23퍼센트는 말하기, 그리고 55퍼센트는 듣기에 쓴다고 한다.

그럼에도 불구하고 사람들은 귀를 기울일 줄 모른다. 정보를 구하기 위해서는 두 가지 방법밖에 없다는 것을 기억하자. 즉, 하나는 읽고 보는 것을 요구하는 관찰이고, 또 하나는 듣기를 요구하는 질문이다.

귀를 기울이지 않으면 질문의 힘을 활용할 수 없다. 대답을 듣지 않는다면 질문은 아무 소용이 없다. 듣기와 질문하기를 결합하면 그 효과가 동반 상승한다. 좀더 나은 질문을 하고 좀더 분명하고 의미 있는 대답을 얻어낼수록 좀더 귀를 기울이게 된다. 듣기에 집중할수록 그 다음에 좀더 나은 질문을 할 수 있고, 그러면 더 나은 대답을 듣게 된다.

성공한 사람들은 말을 아낀다. 그들은 주로 질문을 하고 귀를 기울임으로써 판단과 문제 해결을 위한 정보를 수집한다. 혼자서 떠들면 정보를 얻을 수 없다는 것을 알고 있다.

탐정이 되었다고 상상해 보자. 혐의자를 앞에 놓고 혼자서 아무리 궁리를 해도 해답이 나오지 않는다. 질문을 하고 유심히 귀를 기울여서 혐의자가 가진 은밀한 비밀을 고백하게 만들고 그가 무의식적으로 내뱉는 말에서 실마리를 찾아야 한다.

모든 대화에서 마찬가지 원리가 적용된다. 만일 누군가와 토론을 하고 있을 때 상대방에 대해 마음대로 짐작한다면 영원히 진실과 마주치지 못할 수 있다.

네 가지 듣기 도구

탐정들은 단서를 찾을 때 여러 가지 도구를 사용한다. 우리도 역시 몇 가지 신체 기관을 듣기 도구로 이용할 수 있다.

● 첫째, 귀로 듣는다

불행히도 사람들은 이 도구를 너무나 당연하게 생각한다. 예전에 어느 유명한 뉴욕의 레스토랑에서 영국인 출판업자와 중요한 사업 회의가 있었다. 우리는 둘 다 그곳의 음식과 서비스에 대해 익히 들어서 알고 있었지만 분위기에 대해서는 아는 바가 없었다. 그런데 그곳의 식탁은 서로 너무 바짝 붙어 있어서 옆에서 다른 사람들이 하는 이야기가 다 들렸다. 그 레스토랑은 몇 마디 놓치고 지나가도 상관없는 사교적인 대화를 위해서는 별 문제가 없었겠지만 사업 회의를 위해서는 적당하지 않았다.

● 둘째, 눈으로 듣는다

서로 얼굴을 마주 대하고 있을 때는 말하는 사람과 듣는 사람 모두 눈이 아주 중요하다. 말하는 사람에게 주의와 시선을 집중해야 하는 이유는 두 가지이다. 첫째, 상대방에게 자신이 귀를 기울이고 있다는 것을 알릴 수 있다. 둘째, 듣는 데 도움이 된다. 말하는 사람의 눈을 쳐다보면서 딴 생각을 하기는 어렵다.

눈이 배회하면 마음도 배회한다. 상대방을 뚫어지게 쳐다볼 필요는 없지만 수시로 눈을 마주쳐야 한다. 눈은 대화에 도움이 되기도 하지만 자기 자신을 폭로하는 배신자가 되기도 한다. 눈을 마주치지 않는 것은 듣고 있지 않다는 첫 번째 증거이다.

우리는 사람들이 말하는 모습을 보고 갖가지 단서를 얻어낸다. 말하는 사람이 의자를 뒤로 젖히고 앉아서 팔짱을 끼고 있다면 아마 뭔가를 감추고 있을 것이다. 한편 앞을 향해 몸을 숙이고 있다면 아마 좀더 솔직한 이야기를 하고 있을 것이다.

● 셋째, 두뇌로 듣는다

사람들은 말보다 생각을 훨씬 더 빨리 한다. 그래서 뭔가를 듣고 있을 때 생각이 먼저 앞서간다. 그래서 생각이 빗나가지 않도록 들으면서 자신에게 질문하는 시간이 필요하다. "지금 듣고 있는 것을 이해하고 있는가? 나와 어떤 관련이 있는가? 어떤 행동을 취해야 하는가? 숨은 의미까지 이해하고 있는가?" 여기서 마지막 질문은 가슴의 역할에 대해 묻고 있다.

● 넷째, 가슴으로 듣는다

만일 냉담한 자세로 듣는다면 상대방이 하는 말을 진심으로 이해할 수 없다. 정신과 의사, 심리치료사 그리고 종교 지도자들은 늘 이 도구를 사용한다. 사람들은 스스로 불편하게 느끼는 문제가 있으면 빙빙 돌려서 이야기한다. 따라서 진짜 무슨 문제가 있는지를 가려내는 것은 듣는 사람의 몫이다. 뉴욕 시 유대 교회 라비인 매튜 D. 게바르츠는 특히 어린이들과 이야기할 때 자주 이런 경우가 있다고 한다.

"아이들이 와서 자신에게 일어난 일들을 이야기합니다. 예를 들면 '피터는 할아버지가 돌아가셔서 아주 슬퍼하고 있는 것 같으니까 선생님이 그 아이에게 이야기를 좀 해주셔야 할 것 같아요'라고 말합니다. 그 말이 사실일 경우도 종종 있습니다. 하지만 대부분 진짜 의미는 '피터의 할아버지가 돌아가셨다니까 무서운 생각이 들어요. 저를 좀 도와주실래요?' 라는 뜻이죠. 그러면 나는 '피터의 할아버지가 돌아가셔서 무섭니? 그 일은 우리 모두에게 죽음에 대해 생각하게 하지. 안 그러니?' 하고 묻습니다. 더 정확하게 말하자면 '너는 언젠가 죽는다는 것을 두려워하고 있구나. 그리고 너의 할아버지가 돌아가실까봐 두려워하고 있지?' 라고요. 아이들이 '무서워요. 그런 일이 우리 가족에게 일어날 수 있나요?' 라고 묻지 않으니까 내가 대신 그 질문을 해야 합니다."

게바르츠는 네 가지 도구를 동원해서 귀를 기울이므로 아이들이 친구에 대해 묻는 질문이 그 아이 자신과 가족에 대한 이야기라는 사실을 이해한다. 이처럼 우리는 표현되지 않은 말까지 이해하는 능력을 갖고 있다. 이것은 과학이 지금까지 진정한 인공지능을 발명하지 못한 이유이기도 하다. 기술이 결코 인간을 대신할 수 없는 것이 있다. 즉, 귀와 눈과 머리와 가슴으로 듣는 능력이다. ●

IQ

귀담아 듣는 사람은 어디서나 사람들에게 호감을 줄 뿐 아니라 얼마 안 가서 뭔가를 알게 된다.
– 윌슨 미트너, 극작가

목적을 갖고 듣기

다른 사람들보다 더 잘 듣는 사람들은 왜 그런 것일까? 그리고 다른 때보다 잘 듣게 되는 때가 있는 것은 왜일까? 그 이유에는 몇 가지가 있다. 첫째는 자기중심적이기 때문이다. 화제가 자기 자신과 관계가 깊을수록, 그리고 자신에게 흥미롭고 의미가 있을수록 좀 더 귀를 기울이게 된다.

취향뿐 아니라 상황에 따라서도 귀를 기울이는 정도가 달라진다. 스키를 배우려고 처음으로 언덕 위에 올라갔다고 상상해 보자. 뒤에서 뭔가 무너지는 소리가 희미하게 들려온다. 위를 올려다보니 금방이라도 눈사태가 일어날 것처럼 보인다. 갑자기 스키 강사가 말한다. "나는 눈사태에 대해 전문가입니다. 눈사태에서 살아남는 딱 한 가지 방법이 있죠." 이런 상황에서는 그 스키 강사에게 귀를 기울이지 않을 수 없다. 아주 열심히!

귀를 기울이기 위해 분명한 목적이나 동기를 필요로 하는 경우도 있다. 그러한 동기의 예를 몇 가지 살펴보자.

- 정보를 얻기 위해서
- 정보를 확인하고 증명하기 위해서
- 결정을 내리거나 입장을 세우기 위해서
- 결정을 내리거나 문제를 해결하도록 도와주기 위해서
- 조언이나 반응을 얻기 위해서
- 상대방이 자신을 이해하는지 알기 위해서
- 상대방의 태도나 감정 상태를 알아내기 위해서
- 친구나 조언자의 도움을 청하기 위해서

때로는 상대방에게 자신이 어떤 식으로 들어 주기를 바라는지 물어보는 것도 도움이 된다. 나는 최근에 손녀를 만나고 돌아와서 친구에게 전화로 자랑을 하려고 했다. 그런데 그 친구는 나에게 도무지 말할 기회를 주지 않았다. 내가 손녀 이야기를 꺼내자마자 그 친구도 자기 손자 자랑을 시작하더니 혼자서 계속 떠들어댔다. 사람들 대부분은 너무 자기중심적이어서 상대방도 이야기를 하고 싶어 한다는 것을 생각하지 못한다.

중요한 내용일수록 어떤 태도로 들어야 하는지를 아는 것이 중요하다. 누군가 자신에게 불평을 하거나 화를 낼 때는 특히 그렇다. 그럴 때는 다음과 같은 질문을 해보자.

- 내가 그냥 듣기만 하기를 원하는가?
- 내가 질문을 하면서 당신과 대화하기를 원하는가?
- 내가 조언을 해주기를 원하는가?

이렇게 질문을 하면 상대방은 자신이 원하는 것에 대해 생각하게 된다.

왜 좀더 귀담아 듣지 못할까?

요즘 안팎으로 대인관계에 실패하는 사람들을 보면 대부분 듣는 기술이 부족함을 알 수 있었다. 부부 상담을 받는 사람들 중 상당수는 "남편(또는 아내)은 내 말에 귀를 기울이지 않습니다."라고 불평한다. 그들이 귀를 기울이지 않은 이유는 상대방을 너무 잘 알고 있으므로 무슨 말이 나올지 다 알고 있다고 생각하기 때문이다. 하지만 실제로 귀를 기울여 보면 서로에 대해 모르는 사실이 너무 많다는 것을 알기 시작한다. ●

대화가 통하지 않는 이유는 효과적으로 또는 기술적으로 상대방을 이해하면서 귀를 기울이지 못하기 때문이다.
— 칼 로저스, 심리학자

직장에서도 듣기가 문제될 수 있다. 최근에 회사 간부들을 대상으로 실시한 설문조사에 의하면 응답자의 80퍼센트는 직장에서 가장 필요한 기술이 '귀담아 듣기'라고 했고, 가장 부족한 기술이 '귀담아 듣기'라고 한 사람도 28퍼센트였다.

그렇다면 어째서 좀더 귀를 기울이지 못하는 것일까? 주된 이유는 아무런 보상이 없다는 것이다. 행동발달학자들은 만일 어떤 행동에 보상이 따르지 않으면(또는 듣기의 경우처럼 무시된다면) 그 행동은 반복되지 않는다고 말한다. 말을 잘하고, 물건을 잘 팔고, 거래를 성사시키고, 운동을 잘하고, 공부를 잘하면 보상이 따라온다. 하지만 듣기는 아무리 잘해도 보상이 없다.

정보를 얻고 다른 사람들을 편안하게 해줄 수 있다는 것은 눈에 띄는 성과가 아니다. 잘 듣는다고 해서 스타나 영웅이 될 수는 없다. 보상이 따라오는, 쉽게 측정 가능하고 관찰할 수 있는 활동은 듣기와 아무 관계가 없다.

그밖에도 귀를 기울이지 않는 이유들이 몇 가지 있다.

- **귀를 기울이려면 노력이 요구된다**—특히 자기와 직접적인 이해 관계가 없는 주제라면 집중해서 듣기가 쉽지 않다. 로저 A. 르윈은 『열정』에서 "귀를 기울이는 것은 엄청나게 복잡하고 광범위한 자원을 투자해야 하는 활동"이라고 말한다.
- **귀를 기울이는 훈련을 받지 않는다**—사람들은 학교에 다니면서 읽고 쓰는 기술에 대해서는 배우지만 듣기 기술은 거

의 배우지 않는다.

- **집중하는 시간이 짧다**－예전에는 정신을 집중해서 들어야 하는 라디오를 통해 뉴스와 오락거리에 접했다. 지금은 영화와 텔레비전과 인터넷의 등장으로 모든 것을 순간적으로 흡수할 수 있게 되었다. 생활에서 집중적인 듣기를 요구하는 것은 별로 없다. 따라서 1~2분 이상 지속적으로 뭔가를 듣는 연습이 되어 있지 않다.

- **시간이 없다**－귀담아 들으려면 시간이 필요하다. 말하는 사람은 자기 생각을 표현하기 위해, 듣는 사람은 들은 정보를 처리하기 위해 시간이 필요하다. 그런데 사람들은 항상 시간에 쫓기면서 살고 있다.

- **자기 자신을 표현하기에 급급하다**－사람들은 자신을 충분히 설명하면 상대방에게 인정을 받을 수 있다고 믿는다. 그럴까? 그렇지 않다. 내가 아는 프리랜서 카피라이터는 입사 인터뷰에서 면접관의 생각에는 아랑곳 없이 자기 자랑만 늘어놓다가 좋은 기회를 놓쳐버렸다.

귀담아 듣지 않으면 화가 돌아온다

일반적으로 흔한 실수는 자기가 할 말을 생각하느라고 바빠서 건성으로 듣는 것이다.

그래서 중요한 정보를 놓쳐버린다. 그리고 가끔 비싼 대가를 치르는 실수를 저지른다. 지역 상인들에게 쿠폰 광고를 해주는 한 영업사원은 최근에 큰 실수를 했다. 그는 전화카드를 파는 상인과 계약을 했는데 그 상인은 "24달러에 200분 통화, 120달러에 1,000분 통화"라는 광고를 해 달라고 부탁했다. 그런데 그는 잘못 알아듣고, "24달러에 2,000분 통화, 120달러에 10,000분 통화"라고 광고를 내보냈다. 말할 것도 없이 더 이상의 거래는 성립되지 않았다.

그의 실수는 주의 깊게 귀를 기울이고 생각을 하지 않은 결과였다. 그는 자신이 들은 내용이 합리적인지 자문하지 않았다. 조금만 생각해 보았더라도 24달러에 2,000분이 너무 많은 시간이라는 것을 알 수 있었을 것이다.

스미스클라인 비첨의 사업 개발부를 담당하고 있는 전무이사 타마 호우슨은 "주의 깊게 귀를 기울이지 않으면 부정확한 정보가 퍼져 나가거나 아니면 잘못 해석이 되어서 입안이나 집행 과정에서 문제가 생길 수 있다."라고 말한다.

정보를 잘못 듣거나 오해하는 것은 아주 쉬운 일이므로 어떤 중요한 결정을 내리거나 조치를 취하기 전에는 "내가 하는 결정이 올바른 정보에 기초하고 있는가? 정보의 출처는 어디인가? 믿을 만한 정보통인가? 정보가 정확한지 확인할 수 있는가? 잘못된 정보에 기초해서 행동한다면 어떤 결과가 올 것인가?"라는 질문을 해보는 것이 반드시 필요하다.

귀를 기울이지 않으면 정보뿐만 아니라 사람까지 잃어버린다. 또한 귀를 기울이면 상대방이 하는 말을 믿어도 되는지를 판단할

수 있다. ●

자기 자신이 하는 말에도 귀를 기울여야 한다. 어떤 사람들은 너무 자신만만해서 다른 사람들의 생각은 안중에도 없다. 자신이 너무 똑똑하고 너무 재미있고 너무 웃겨서 자기 이야기를 듣는 것보다 더 즐거운 일은 없을 거라고 생각한다. 그런데 사실 그런 사람들은 보통 아주 따분하다. 수잔 로안은 『다음에는 무슨 말을 할까?』라는 책에서 "만일 대화를 하면서 가장 자주 듣는 목소리가 자신의 것이라면 다시 한 번 생각해 볼 일이다."라고 말한다.

또한 자신에게 말을 거는 내면의 목소리를 갖고 있는데, 그 목소리에 적절한 주의를 기울이지 않으면 낭패를 당할 수 있다. 그것은 뭔가가 잘못되었다고 말해 주는 목소리이다. 종종 위험에 처한 것을 모르고 있을 때 경고하는 목소리이다. 나는 매일 아침 집 근처 공원에서 달리기를 한다. 때로는 주변에 사람들이 별로 없는 이른 새벽에 달린다. 나는 언제부터인가 내 머릿속에서 위험한 상황을 피해 가라고 경고하는 목소리에 귀를 기울이게 되었다. "이 길을 따라 내려가도 되는가? 안전하게 보이는가? 너무 인적이 드물지 않은가?" 이 질문에 답을 한 다음에 나는 계속해서 움직인다. 그렇지 않으면 문제가 생길지도 모른다.

이 내면의 목소리가 자기 자신에게 자격이 없다고 설득을 할 때가 있다. 목표를 달성할 수 없다고, 충분히 능력이 없다고, 성공하지 못할 거라고 말한다. 그런 목소리가 들리면 질문을 해야 한다. 선택적으로 귀를 기울이면서 시시비비를 가려내야 한다. 자기

IQ

우리가 인생에서 겪는 많은 고통과 불행은 귀담아 듣는 능력을 개발하지 않기 때문이다. 그러한 능력을 개발하면 도덕심을 함양하고, 대화와 동정심과 이해심을 일깨우고… 점점 더 자기파 과적 허무주의로 변해 가는 소외 과정을 되돌리는 데 기여할 수 있다.
— 데이빗 마이클 레빈, 『귀담아 듣기』

자신에게 물어보자. "이러한 부정적인 생각들을 믿어야 하는 이유
가 무엇인가? 이것은 사실인가 아니면 그저 느낌에 불과한가? 내
가 목표를 향해 가지 못하게 막는 것은 두려움인가? 그 두려움을
잠재우고 목표를 향해 한걸음 더 가까이 가기 위해 오늘 할 수 있는
일은 무엇인가?"

귀담아 듣기의 혜택

IQ

위대한 사상은 비둘기처럼 조용히 세
상 속으로 들어온다. 주의 깊게 귀를
기울인다면 제국과 국가가 소란스러
운 와중에서 희미한 날갯짓, 생명과
희망이 조용히 꿈틀거리는 소리가 들
릴 것이다.
– 알베르 카뮈, 철학자

귀담아 듣는 법을 배우려면 시간과 노력이 요구되지만 그만한 가
치가 있다. 지금까지 귀를 기울이지 않으면 어떤 피해가 돌아오는
지 이야기했으므로 이번에는 귀를 기울일 때 돌아오는 혜택에 대
해 알아보기로 하겠다.

　　귀를 기울일 때의 가장 큰 혜택 중의 하나는 감정이입이다.
대화를 하고 사람을 사귀기 위해서는 교감이 중요하다. 사람들은
다른 사람들에게 이해를 받기 원한다. 왜냐하면 다른 사람을 이
해시켜야만 인정을 받을 수 있기 때문이다. 심리학자들은 오래
전부터 인정을 받으려는 욕구가 인간의 본성이라고 말하는데, 이
야기에 귀를 기울여주면 상대방을 인정한다는 사실을 가장 잘 보
여줄 수 있다. 상대방 입장이 되어 보면 그 사람의 생각을 이해하
게 된다.

　　귀를 기울이는 것은 어떤 문제나 상황에 대해 상대방과 같은

시각으로 바라보려고 노력하는 자세이다. 상대방에 대해 마음속으로 질문을 해보자. "이 사람은 어떻게 느끼고 있는가, 두려워하는가, 상처를 받았는가, 화가 났는가, 아니면 당황을 했는가? 나는 이 사람이 말하고 있는 것뿐 아니라 말하지 않는 것까지 이해하고 있는가?"

교감은 질문하기와 듣기 과정을 통해 형성된다. 『질문─대답의 논법』에서 더글러스 N. 월튼은 그러한 과정을 통해 서로(질문하는 사람과 듣는 사람)가 "상대방의 입장(감정이입)뿐 아니라 자기 자신의 입장(자신에 대해 알기)을 보다 충분히 인식하게 된다. 이성적인 대화에서도 경쟁적이고 논쟁적인 면이 있을 수 있는데, 그것은 대화와 상호 협력을 위한 과정으로 볼 수 있다. 사실, 그런 면이야말로 훌륭한 대화가 지닌 장점이자 진정한 가치이다."라고 피력한다. ●

IQ

대화는 성공적인 대인관계의 수립을 위한 과정이다. 상대방에게 공감하고 대화를 나누는, 겉으로 보기에 단순한 행동을 통해 자아의 제한구역을 넘어간다. 자아를 초월해서 다른 사람들과 소통하려는 것은 심오한 인간적 갈망이다. 만일 대화가 그다지 흔치 않은 일이라면 아마 기적처럼 생각될 것이다.
– 다니엘 얀켈로비치, 『대화의 기적』

상호 협력의 기술과 능력(질문하기와 듣기)은 사생활과 직업적인 성공에 긍정적이고 막대한 영향을 미칠 수 있다.

● 귀를 기울이면 상대방에게 관심과 사랑을 보여줄 수 있다

질문을 하면 관심을 보여 줄 수 있고 귀를 기울이면 그러한 인상을 더할 수 있다. 상대방이 하는 이야기를 존중하고 기꺼이 시간을 내서 들을 자세가 되어 있음을 보여 주는 것이다. 그러면 자녀들은 사랑을 받고 있다고 느끼고, 직장 동료와 직원들은 인정을 받고 있다고 느끼고, 고객들은 대접을 받고 있다고 느낄 것이다.

● 귀를 기울이면 몰랐던 문제점이나 기회에 눈을 뜨게 된다

문제 해결의 첫 단계는 문제가 무엇인지 아는 것이다. 신중한 질문을 하고 그 대답에 귀를 기울이면 실제로 무슨 일이 일어나고 있는지 눈에 보이기 시작한다. 그리고 기회는 뜻밖의 장소에서 찾아온다. 내가 여행을 다녀올 때마다 직원과 동료들은 누군가의 전화번호나 명함을 들고 온다고 놀린다. 내가 마당발이 될 수 있는 이유는 사람들에게 질문을 하고 귀를 기울이기 때문이다. 언제나 주의 깊게 귀를 기울이면 어떤 연결 가능성을 발견하게 된다.

● 귀를 기울이면 좀더 현명해 보일 수 있다

귀담아 들으면 종종 현명한 질문을 하게 되고 따라서 현명하게 보인다.

● 귀를 기울이면 실수가 줄어든다

대화를 나누고 헤어졌는데 뒤늦게 분명하게 이해하지 못한 점들이 몇 가지 있다는 것을 깨달은 적이 있었는가? 어떤 부탁을 듣고 이해를 했다고 생각했는데 나중에 잘못 알았다는 것이 밝혀진 적이 있었는가? 이런 종류의 실수는 시간 낭비와 피해가 클 수 있다. 만일 처음부터 주의 깊게 귀를 기울인다면 확인 질문을 할 수 있었을 것이다.

좀더 잘 듣기 위한 요령

뒤에 나오는 듣기 능력 테스트를 해보면 대다수가 형편없는 수준에 속한다. 이러한 결과는 애석한 일이지만, 다행히 귀를 기울이는 것은 일종의 기술이므로 노력하면 좋은 결과를 볼 수 있다.

● **의도(감정)에 귀를 기울인다**

사람들은 말을 할 때 우뇌(감정)와 좌뇌(사실)의 정보를 모두 받아들인다. 말하는 사람을 완전히 이해하기 위해서는 네 가지 도구(귀, 눈, 머리, 가슴)를 사용해서 '행간의 의미'를 들을 줄 알아야 한다.

말을 할 때 사람들은 스스로 이해를 돕기 위해 다양한 음색을 사용한다. 즉 사람에 따라서 특별한 단어나 음절을 강조한다. 듣는 사람은 그러한 음색에 주의를 해서 의미의 경중을 파악하고 평가한다. 화자가 어떤 단어에 강세를 주는지, 어떤 감정을 갖고 이야기를 하는지에 귀를 기울여보자. 세부적인 차이에 따라 의미가 얼마나 달라질 수 있는지 의심스럽다면 다음에 나오는 문장을 비교해보자. 다음 문장은 어느 단어에 강조를 하느냐에 따라 다섯 가지 의미로 해석될 수 있다.

어느 여성 단체에 가서 천 달러를 자선사업에 기부하도록 설득하려고 한다고 가정하자. 한 여자가 말한다. "나로서는 이 시점에서 우리가 이 자선 행사에 천 달러를 기부해야 한다고는 생각하지 않습니다." 이렇게 말하는 사람은 아직 기부할 의향이 없다는 의미다. 그 자리에 모인 다른 사람들의 생각은 포함되지 않는다.

만일 "나로서는 이 시점에서 우리가 이 자선 행사에 천 달러를 기부해야 한다고 생각하지 않습니다." 라고 한다면 기부를 하는 시기가 적당하지 않다는 의미다. 다음 회계연도까지 기다리거나 아니면 재정 상태가 좀더 나아질 때까지 기다려야 할지도 모른다.

"나로서는 이 시점에서 우리가 이 자선 행사에 천 달러를 기부해야 한다고는 생각하지 않습니다."라는 말은 그 단체는 관심이 없지만 다른 단체에서 기부할 수 있을 거라는 말이다. 좀더 자세히 질문을 해서 그녀가 어느 단체를 말하는지 알아볼 수 있다.

만일 "나로서는 이 시점에서 우리가 이 자선 행사에 천 달러를 기부해야 한다고는 생각하지 않습니다."라고 한다면 기부를 하는 것은 좋지만 이번 자선 행사에 반대한다는 것이므로 그 이유를 알아낼 필요가 있다.

마지막으로 "나로서는 이 시점에서 우리가 이 자선 행사에 천 달러를 기부해야 한다고는 생각하지 않습니다."라고 말한다면 금액을 달리하면 할 수도 있다는 의미다. 처음에 기대했던 것보다 적어지더라도 다른 금액을 제안해 볼 수 있다.

목소리 억양에서는 감정을 알아낼 수 있다. "안녕하세요?"라는 단순한 질문에 대해 여러 가지 답이 나오는 이유는 그 말 자체보다는 억양을 듣고 상대방이 기대하는 대답을 하기 때문이다. 화자가 어떤 어조로 말을 하는지 귀를 기울여보자. 활기에 차 있거나 흥분해 있는가? 피곤하고 지치거나 화가 나 있는가?

●내용(사실)에 귀를 기울인다

좌뇌로 들으면서 필요한 정보를 구하고 잘못된 가정을 하지 않도록 분명히 이해하는 것을 말한다. 사실 정보를 확인하기 위해서는 상대방에게 자신이 이해한 의미를 설명할 수 있다. 또는 상대방의 이야기를 들으면서 중간중간 요약하거나 의역을 해서 중요한 요지를 파악한다.

예를 들어, "내가 제대로 이해를 했는지 확인해 보죠. 당신이 말한 의미는 이 아이디어가 좋기는 하지만 팀 전체가 동의할 것인지에 대해서는 확신할 수 없다는 거죠?"라고 의역을 해서 서로 완전히 이해가 되었는지를 확인한다.

결국, 상대방이 어떤 식으로 말을 하건 간에 그 내용을 파악해야 한다. 표현이 적절하지 못하다고 해서 내용까지 무시할 수는 없다.

●누구에게 귀를 기울일 것인지 판단한다

사람들은 거물처럼 보이는 사람에게 좀더 주의 깊게 귀를 기울인다. 그러나 그들이 반드시 자신이 필요로 하는 이야기를 해주는 것은 아니다.

의학적인 견해를 듣기 위해 의사를 찾아가면 수술을 권할 수 있다. 재정적인 조언을 구하러 중개인을 찾아가면 주식이나 채권을 사라고 할 것이고, 보험 사원은 보험에 들라고 할 것이고, 뮤추얼 펀드 전문가는 뮤추얼 펀드를 사라고 할 것이다. 하지만 편집증 환자가 부동산 투자를 하라고 하면 아무도 귀를 기울이지 않을 것이다. 8살짜리 꼬마가 자동차를 팔면 아무도 귀를 기울이지 않을 것이다. 귀담아 듣기에는 상대방이 귀를 기울일 만한 자격을 갖추었는지를 판단하는 것도 포함된다. 누군가에게 귀를 기울이기 전에 다음과 같은 질문을 해보자.

- 이 사람은 이 문제에 대해 이야기할 자격을 갖추고 있는가?
- 이 사람에게 어떤 숨은 동기가 있는가?
- 이 사람은 객관적이 될 수 없는 편견이나 믿음을 갖고 있지 않은가?

나는 얼마나 잘 듣고 있을까?

이제 귀담아 듣기 테스트를 해보자. 솔직하게 대답해야만 얼마나 귀담아 듣기를 잘하고 있는지 정확하게 평가할 수 있다.

다음 질문에 그렇다 또는 아니다로 답하시오(O, X를 사용해도 된다).

1. 나는 대화에 참여할 때마다 구체적인 듣기 전략을 세운다.
2. 사람들은 종종 내가 딴 생각을 하면서 귀를 기울이지 않는다고 말한다.
3. 나는 조급하게 앞질러서 상대방이 할 말을 대신 한다.

4. 나는 들으면서 상대방의 눈을 똑바로 쳐다본다.

5. 나는 듣고 있지 않아도 듣는 척할 수 있다.

6. 사람들은 종종 내가 관심을 갖고 교감을 하면서 듣는다고 칭찬한다.

7. 상대방의 이야기에 충분히 주의를 기울일 수 없을 때는 양해를 구한다.

8. 종종 사람들로부터 "너는 지금 듣고 있지 않아!"라는 말을 듣는다.

9. 여러 사람이 모여 있는 자리보다 일대일로 만나면 좀더 귀를 기울인다.

10. 대화를 하면서 적절할 때 확인 질문을 한다.

11. 누군가 이야기를 하면 주의를 집중하려고 노력한다.

12. 나는 대화에 자유자재로 끼어들었다가 나갔다가 하면서 한 가지도 놓치지 않는다.

13. 처음 사람들을 만나면 항상 그들의 이름을 기억한다.

14. 어떤 문제에 대해 테스트를 받을 거라고 생각하면 좀더 열심히 귀를 기울인다.

15. 신체 언어로 관심을 보여 주기 위해 노력한다.

16. 어떤 사람이 한 말에 동의할 수 없거나 첨가하고 싶은 말이 있으면 그 생각에 매달려서 다른 말은 귀에 들어오지 않는다.

17. 나는 무엇이든 기억을 하므로 절대 메모를 하지 않는다.

18. 나는 귀를 기울이지 않아서 몇 번 큰 실수를 저지르고 오

해가 생긴 적이 있다.

19. 다른 사람의 생각을 들어 보고 내 의견과 전략을 바꿀 준비가 되어 있다.

20. 나의 듣기 기술은 지난 5년 동안 더 나아진 것이 없다.

답은 다음과 같다.

1. 그렇다. 어떻게 귀를 기울일 것인지, 어떤 말에 귀를 기울일 것인지, 상대방에게 어떻게 관심을 집중할 것인지에 대해 생각하면 많은 도움이 된다. 의식적으로 좀더 잘 들으려고 노력하면 그렇게 된다.

2. 아니다. 만일 자주 이런 말을 듣고 있다면 듣기 연습을 해야 한다는 의미이다. 화자에게 주의를 집중하자. 귀담아 듣기의 장점에 대해 이 장에서 설명한 부분을 다시 읽어보고 사생활에서나 직장에서 아주 중요하게 생각해야 한다.

3. 아니다. 누군가가 무슨 말을 할지 알 수 있다고 생각한다고 해도 확실히 알 수는 없다. 미리 지레짐작을 하지 말고 모든 말에 귀를 기울이면서 상대방에게 집중하자.

4. 그렇다. 시선을 분명하게 똑바로 마주보면 집중력을 유지할 수 있고, 자신이 듣고 있다는 것을 상대방이 느끼게 된다.

5. 아니다. 어떤 사람들은 듣는 척을 아주 잘하거나 아니면 잘한다고 생각한다. 하지만 정말 듣고 있지 않으면 금방 들켜 버린다. 그러면 상대방은 정보를 주지 않을 것이고 기분이

상할 것이다.

6. 그렇다. 사람들은 귀를 기울여 듣는 사람을 존경하고 고마
   워한다. 만일 귀담아 듣는다는 칭찬을 받으면 자랑스럽게
   생각하자. 귀를 기울이는 것이 쉬운 일은 아니지만 여러 가
   지로 득이 될 수 있다.

7. 그렇다. 만일 상대방에게 집중할 수 없으면 들어도 소용이
   없다. 다른 시간에 이야기를 하자고 제안하는 것이 서로를
   위해 나은 일이다.

8. 아니다. 당신은 자기중심적인 사람일 수 있다. 가끔씩 누군
   가에게 무대를 넘겨주도록 하자. 자신이 말하는 것이 다른
   사람들이 하는 말을 듣는 것보다 중요한지 물어보자.

9. 아니다. 여러 사람이 함께 듣는다고 해도 언제 누가 당신에
   게 그 대답을 구할지 모른다. 나 하나쯤 듣지 않아도 된다고
   생각해서 딴청을 피우는 것은 나쁜 습관이다.

10. 그렇다. 질문은 귀담아 듣기에 도움이 되는 중요한 기술이
    다. 적절한 정보를 구할 수 있을 뿐 아니라 상대방에게 관
    심을 보여줄 수 있다.

11. 그렇다. 노력하는 것이 가장 중요하다. 귀를 기울이려고
    노력하면 큰 보상이 돌아올 것이다.

12. 아니다. 당신은 아무 것도 놓치지 않는다고 생각할지 모르
    지만 정말 듣고 있지 않으면서 어떻게 알겠는가? 일단 듣
    지 못하면 다시 들을 기회가 없다.

13. 그렇다. 때로 우리는 사람들에게 좋은 인상을 심어주기에

바빠서 상대방의 이름을 귀담아 듣지 않는다. 또한 걸핏하면 사람들의 외모와 태도를 평가하느라고 그들이 자기 이름을 얼마나 소중히 여기는지, 이름을 기억하는 것이 얼마나 중요한지 잊어버린다.

14. 아니다. 테스트를 받고 있다고 생각하면 좀더 주의를 기울이는 것은 당연하다. 테스트를 통과하면 보상을 받기 때문이다. 따라서 귀를 기울이면 언제나 보상(존경, 정보, 또는 기회)이 따라온다는 것을 기억하면 도움이 될 것이다.

15. 그렇다. 상대방에게 귀를 기울이고 있다는 것을 보여 주는 것이 중요하다. 그는 당신이 자신에게 관심을 갖고 있다고 느끼고 다시 찾아올 것이다.

16. 아니다. 그러기가 쉽다. 우리 모두 때로 그렇게 하고 어떤 사람들은 좀더 심하다. 하지만 뭔가 한 가지에만 매달리면 다른 더 중요한 것을 놓칠 수 있다. 만일 어떤 의견을 말하고 싶으면 기억을 해 두고 계속해서 귀를 기울이다가 다시 그 이야기로 돌아가자.

17. 아니다. 아무도 모든 것을 기억할 수는 없다. 시작과 끝을 기억하는데 중간을 기억할 수 없다면? 그런데 종종 중간이 가장 중요하다.

18. 아니다. 나는 우리 모두 실수를 한다고 생각한다. 우리가 해야 할 첫 단계는 좀더 귀를 기울임으로써 중요한 실수와 오해를 피할 수 있다는 사실을 인식하는 것이다. 두 번째 단계는 귀담아 듣는 연습을 하는 것이다.

19. 그렇다. 만일 귀를 기울이면서 마음을 열고 있으면 때로 생각과 감정이 변화될 것이다. 얼마나 자주 그런 일이 있는가? 사람들은 모두 변화에 대해 열려 있다고 말하지만, 과연 정말 그럴까? 무조건 자기주장만 하면서 사는 인생은 따분할 수밖에 없다.

20. 그렇다. 대부분의 사람들은 이 답을 보고 어리둥절한다. 하지만 유감스럽게도 여러 면에서 발전을 하는 사람들조차 귀담아 듣기는 배우지 못한다.

위에서 18~20개의 답을 맞추었다면 당신은 귀를 기울이는 습관이 탁월하다. 14~17개를 맞추었다면 양호하다. 11~13개를 맞추었다면 그럭저럭 귀담아 듣는 편이다. 10개 이하를 맞추었다면 귀담아 듣는 기술이 절실하게 필요하다.

어떤 점수가 나오든지 모든 사람은 귀담아 듣는 능력을 갖고 있다. 마지막으로 당신이 귀를 기울이는 사람인지 아닌지를 알아보는 요령이 한 가지 있다. 대화를 하면서 자신에게 이렇게 물어보자. "나는 지금 뭔가를 배우고 있는가?" 만일 아니라는 대답이 나오면 당신은 너무 말을 많이 하고 귀를 기울이지 않고 있는 것이다.

8

일곱 번째 힘

질문에 답하면 스스로 설득이 된다

Questions get people to Persuade
Themselves

모든 인생 경험은
크거나 작거나 어떤 교훈을 가르쳐 준다.
질문은 교훈을 가르쳐 주기보다는
자기 스스로 깨닫게 한다.

― 칼리 피오리나, 휴렛 팩커드의 CEO, 「혼란을 최대한 활용하기」, 《뉴욕 타임스》, 1999년 9월 29일자

설득하는 비결

한번은 대형 중개 회사의 간부인 조 빌링스라는 사람이 찾아왔다. 그는 나에게 관리자들을 위한 교육 과정을 의뢰했다. 우리는 2주일 후에 그의 사무실에서 다시 만나 계약서에 서명하기로 하고 그때 교육 과정을 준비하기로 했다.

하지만 그의 사무실에 찾아갔을 때 빌링스는 내게 그 교육 과정을 실시할 생각이 없다고 말했다. 나는 실망스러웠다. 그리고 제일 먼저 머리에 떠오른 생각은 다시 생각해 보라고 그를 설득해야겠다는 것이었다. 나는 그에게 한 가지 질문을 했다.

"빌링스 씨, 당신은 우리의 교육 과정에 무척 관심을 보이셨습니다. 2주일 전에는 무엇 때문에 그렇게 하고 싶었나요?"

빌링스는 이런저런 이유를 말하다가 자신의 계획이 여전히

타당하다는 사실을 깨달았다. 그의 열정이 되살아나기 시작했다. 그는 계속해서 관리자들을 교육시켜서 팀의 능률과 실적을 향상시켜야 한다는 생각을 이야기했다. 내가 다시 말할 필요도 없었다. 5분 후에 그가 말했다. "하겠습니다!" 그리고 계약서에 서명을 했다.

무엇이 빌링스의 마음을 바꾸어 놓은 것일까? 나는 그에게 나를 고용해 달라고 설득하는 말은 한마디도 하지 않았다. 단지 내가 던진 질문에 답하다가 관리자들을 훈련시키는 것이 좋은 생각이라는 사실에 스스로 설득이 된 것이다.

사람들은 모두 이런저런 식으로 영업사원이나 마찬가지다. 끊임없이 자기의 생각을 다른 사람들에게 팔고 있다. 사람들에게 일을 시키고, 어떤 방식으로 생각하게 하고, 또는 특정한 방향을 향해 가도록 설득한다. 하지만 아무리 의도가 좋다고 해도 사람들을 억지로 따라오게 만들기는 어렵다. 누군가를 설득하는 최선의 방법은 스스로 자신을 설득하게 만드는 것이다.

만일 내가 "하지만 빌링스 씨, 당신은 관리자들을 훈련시켜야 한다고 말했잖아요."라고 말했다면 아마 항의하는 것처럼 들렸을 것이다.

만일 "빌링스 씨, 무엇 때문에 마음이 바뀐 거죠?"라고 질문을 했다면 그는 회의적이고 부정적인 쪽으로 생각을 굳혔을지도 모른다. 긍정적인 질문이 긍정적인 대답을 이끌어 낸 것이다.

사람들은 자기 자신을 믿는다

사람들은 상대방의 말보다 자신의 말을 믿는다. 인간은 고집이 세다. 자신이 옳고 자기 자신에 대해서는 자기가 제일 잘 안다고 생각한다. 그래서 누가 이래라저래라 하면 본능적으로 저항을 한다.

논리적인 좌뇌가 상대방이 하는 말에 일리가 있다고 생각한다고 해도 감정적인 우뇌는 자기 자신이 더 잘 안다고 주장한다. 그래서 그러한 갈등이 때로는 혼란과 우유부단함으로 나타난다. 우뇌는 그렇다고 말하고 좌뇌는 아니라고 말하기 때문이다.

몇 달 동안 제니스는 새 차를 사자고 남편을 졸랐다. 하지만 남편은 수리하기를 원했다. 새 차를 타면 좋기야 하겠지만 돈이 많이 들어간다고 생각했던 것이다. 제니스는 인터넷에서 새 차를 알아보고 남편이 좋아할 만한 모양의 차들을 골라서 거의 매일 밤 그 이야기를 꺼냈다. 하지만 남편은 요지부동이었다.

마침내 어느 날 밤, 제니스는 남편에게 물었다. "어떻게 해야 당신이 새 차를 사겠다는 결정을 내릴까요?"

남편은 새 차를 사는 비용이 수리하는 비용보다 덜 든다면 차를 사겠다고 대답했다. 그래서 제니스는 가계부를 들춰 보고 작년에 자동차 수리비에 들어간 돈을 모두 더해서 남편에게 보여 주었다. 계산을 자세히 본 남편은 결국 새 차를 사는 데 동의했다.

제니스는 남편에게 차를 사라고 설득하지 않았다. 남편이 새 차를 사는 편이 경제적이라는 사실을 스스로 납득하려면 무엇이 필요한지 질문했을 뿐이다. 남편은 제니스가 수집한 증거를 보고 스스로 자신을 설득한 것이다.

강요의 문제

누구나 잔소리를 듣기 싫어한다. 어렸을 때 나는 항상 방을 어질러 놓았다. 엄마가 청소 좀 하라고 시킬 때마다 나는 반항을 했다. 내 방은 내 마음대로 하고 살겠다고 생각했다. 내가 실제로 어질러진 방에서 살고 싶은지 아닌지는 문제가 되지 않았다. 방이 깨끗하면 무엇이 좋은지에 대해서는 생각해 보지 않았다. 우리 모두가 겪는 그 반항기에는 단지 내 방식대로 하는 것이 더 중요했다. 그리고 엄마는, 다른 부모들이 대부분 그렇듯, 나 스스로 그 장점을 깨닫게 해주는 방법을 모르고 있었다. 대신 강요를 했다.

　부모, 교사, 그리고 어떤 권한을 가진 사람들은 습관적으로 사람들에게 강요를 하지만 그 결과는 지속적이지 못하다. 강요를 당한 후 생각이나 태도를 바꾼다고 말하는 사람은 아무도 없었다.

　누군가에게 강요를 하는 이유는 그것이 가장 쉽기 때문이다. 감정을 발산해 버리고 다른 사람의 견해를 고려할 필요가 없다. 그러나 그 방법은 쉬운 만큼 효과가 없다. 강요를 당하는 사람은 생각할 필요가 없다. 따라서 십중팔구 귀담아 듣지도 않는다.

　강요하기는 쉽다. 질문하기가 좀더 어렵다. 질문을 하기 위해서는 신중한 사고와 행동이 필요하다. 질문을 하면 자기 자신의 생각을 늦추고 상대방의 대답에 귀를 기울여야 한다. 그리고 상대방은 질문에 대답하기 위해 잠시 생각을 해야 하는데, 그것이 정확히 우리가 원하는 것이다. 상대방을 생각하게 만드는 것(자기의 생각과 같은 방향으로)이 바로 설득이다.

질문을 사용해서 스스로 설득하면 자기 자신과 다른 사람들의 생활을 변화시킬 수 있다. 좀더 나은 대인관계를 수립하고, 권리와 통제를 회복할 수 있으며, 좀더 신중하고 똑똑하게 보일 수 있다. 그 모든 것은 적시에 적절한 질문을 함으로써 가능하다.

자기 발견 과정

어떤 문제를 해결하기 위한 첫 단계는 문제가 있다는 사실을 인정하는 것이다. 문제를 가진 당사자가 스스로 노력하지 않는 한 어떤 도움을 받아도 소용이 없다. 도움을 원하지 않으면 실제로 도움을 받을 수 없다. 문제를 해결해야 하는 이유를 스스로 깨달아야 한다. 그렇지 않으면 어떤 해결책도 일시적으로 끝나고 나중에 다시 문제가 생긴다.

물고기 한 마리를 잡으면 한 번밖에 못 먹지만 물고기 잡는 법을 배우면 평생을 먹고 살 수 있다. 만일 누군가에게 어떤 방법을 가르쳐 주면 한 가지 문제밖에 해결할 수 없지만, 스스로 해결책을 찾는 법을 가르쳐 주면 계속해서 기억하고 사용할 수 있다.●

심리치료사나 카운슬러는 오래 전부터 자기 스스로 대답을 찾

질문은 평범한 의사와 훌륭한 의사를 구분한다. 평범한 의사는 질문을 하고 대답을 듣지 않는다. 훌륭한 의사는 질문을 하고 대답에 귀를 기울인다. 비범한 의사는 환자 스스로 질문하고 답을 찾게 만든다.

– 존 스트라우스, 의학박사

고 자신의 목소리로 뭔가를 말하면 그것이 자기 것이 된다는 것을 알고 있다.

심리치료사인 베스 앨토퍼는 이렇게 설명한다. "나는 환자에게 설명을 해주기보다는 유도 질문을 한다. 그러면 환자 스스로 뭔가를 깨닫는다. 그리고 그 지혜를 자기 것으로 만들어서 의지를 갖고 건강을 회복한다."

사람들은 스스로 발견하고 깨닫고 배우고 경험한 것을 가장 잘 기억한다. 만일 누군가의 행동을 바꾸고 싶다면, 뭔가를 깨닫고 기억하게 하고 싶다면, 그들 스스로 생각하게 해야 한다. 그러기 위한 유일한 방법은 질문을 해서 스스로 그 답을 찾게 하는 것이다.

질문으로 지도하기

심리 치료 외에도 사람들에게 질문을 해서 스스로 무엇인가를 깨닫게 할 수 있는 상황은 많다. 우리는 가정에서나 직장에서 지도자의 역할을 해야 할 때가 있다. 지도를 한다는 것은 격려하고 가르치는 일이다. 가장 효과적인 지도법 중의 하나는 피드백을 이용하는 것이다. 즉, 질문을 해서 상대방으로부터 정보를 얻어내는 것이다.

지도는 여러 가지 방식으로 할 수 있다. 비공식적으로 곁에서 응원을 해줄 수도 있고 워크숍에서 하는 교육처럼 공식적으로 할 수도 있지만, 어떤 경우든지 원리는 마찬가지다. 나는 얼마 전에 워크숍에서 다음과 같은 피드백을 사용했다. 교실 뒤에 앉은 참가자 두 명이 오전 내내 수군거리면서 잡담을 했다. 휴식 시간에 나는 두 사람에게 다가가서 말했다. "실례합니다. 제가 강의하는 동안 두 분이 이 뒤에서 대화를 하고 계시더군요."

내 마음속에 있던 '고등학교 교사 경력' 이란 놈이 계속 훈계를 하라고 나를 유혹했다. '이야기 그만하세요. 제가 집중을 할 수 없고 다른 사람들에게도 방해가 됩니다!' 라고. 하지만 나는 고등학교 교사를 하면서 그런 설교조의 훈계는 단지 사람들을 방어적으로 만든다는 것을 배웠다. 그래서 대신 질문하는 방법을 사용하기로 했다. "강의 시간에 이야기를 하면 다른 사람들에게 어떤 피해가 갈까요?" 그들은 다시는 강의 시간에 떠들지 않겠다고 약속했고 그 약속을 지켰다.

또 다른 예로, 엘렌은 프리랜서 작가인데 의뢰인과 문제가 생겼다. 도널드라는 의뢰인은 엘렌에게 전화를 하겠다고 시간을 정해 놓고 약속을 지키지 않았다. 이런 일을 두 번 당한 후 엘렌은 전화를 기다리다가 다른 일을 못했다고 도널드에게 불평을 했고, 그는 사과를 한 후 다시는 그러지 않겠노라고 했다.

그들은 다시 약속을 정했지만 그는 또 전화를 하지 않았다. 엘렌이 전화를 하자 도널드가 말했다. "아, 바빴어요. 나중에 전화를 해도 상관없을 거라고 생각했는데요." 분명 그는 그녀가 한 말을 한쪽 귀로 듣고 다른 귀로 흘려버린 것이었다.

결국 엘렌은 질문하는 방법을 시도했다.

엘렌 : 도널드, 전화 약속을 지키지 않는 것에 대해서 말인데요. 당신이 전화를 한다고 약속하고 하지 않으면 어떻게 된다고 생각하세요?

도널드 : 당신은 화가 나겠죠.

엘렌 : 그뿐일까요?

도널드 : 내 전화를 기다리다가 중요한 다른 기회를 놓칠 수도 있겠죠.

엘렌 : 그래요, 바로 그거예요. 이런 일이 더 이상 일어나지 않게 하려면 어떻게 해야 할까요?

도널드 : 약속을 바꿔야 할 경우에는 아침 일찍 알려드릴게요.

엘렌 : 보통 몇 시 정도면 하루 일이 어떻게 될지 알 수 있나요?

도널드 : 아마 열시나 열시 반 정도면 알 수 있을 겁니다. 당신에게 열시 반까지 전화를 해서 약속을 취소할 것인지 다른 시간으로 변경할 것인지 알려드리죠.

엘렌 : 좋아요.

도널드는 행동을 바꾸었고 약속을 연기할 일이 생기면 아침 10시 30분까지 엘렌에게 전화를 했다. 그는 자신의 행동으로 인한 결과를 생각하고 스스로 해결책을 찾아서 기꺼이 따랐다.

구매자를 설득할 때

지도하기, 설득하기, 영업하기에서 원리는 모두 같다. 목적은 상대방을 자기처럼 생각하도록 만드는 것이다.

영업사원들은 예전의 행상들 때문에 오랫동안 좋은 인상을 주지 못했다. 행상들은 사람들에게 터무니없는 허풍을 떨었으니까. 설득의 기술은 그런 것이 아니다. 만일 고객에게 유익한 점이 없다면 권해서는 안 된다. 정직한 영업사원은 고객이 스스로 장점을 깨닫게 해준다.

영업의 주된 목적은 무엇인가? 물건을 파는 것으로 끝나는 것이 아니다. 판매도 중요하지만 궁극적인 목표는 고객과의 관계를 수립하는 것이다. 영업을 잘하면 짧은 시간 동안에도 상인과 소비자 사이에 어떤 유대관계가 형성된다. 어떤 상품이거나 진정한 인간적인 관계가 뒷받침될 때 그 가치가 더해진다.

더 중요한 것은 대부분의 고객이 지속적으로 또는 입소문을 통해서 거래를 한다는 사실이다. 만일 고객이 구입한 물건에 만족하면 또 그 물건을 사거나 다른 사람에게 추천할 것이다. 그 두 가지를 모두 해준다면 더 이상 바랄 것이 없을 것이다.

고객과의 관계를 수립하려면 고객의 필요를 알아서 자기가 판매하는 상품이나 서비스의 장점과 연결해야 한다. 어떻게 할까?

가장 효과적인 방법은 개방형 질문으로 시작하는 것이다. 의약 산업을 예로 들면, 고객과 관련된 특별한 문제점에 대해 질문할 수 있다. 만일 당뇨병 치료약을 팔고 있다면 "박사님, 당뇨병 환자들을 치료할 때 어떤 문제가 있습니까?"라고 질문을 해서 도움을 줄 수 있는 문제가 있는지 알아본다. 다음 질문은 좀더 구체적으로 개방형 질문에서 폐쇄형 질문으로 옮겨간다. "아주 흥미롭군요. 그런데 왜 그런 문제가 생길까요?"

그리고 그 문제가 의사에게 어떤 영향을 주는지에 대해 좀더 알 수 있는 질문을 한다. "박사님, 그 문제가 치료에 어떤 영향을 주고 있습니까?" 이렇게 질문을 계속하면 고객이 필요로 하는 것이 분명하게 드러난다.

그리고 의사가 어떤 상품을 원하는지를 말하게 하는 질문을 한다. 예를 들어, "박사님, 당뇨병 환자들에게 처방하는 약을 선택할 때 가장 중요하게 생각하는 것은 무엇입니까?"라고 묻는다. 의사가 대답을 하면 "환자들의 부작용을 줄일 수 있는 상품이 필요하다는 말씀인 것 같군요. 그렇게 되면 또한 환자들이 찾아오는 횟수도 줄어들겠지요. 우리 상품이 그러한 요구에 어떻게 맞는지 설명을 드리겠습니다."라고 부연 설명한다.

일단 고객이 원하는 조건을 이야기를 하면 자기가 제시하는 상품이 고객의 문제를 어떻게 해결해 줄 수 있는지 설명하기가 훨씬 수월해진다.

이 방법은 그동안 성공적인 접근법으로 입증되어 왔다. 보험회사에서 어느 영업사원은 25년 이상 가장 많은 보험 상품을 팔았다. 그의 방법은 간단하고 단순했다. 그는 거실에서 고객과 함께 앉아 눈을 들여다보면서 말한다. "말해 보세요. 왜 생명보험이 필요할까요?" 그 대답을 하는 순간 그들은 스스로 설득이 된다.

자녀를 설득할 때

부모는 항상 아이들에게 잔소리를 한다. 이러한 잔소리에 대한 반응은? 대부분의 아이들은 투덜거리고 변명하고 빠져나가려고 한다. 한참 입씨름을 한 후에 어느 한쪽이 항복을 한다. 아이가 항복하고 방을 치우거나 아니면 엄마가 항복하고 직접 방을 치운다.

사람들, 특히 아이들은 의식적으로나 무의식적으로 권위에 반항한다. 육아 전문가인 루돌프 드레이커스는 『아이들, 도전』이라는 책에서 "아이에게 뭔가를 시키려고 하지 말고 상황이 필요로 하는 것에 초점을 맞추면 아이를 움직이게 만드는 방법을 찾을 수 있다."라고 말한다. 드레이커스는 자녀에게 강요를 하지 말고 협조를 구하라고 말한다. 그러면 자녀와의 힘 겨루기를 줄일 수 있다. 일단 힘 겨루기가 사라진 다음에는 설득이 먹혀든다.

아이들도 질문으로 설득할 수 있다. 아이들에게는 부모가 뭔가를 요구하는 이유를 이해시킬 필요가 있다. 억지로 시키는 것이 아니라 스스로 방을 치우면 왜 좋은지 깨닫게 해야 한다. 만일 아이가 통행금지 시간을 넘기면 "네가 너무 늦게까지 바깥에서 돌아다니면 어떤 일들이 생길까?"라고 물어보자.

하지만 사람들 스스로를 설득하게 만드는 것은 쉬운 일이 아니다. 잘못하면 가식적이거나 작위적으로 보일 수 있다. 연습이 필요하다. 하지만 그만한 가치가 있다. 성공하면 사람들의 잘못된 생각과 행동을 영원히 변화시킬 수도 있기 때문이다.

9

팔기, 이끌기, 생각하기
질문은 조직을 변화시킨다

Use Questions To Transform
Your Organization

직원들이 생각하도록 만들기 위해서는
단순히 명령을 내리기보다
두뇌 훈련을 시켜야 한다.

생각하는 조직

요즘 재계에서 화두가 되고 있는 용어 중에 학습조직이라는 개념
이 있다. 원로 경영인 피터 센지의 베스트셀러 『제5 원칙』을 비롯,
여러 책들에서 언급된 이 개념이 세계의 수많은 비즈니스맨들의
관심을 끄는 이유는 우리 모두 끊임없이 배워야 한다고 생각하기
때문이다.

하지만 지금까지 실제로 끊임없는 학습에 대한 새로운 요구를
수용하는 쪽으로 기업 문화를 변화시키는 방법을 고안해 낸 회사
는 별로 없었고, 더욱이 그러한 변화를 성공적으로 수행한 사례는
보기 드물었다. 정보와 아이디어를 계속 흡수해서 창의성, 생산성,
그리고 직원들의 전략적 사고를 향상시키는 방법을 찾아야 한다는
취지는 높이 평가할 만하다. 하지만 그러한 의도를 현실화시키는

실천적인 방법이 없다면 학습조직이라는 개념은 그림의 떡에 불과하다.

경영 컨설턴트로서 나는 질문의 힘에 대해 가르치면서 학습조직보다 좀더 생산적이고 실용적인 대안으로 '질문하는 조직'이 되라고 제안한다. 많은 사업과 사업가들은 자동적이고 기계적인 행동 양식에 머물러 있다. 그들은 행동 이면의 합리성과 의미와 목적에 대해 탐색해 보려고 하지 않는다. 결국 변화는 필연적임에도 불구하고 어떤 변화가 일어나면 진부한 해결책밖에 없는 회사와 고용주들은 새로운 환경을 마주하고 옴짝달싹하지 못한다.

의식적으로, 의도적으로 그리고 반복적으로 질문을 하면(예를 들어, 표적이 되는 고객과 수익 목표 달성에 대해서) 자연히 생각을 하게 된다. 그러한 회사에서는

- 영업과 서비스 일선에 있는 직원들은 고객들에게 질문을 해서 시장에 대해 배운다.
- 중간 관리자들은 끊임없이 직원들에게 질문을 해서 회사 운영의 성패를 가늠한다.
- 고위 관리자들은 끊임없이 모든 직급의 직원들에게 질문을 하면서 조직의 전반적인 전략에서 눈을 떼지 않는다.

그 결과 직원들의 의식을 보다 높은 수준으로 끌어올리는 피드백이 끊이지 않고 이어진다. 이것이 내가 말하는 생각하는 조직이다.

질문의 힘은 어떤 조직이라도 변화시킬 수 있다. 질문은 경쟁사에 밀려서 점차 터전을 잃어가고 있던 정체된 조직을 제때 동향과 변화를 읽어내고 이해해서 충분히 활용하는 생각하는 조직으로 변화시킨다. 질문은 영업사원들의 실적을 높여서 조직의 장기적인 생존과 성장을 위한 발판을 마련할 수 있다. 또한 지도자들의 능률을 증진해서 직원들이 좀더 높은 성과를 올리도록 훈련하고 자극하고 사기를 높이고 지도하게 된다.

변화를 위한 촉매

몇 년 전에 어느 투자금융사의 사장이 찾아왔다. 그는 요즘 많은 회사들이 겪고 있는 문제에 직면해 있었다. 그 회사는 유능하고 헌신적인 일꾼들로 구성되어 있었다. 하지만 그들은 능력을 제대로 펼치지 못하는 것 같았다. 영업 실적은 부진했고 수익은 오르지 않았으며 고객 서비스 팀의 직원들은 불만을 처리하느라 바빴다. 모든 직원이 의욕 상실에 빠져 있었다.

침체의 원인은 분명히 알 수 없었다. 만일 알았다면 오래 전에 고쳤을 터였다. 우리는 각 부서를 조사하고 문제점에 대해 토론했다. 그리고 우선 영업에 초점을 맞추었다. 영업은 사업 성장이 시작하는 곳이면서 개선이 가장 시급한 곳이기 때문이다. 그 결과 어떤 문제가 분명히 드러났다. 직원들은 타성에 젖어 한때는 효과적이었지만 지금은 시대착오적인 방법과 절차를 무조건 따르고 있었다. 아주 심각한 지경은 아니었지만 회사 경쟁력을 약화시키기에 충분했다. 그들은 배우고 성숙하려는 본능적인 충동을 잃고 있었다. 그 결과 태만하고 무기력한 분위기가 회사에 만연했다.

"질문의 힘으로 차이를 만들 수 있을까요?" 사장이 말했다. 우리는 시도해 보기로 했다.

우리는 회사 경영진과 함께 1년 동안 조직을 '설명하기 문화'에서 '질문하기 문화'로 바꾸어 가기로 계획을 세웠다. 우선 직원들을 모아 놓고 설명회를 가졌다. "개인마다 대화하는 습관이 있는 것처럼 조직도 마찬가지입니다. 우리는 이제 조직 내부의 장벽을 무너뜨리기 위해, 경쟁력을 높이기 위해, 그리고 고객들과 의뢰인들을 만족시키기 위해, 기업 문화를 설명하기 방식에서 질문하기(자기 자신의 믿음에 도전하고 생각을 하게 만드는 질문) 방식으로 바꿀 것입니다."

1년 동안 우리는 질문의 힘을 사용해서 새로운 기업 문화를 정착시키는 집중적인 교육을 했다. 회사의 접수계원에서부터 고객 서비스 팀 직원들, 그리고 가장 중요한 영업 팀에 이르기까지 모든 직원을 대상으로 워크숍, 역할 놀이, 훈련, 개인 지도를 실시했다. 목표는 모든 직원이 질문을 으뜸가는 대화 도구로 사용하도록 만드는 것이었다.

처음에는 변화 속도가 느렸다. 경영 전문가들의 말을 들어 보면 기업 문화는 파악하기 힘들고 무의식적이며 또한 뿌리가 깊어서 변화시키기가 가장 어렵다고 한다. 직원들 대부분은 좀처럼 의사 전달 방식을 바꾸려고 하지 않았다. 어떤 사람들은 과거에 상당한 성공을 거둔 바 있는 방법을 왜 지금 와서 바꾸려고 하느냐며 회의적이었다. 그들은 질문의 힘이 또 다른 임시방편에 불과하다고 생각했다.

영업 팀이 앞장서다

영업 부서에서 돌파구가 마련되었다. 우리는 영업부장들을 특별히 신경을 써서 훈련시켰다. 전에도 질문의 힘이 영업에 미치는 영향을 본 적이 있었기 때문이었다. 전통적인 영업 전략을 사용해서 실적을 올리지 못하고 있던 몇몇 영업사원들은 기꺼이 질문을 힘을 시험해 보았다. 그들은 내가 대화 영업이라고 부르는 질문법을 사용했는데 그 즉시 효과가 나타났다. 그들의 영업 실적이 곧바로 올라가기 시작했다.

그 소문은 처음에는 영업사원들 사이에서, 그 다음에는 다른 부서로 퍼져나갔다. 직원들은 점차 질문을 하는 것이 영업뿐 아니라 다른 업무에서도 큰 차이를 만들 수 있다는 생각을 하기 시작했다.

실험이 9개월째로 접어들었을 때 우리에게 일을 맡긴 사장이 전화를 했다. "도로시!" 그의 목소리에서 미소가 느껴졌다. "최근 영업 실적과 경영진의 보고서를 팩스로 보내 드리죠. 보시면 아마 흥미로울 겁니다."

나는 깜짝 놀랐고 기뻤다. 지난 분기에 비해 회사 영업 실적이

56퍼센트 이상 신장했다. 고객 서비스 팀의 부장은 적체된 불만 사항이 깨끗이 정리가 되었으며 고객들로부터 주로 감사 편지를 받고 있다고 보고했다. 그리고 인사부에서는 직원들의 전직이 37퍼센트가 줄어들면서 고용과 연수 비용으로 나가던 수백만 달러가 절약되고 있다고 보고했다.

이러한 성과는 지금까지 계속 이어지고 있다. 그러한 전환이 모두 질문의 힘 덕분이라고 할 수 있을까? 그렇지는 않을 것이다. 우리의 훈련 과정은 변화를 위해 일부 긍정적인 계기를 마련해서 직원들의 잠재력과 에너지를 자유롭게 풀어놓았을 뿐이다. 하지만 질문하는 문화가 모든 변화의 촉매가 되었다고 확신한다.

가치에 대한 질문

사업가들은 생각하는 조직을 만들어야 한다는 말에 동의한다. 하지만 실제로는 어려운 과제다. 한 가지 이유는 요즘의 지배적인 기업 문화가 질문하기 방식이 아닌 설명하기 방식이기 때문이다. 대부분의 경영자들은 직원들에게 좀더 분발하라고 말하지만 성공을 가로막는 장애를 규명하고 업무의 목표와 목적에 대한 잘못된 인식을 밝혀낼 수 있는 질문은 하지 않는다. 팀의 지도자들은 확정된 안건을 갖고 회의를 진행할 뿐 창의성을 위한 개방적인 토론이나 질문을 위한 시간을 갖지 않는다. 영업사원들은 고객들에게 그들의 상품이나 서비스가 최고라고 자랑하면서 고객의 요구와 관심사에 대해서는 질문하지 않는다. 그리고 서비스 직원들은 회사에서 의뢰인들에게 해줄 수 있는 일에 대해 설명하면서 정작 의뢰인들이 무엇을 원하는지에 대해서는 질문하지 않는다.

내가 과장해서 말하는 것일까? 아니다. 이러한 평가는 내가 대부분의 회사에서 관찰한 깃과 직원들과 경영자들의 증언에 기초한 것이다.

게다가, 관리자들이 열린 대화를 환영한다는 것은 입에 발린 소리에 불과하다. 경영진이 하는 이야기에 대해 직원들은 어떤 의문점들을 제기하는지, 만일 직원들이 곤란한 질문을 하면 그들은 어떻게 받아들이는지 생각해 보자. 그때 돌아오는 반응이 관대하고 수용적이고 솔직한가, 아니면 암시적이거나 적대적인가? 대부분의 기업에서는 후자의 반응이 우세하다. ●

개인적인 입장에서 생각하면 경영진의 그런 태도는 이해할 만도 하다. 지도자들은 아랫사람들이 알 수 없는 내밀한 정보에 관여하면서 보다 폭넓은 관점을 갖고 있으므로 직원들 입장에서 보면 독단적이거나 부당하거나 편협한 결정을 내릴 수밖에 없을 때가 있다. 그러한 상황에서 직원들이 따지고 들면 한심스럽게 느껴질 수 있다. 그래서 강권을 사용하고 대화를 차단하려는 유혹이 생긴다.

하지만 설명하기 방식의 기업 문화가 우세하면 결국에는 직원들은 물론이고 지도자와 조직 모두가 고통을 겪는다. 직원들은 자신들의 역할을 이해하고 좀더 충실히 수행하기 위해 필요한 정보

IQ

지도자는 직원의 질문을 듣고 당면한 문제가 무엇인지 알아야 한다. 따라서 무엇보다 권위적인 인물들이 그렇듯 누군가의 입을 막아야 한다는 충동을 자제하고 "이 사람이 정말 무슨 말을 하려는 것일까? 우리가 잘못 알고 있는 것은 없는가?"라고 질문할 줄 알아야 한다.
– 로널드, A. 하이페츠와 도널드 L. 로리, 「리더십의 작용」, 《하버드 비즈니스 리뷰》, 1997년 1월

를 얻지 못한다. 지도자들은 직원들의 생각을 읽어내고 그들의 성과를 향상시킬 수 있는 기회를 잃게 된다. 그로 인해 조직 전체에 오해와 원망이 쌓이고 사기가 저하된다.

몇 년 전에 나는 백화점의 상품 카탈로그를 만드는 어느 광고 대행사에서 일한 적이 있었다. 그런데 카탈로그의 철자가 틀리거나 가격을 잘못 쓰거나 하는 등의 사소하지만 곤란한 실수들이 끊임없이 생기고 있었다.

제리는 질문으로 회의를 시작했다. "우리가 만드는 카탈로그가 잘못되는 이유가 무엇일까요? 그런 실수를 없애거나 적어도 최소화하기 위해서는 어떻게 해야 할까요?" 제리의 입에서 그 질문이 떨어지자마자 미술 담당자가 손을 들고 말했다. "그 원인의 상당 부분은 우리가 시간에 쫓기고 있기 때문입니다. 카탈로그 제작을 돕는 임시 직원들이 부족하고, 그들을 적절히 훈련시킬 시간도 없습니다. 그 때문에 실수가 생기는 겁니다."

그러자 제리는 즉시 그 미술 책임자와 거기 모인 직원들에게 말했다. "아닙니다. 그건 아니에요. 그 말은 틀렸습니다." 그 결과는? 제리는 회사 직원들로부터 다시는 솔직하고 중요한 질문이나 대답을 들을 수 없었다.

적절한 질문을 하는 것만으로는 충분하지 않다. 대답에 귀를 기울일 준비가 되어야 한다. 워너램버트의 회장이자 CEO인 로드윅 J. R. 드 빙크는 이 점을 분명히 지적하고 있다. "주의 깊게 들은 것을 바탕으로 질문을 해야 한다. 그렇지 않다면 질문은 공허한 울림으로 끝날 것이다."

질문하기 문화를 정착시키려면 시간이 필요하며, 또한 제리의 예에서 보듯이 한 순간에 무너져 버릴 수도 있다. 그러한 문화를 개발하고 유지하는 것은 힘든 노력이 요구되지만 그만큼 값어치가 있는 일이다.

질문하는 문화 만들기

설명하는 문화에서 질문하는 문화로의 전환은 위에서부터 시작되어야 한다. 관리자와 고위 간부들 스스로가 질문의 힘을 포함하는 개방적인 대화의 모범을 보이지 않으면서 직원들에게만 기대를 걸 수는 없다. 또한 질문을 장려하고자 하는 회사는 질문에 대해 보상을 해줄 필요가 있다. 예를 들어, 다음과 같은 방법들이 있다.

● 질문하는 본보기를 보인다

솔선수범하는 것으로 시작하자. 조직에서 어떤 지위에 있든지 (지도자와 직원, 또는 중간 관리자) 질문을 받으면 긍정적인 반응을 보이자. 질문을 받았을 때 불안하거나 화가 난다면 긍정적인 대답을 할 수 없다. 그럴 때는 미소를 보이며 질문을 반복해서 말하거나 "좋은 질문입니다! 도움이 되는 대답을 생각해 보죠."라는 식의 친근한 말로 시간을 벌어 보자. 질문에 대해 긍정적인 반응을 보여주면 다른 직원들도 질문할 마음이 우러날 것이다.

● 모든 업무에서 질문하는 시간을 갖는다

공식적이거나 비공식적인 회의, 영업 전화, 의뢰인과의 원격 회의, 인사부나 경영진의 설명회 등 모든 업무 활동에서 질문하는 시간을 갖고 다른 사람들에게도 질문을 하도록 장려하자.

● 질의 응답을 위한 다양한 토론장을 마련한다

만일 회사 사보에 질의 응답 코너가 없다면 하나 만들자. 그리고 부드러운 질문이 아니라 신랄한 질문을 하도록 격려하자. 매달 최고의 질문에 대해 연극표나 식사권을 두 장씩 상으로 주면 어떨까? 냉수기 옆에 질문함을 설치하고 근처의 게시판에 답을 써서 붙이자. 직원들로부터 질문을 받는 핫라인을 설치하거나 이메일 주소를 공개하는 것도 좋은 방법이다. 민감한 사람들은 공개석상이나 상사 앞에서 질문하는 것을 불편하게 느낄 수도 있다. 지위 체계가 정상적으로 운영되고 있지 못할 때 질문과 고민거리를 해결해 주는 회사의 옴부즈맨을 지명하는 방법도 생각해 볼 수 있다. CEO와 고위 경영진은 정기적으로 회견을 열어서 직원들의 자유로운 질문을 받도록 하자. 회사의 웹사이트를 통해 토론회를 보완할 수도 있다. ●

IQ

공자는 만일 자신이 세계의 통치자가 된다면 제일 먼저 우리가 하는 말의 의미를 고치겠다고 했다. 행동은 말을 따라가므로.
– 조지 A. 스타이너, 『정책 계획을 위한 단계별 지침』

영업의 정의를 바꾸자

어떤 사업에서나 영업이 안 되면 아무 일도 할 수 없다. 영업은 부진한데 사업이 잘되는 법은 없다. 그리고 영업이 잘되면 다른 어떤 문제점도 완화될 수 있다.

그러나 안타깝게도 사람들은 영업을 위한 가장 강력한 도구인 질문의 힘을 소홀히 하고 있다. 영업사원들은 서류가방을 들고 미소를 지으며 사람 됨됨이와 매력과 직감에 기초해서 일하면 된다고 생각하기 쉽다. 영업 능력은 배우거나 개발하거나 개선할 수 없는 문제라고 흔히 생각한다.

하지만 그렇게 생각하면 오산이다. 나는 정상에 오른 세계적인 기업뿐만 아니라 성장하려고 애쓰는 소자본 사업에 종사하는 모든 영업사원들과 함께 일해 왔다. 그러면서 유능한 영업사원을 만드는 것은 대화 기술이라는 것을 알았다. 그리고 유능한 영업사원이 되기 위해서 필요한 대화 기술은 바로 질문의 힘을 활용하는 것이다.

나는 "영업이란 고객의 필요와 바람을 알고 관계를 수립하고 책임을 다하기 위해 고안된 일련의 질문이다."라고 정의한다.

이러한 정의를 수용하는 사람들은 영업에 대해 남달리 생각하고 행동한다. 하지만 다른 직원들과 마찬가지로 대부분의 영업사원들은 설명하기 문화에 동화되어 있다. 그 결과 실적이 좀처럼 오르지 않는다. 간단히 말해, 대부분의 영업사원들의 가장 큰 문제점은 너무 말을 많이 하는 데 있다. 그들은 고객이나 의뢰인에게 설명만 하고 질문은 하지 않는다. 그 결과 고객의 흥미를 끌지 못하고, 필요한 정보를 얻지 못하며, 관계를 수립하고 동맹을 맺고 거래를 성사시킬 수 있는 기회를 놓친다. 순전히 상품과 서비스의 품질 덕분에 겨우 명목을 유지할 뿐이다.

이런 영업사원이 나중에 관리자가 되면 당연히 문제가 지속된다. 질문하기보다는 설명하기에 익숙해져 있기 때문이다. 이런 직원을 둔 조직은 수익을 개선하겠다고 구조조정과 엉터리 만병통치약에 엄청난 돈을 낭비한다. 하지만 종종 영업사원들이 고객들과 어떤 식으로 대화를 하고 있는지를 알아보는 것만으로도 해결이 되는 경우가 있다. ●

IQ

조사에 의하면, 성공한 영업사원들은 다른 사람들보다 58퍼센트나 많은 질문을 한다.
- 피터 맥케니레이, 영업 교육 컨설턴트

고객에게 질문을 하면 다음과 같은 유리한 점들이 있다.

- 회사의 상품이나 서비스에 대해 고객이 필요로 하고 원하는 것에 대해 알 수 있다.
- 경쟁사에 대한 고객의 인식을 비롯한 시장의 변화에 대해 알 수 있다.
- 영업에 장애가 되는 고객의 거부 반응에 대해 수월하게 대처할 수 있다.
- 거래를 성사시키는 방향으로 좀더 신속하고 확실하게 움직일 수 있다.

설명보다 질문 위주로 대화를 하면 고객에게 좀더 개인적으로 접근할 수 있다. 고객의 흥미, 필요, 문제점, 희망, 두려움에 대해 질문을 해서 그와 관련된 품질과 서비스에 대해 설명할 수 있다. 고객은 질문에 대답하면서 유대감을 느낄 것이고, 때가 되면 장기적이고 상호 이익이 되는 사업 관계로 발전할 수 있다.

초특급 영업사원이자 『수익을 올리려면 예언자가 필요하다』의 저자인 로버트 L. 슈크는 금융업을 예로 들어서 다음과 같이 기술한다.

주식중개인은 질문을 통해 단지 실적을 올리기 위해서가 아니라 고객에 대한 진정한 관심을 보여 준다. "투자 목적이 무엇입니까? 소득과 성장 중에서 어느 쪽에 더 관심을 갖고 계십니까? 현재 자산 가치는 얼마나 됩니까? 언제 은퇴하실 계획입니까? 은퇴를 하려면 자금이 대충 얼마나 필요할 것 같습니까?"라는 식의 질문을 한다. 이런 질문을 하고 그 대답에 귀를 열심히 기울이면 고객에게 관심을 보여 줄 수 있다. 이런 질문들은 고객이 개인적인 대답을 하게 만든다. 그리고 개인적인 대답을 하면서 관계가 형성된다. 왜 그럴까? 아무에게나 그런 개인적인 정보를 말하지는 않기 때문이다.

질문이 영업사원을 변화시킨다

나는 영업사원들이 실제로 마케팅을 하는 전화 내용을 들어본 적이 있다. 나중에 분석을 하기 위해 오디오나 비디오로 녹음해 둔 것들이었다. 우리는 비교적 성공을 거두고 있다고 하는 영업사원들이 고객들과 어떻게 의사소통을 하고 있는지 알아보았다. 영업사원들은 자신이 많은 질문을 하고 있다고 생각하지만 사실은 그렇지 않았다. 그들은 고객과의 대화를 녹음한 테이프를 뒤로 돌려서 자신이 질문을 몇 번이나 했는지 세어보고는 깜짝 놀란다. 그들은 열 번 정도 질문을 했다고 생각하지만 실제로는 한두 번에 불과했고, 금방 설명하기 식으로 들어갔다. 그리고 일단 설명을 하기 시작하면 끝이 없었다.

대부분의 영업사원들이 다 마찬가지다. 질문보다 설명에 익숙해진 습관을 바꾸기는 쉽지 않겠지만 우선 자신의 문제점을 이해하고 인정하는 것이 필요하다.

영업에 미치는 질문의 7가지 힘

질문의 7가지 힘이 어떻게 좀더 유능한 영업사원을 만들어 낼 수 있을까?

● 힘 #1 : 질문을 하면 답이 나온다

오늘날 영업사원들이 공통적으로 겪는 가장 큰 문제는 고객과 대화를 시작하기가 어렵다는 것이다. 사람들은 그 어느 때보다 바쁘게 생활한다. 그래서 영업사원들이 하는 말은 들어보기도 전에 돌아앉는다. 그렇게 귀한 시간에 영업사원이 미리 대본을 외우는 것처럼 선전을 한다면 고객은 짜증을 내고 대화를 금방 끝내려고 할 것이다.

질문을 하자. 고객의 대답을 듣고 거기 관련된 또 다른 질문을 하는 식으로 대화를 진행하자. 그러나 모든 질문이 효과가 있는 것은 아니다. 질문을 하는 분명한 의도를 염두에 두고 성실하고 분명하게 질문을 하자.

● 힘 #2 : 질문은 생각을 자극한다

기대하는 것만큼 고객들은 누군가가 제시하는 상품에 관심을 갖지 않는다. 대부분의 고객들은 여러 가지 다른 일에 정신을 뺏기고 있다.

질문을 하는 것은 고객의 산만한 정신을 붙잡는 방법이다. 자기가 파는 상품이나 서비스에 관련된 관심사, 문제점, 바람과 필요에 대해 질문을 하면 고객이 마음의 문을 열 것이다.

브리티시 항공의 국제영업부장인 데일 모스는 이를 아주 적절하게 표현하고 있다. "질문을 하는 것은 질문을 하는 사람과 받는 사람 양쪽 모두 배울 수 있는 가장 지능적인 방법이다. 질문은 창의적이고 유익한 아이디어를 생산하는 신중한 사고에 집중하게 만든다." 따라서 질문을 하면 긍정적이고 진지한 대화로 이어진다.

● 힘 #3 : 질문을 하면 정보를 얻는다

질문을 하면 상품이나 서비스에 대한 시장의 반응을 알 수 있다. 즉, 고객들의 필요와 입장과 의견이 어떻게 변화하고 있는지, 경쟁사의 새로운 전략으로 어떤 영향이 미칠 수 있는지, 경제와 사회의 전반적인 동향에 비추어 본 미래의 사업 전망이 어떤지 등 영업사원들이 질문을 해서 수집한 정보가 비싼 돈을 들여서 시장조사를 한 자료보다 더 유익할 수 있다.

●힘 #4 : 질문을 하면 통제가 된다

모든 영업 방문은 계약을 성사시키거나, 관계를 확고히 하거나, 불만을 해결하는 등의 분명한 목표가 있어야 한다. 질문은 그러한 목표를 향해 자연스럽고 재치 있게 대화를 이끌어 갈 수 있는 강력한 수단이다.

●힘 #5 : 질문은 마음을 열게 한다

사람들은 자기 이야기를 하고 싶어 한다. 질문을 하면 단지 영업을 하고 수수료를 벌기 위해서가 아니라 진정으로 고객의 필요에 부응하고 그들의 생활을 개선해 주는 상품이나 서비스를 제공하기 위해 노력한다는 것을 보여 줄 수 있다.

반면에 질문을 하지 않고 계속 설명만 하면 무심하고 우둔하고 자기중심적인 사람으로 보인다. 함께 대화하고 싶지 않은 그런 사람과는 아무도 거래를 하지 않을 것이다.

●힘 #6 : 질문은 귀를 기울이게 한다

사람들의 생각과 감정을 좀더 이해할 필요가 있다. 사람들에게 귀를 기울이지 않으면 많은 오해와 실수와 논쟁이 빚어지고 영업 실적이 오르지 않는다. 질문은 주의를 집중하게 만든다. 적절한 질문을 하고 상대방의 대답에 귀를 기울이면 고객과의 긍정적 관계가 수립된다.

● 힘 #7 : 질문을 받으면 스스로 설득이 된다

사람들은 본능적으로 영업사원을 거부한다. 따라서 고객 스스로 어떤 상품이나 서비스의 장점을 깨닫도록 하는 것이 훨씬 더 효과적이다.

AT&T의 영업부 차장인 밥 포카지오는 딱 잘라 말한다. "만일 질문을 10퍼센트만 늘리면 영업 실적과 생산성을 20퍼센트 올릴 수 있다." 그렇다면 누구라도 해볼 만한 일이다.

고객이 원하는 조건 알아내기

영업을 하면서 제일 먼저 그리고 아마 가장 필수적으로 해야 하는 일은 잠재적인 고객에 대한 정보를 얻는 것이다. 당연하지만 매우 중요하다. 조건이 맞으면 거래가 성사될 가능성이 높아진다.

나는 필요와 바람의 차이를 구분한다. 아마 한눈에 고객이 필요로 하는 것이 무엇인지 정확하게 알아 맞출 수도 있을 것이다. 예를 들어, 자동차 영업사원이라면 주부인 카렌이 전시장 문을 열고 들어올 때 그녀가 가족들을 태우고 다니고 때로 식료품이나 옷 가방을 운반해야 하는 차를 필요로 할 것이라고 추측할 수 있다. 하지만 그녀가 어떤 자동차를 원하는지 알기 위해서는 질문을 해야 한다. 휘발유가 적게 드는 작은 2도어 지프형을 원하는지 모든 장식

품을 갖춘 고급 스포츠카를 원하는지는 알 수 없다.

　새로운 고객이나 의뢰인을 만날 때마다 탐정이 되자. 고객의 배경, 가치관, 흥미, 성향, 경험, 걱정거리, 꿈, 두려움, 목표에 대해 모든 것을 알아보자. 옷차림, 말투, 태도 등에서 단서를 찾는 법을 배우자. 그리고 무엇보다 질문을 많이 하자. 상품이든 서비스든, 크거나 작거나 마찬가지다. 말을 많이 하게 만들수록 고객을 정확히 파악할 기회가 많아지고, 판매 가능성이 높아진다. 실제로 영업 전문가들에 의하면 조건이 맞을 경우 거래가 성사될 확률이 절반 이상이라고 한다.

　원하는 조건을 알기 위해서는 몇 가지 폐쇄형 질문이 필요하지만 고객이 설명을 하도록 만드는 개방형 질문에 좀더 중점을 두어야 한다. 폐쇄형 질문은 최소한으로 줄이도록 한다. 많은 영업사원들이 폐쇄형 질문을 하는 이유는 쉽기 때문이다. 하지만 개방형 질문을 하면 의외로 많은 정보를 얻을 수 있다. 진짜 목적은 정보를 구하는 것뿐 아니라 고객이 스스로 생각을 하게 만드는 것이다.

　개방형 질문 하나로 여러 가지 폐쇄형 질문을 대신해서 필요한 정보를 얻는 예를 들어 보자. 방금 카렌을 만난 자동차 판매상은 "지금 운전하는 차가 국산차인가요, 수입차인가요? 자녀는 몇 명이나 되십니까? 2도어, 아니면 4도어를 원하십니까? 어떤 색을 원하십니까?" 등의 폐쇄형 질문을 한다. 하지만 그런 일반적인 사항보다는 고객이 원하는 것에 대해 좀더 자세히 알아보자. "차에 필요한 것과 원하는 것은 무엇입니까?"라는 식의 개방형 질문을 하면 좀더 많은 것을 알 수 있을 것이다.

개방형 질문은 모든 영업사원들에게 반드시 필요한 도구다. 개방형 질문 중에서도 내가 탐색 질문이라고 부르는 좀더 강력한 질문이 있다. 예를 들어, "최근 2년 동안 구매 습관이 어떻게 바뀌었는지 설명해 보시겠습니까?"라고 묻는다.

이 질문은 개방형 질문 중에서도 좀더 구체적인 질문으로, 고객이 신중하고 자세한 대답을 하게 만든다. 이런 질문을 받으면 고객은 자신이 어떻게 구매 결정을 내리는지에 대해서 뿐만 아니라 지난 2년 동안 자신의 구매 습관에 대해 생각하게 된다. 그 설명을 들어 보면 고객의 취향이 어떻게 변해 왔는지 아주 분명한 그림이 그려지므로 그것을 어떤 상품이나 서비스에 연결시킬 수 있다.

탐색 질문을 할 때는 누가, 언제, 어디서, 무엇을, 왜, 어떻게 등과 같은 전통적인 질문은 하지 말자. 대신 생각해 보라, 묘사하라, 분석하라. 예시해 보라, 해석해 보라, 확인해 보라 등과 같은 단어를 사용해서 고객이 설명을 하게 만들자. 아니면 비교해 보라, 가늠해 보라, 연결해 보라, 구분해 보라, 판단해 보라 등과 같은 단어를 사용해서 유사성과 차이점에 대해 설명하게 하자.

자동차 판매상이 카렌에게 사용할 수 있는 탐색 질문은 두 가지 있다. "당신이 살 차에 대해 원하는 것과 원하지 않는 것을 말해 보세요." 또는 "당신이 지금 운전하는 차와 갖고 싶은 차를 비교해 보고 그 차이를 말해 보세요."

탐색 질문은 정확히 말하자면 의문문이 아니다. 그러나 의문문 이상으로 강력한 질문이 될 수 있다.

탐색 질문의 장점은 고객이나 의뢰인을 자극하고 흥미를 느끼게 만든다는 것이다. 만일 고객과 정신적이고 감정적으로 연결이 된다면 좀더 많은 시간을 함께 보낼 수 있을 것이다. 탐색 질문은 고객으로 하여금 생각하게 만들고, 또한 좀더 정직하고 의미 깊은 대답을 하게 만든다. 결국 이런 질문을 하는 영업사원은 판에 박힌 질문을 하는 사람들보다는 좀더 현명하고 신중하고 인간적으로 보일 것이다.

제안 : 만일 영업 분야에서 일하고 있다면, 시간을 내서 고객, 의뢰인에게 사용하기에 적합한 다섯 가지 탐색 질문을 만들어보자. 그리고 다음주에 시도해 보자. 이전과는 달리 흥미롭고 알찬 대화가 될 것이다.

고객의 거부 반응을 질문으로 바꾸자

영업사원이라면 모두 알고 있겠지만, 철저한 정보로 무장을 하고 있으면 대화가 순조롭게 진행된다.

영업사원들이 계속해서 마주치는 시련 중의 하나는 고객이 순순히 따라와 주지 않고 저항하는 것이다. 여기서도 역시 질문의 힘이 도움이 될 수 있다. 그 요령은 단순하다. 즉, 거부 반응을 질문으로 바꾸는 것이다. 마치 고객이 거절을 한 것이 아니라 질문을 한 것처럼 꾸미는 것이다.

고객 : 이 제품은 다른 제품들과 별로 다를 것이 없군요.

영업사원 : 우리 상품이 어떻게 특별한지 물으시는 것 같군요.
그렇죠? 설명을 드리자면…….

고객 : 가격이 너무 비싸요.

영업사원 : 경쟁사의 제품보다 가격이 좀 비싼 이유가 궁금하
신 것 같군요. 그렇죠? 그 이유는…….

고객 : 이 제품은 사용하기가 너무 복잡하군요.

영업사원 : 상품의 모든 기능을 손쉽게 사용하는 방법에 관한
교육을 받을 수 있는지 알고 싶으신 거군요. 그게
걱정되시는 거죠? 우리가 제공하는 교육은…….

이렇게 거부 반응을 질문 형식으로 바꾸어서 답하면 몇 가지
유리한 점이 있다. 우선, 감정적이 되지 않을 수 있다. 부당한 비난
에 맞서 반증을 하는 대신 합리적인 질문에 대해 자상하게 대답을
해주는 입장이 된다. 그리고 부정적인 측면(거부 반응)이 아닌 긍정
적인 측면(질문에 대한 대답)에 초점을 맞추게 된다. 따라서 서로 반
대 의견을 놓고 말씨름을 하지 않고 앞으로 전진할 수 있다.

대화 영업 교육 과정에서는 보통 다음과 같은 여섯 단계의 거
부 반응 처리법을 가르친다.

● 적극적으로 귀를 기울인다

고객의 관심에 귀를 기울이고 있다는 것을 보여 주고 감사를

표시한다.

● 고객이 우려하는 점에 대해 들어본다

탐색 질문을 사용해서 완전히 이해할 때까지 자세히 물어본다. 그리고 스스로에게 "내가 문제점을 완전히 이해했는가?"라고 질문해 보자. 완전히 이해를 하기 전에는 그냥 넘어가지 말자.

● 거부 반응을 분리한다

거래에 장애가 되는 고객의 의문점이나 숨은 걱정거리가 더 있는지 알아본다.

● 기본 규칙을 정한다

고객의 질문에 답을 한 후에는 계속 대화를 진행해도 좋은지 물어본다.

● 고객의 질문에 대해 장점을 설명한다

소개하는 상품이나 서비스의 기능이 고객의 필요나 바람에 어떻게 들어맞는지에 대해 설명한다. 고객의 필요에 연결할수록 거부 반응이 적어진다.

● 대답을 확인한다

고객의 질문에 대해 충분히 대답을 했는지 확인한다. "제가 질문에 완전하게 대답을 했습니까?"라고 물어본다.

이 마지막 단계는 아마 영업사원들이 가장 소홀히 하는 질문일 것이다. 설명하는 방식에 너무 익숙해져서 메시지가 올바로 접수되었는지 확인하는 질문의 중요성을 잊기 쉽다. 확인 질문을 하는 습관을 기르도록 하자.

일단 위의 여섯 단계를 거치면 마무리 질문을 향해 갈 시간이다. 거부 반응에 대처하면서 얻은 추진력으로 거래를 성사시키는 방향으로 몰고 가자. 마무리 질문에서 고객에게 확실한 믿음을 주어야 한다. ●

마무리 질문

지금까지 이야기한 대화 영업의 최종 목표는 거래를 성사시키는 것이다. 이제 마지막으로 질문의 장점을 십분 활용할 시간이다. 마무리 질문을 많이 할수록 거래가 성사될 확률이 높다. 고객에게 적어도 다섯 가지 마무리 질문을 하는 습관을 들이자. 그러면 영업 실적이 덩달아 올라가는 것을 보게 될 것이다.

마무리 질문을 하면 또 다른 유리한 점이 있다. 영업사원들이 하는 말을 들어 보면 마무리 질문이 결정적인 순간에 느끼는 불안감을 덜어준다고 한다. 사실, 질문을 으뜸가는 도구로 사용하는 영업사원에게는 마무리 단계가 흥미진진할 수 있다.

내 조사에 의하면 영업사원들은 대부분 폐쇄형 질문을 너무 많이 한다. 그런데 막상 마무리할 때가 되면 주저한다. 아무리 용감한 사람이라도 머뭇거린다. 이럴 때 던지는 폐쇄형 질문은 아주 요긴하게 사용할 수 있다.

영업사원은 마무리를 향해 언제, 어떻게 움직일 것인지 판단해야 한다. 이 결정적인 시간에는 고객과의 관계, 대화의 어조, 고객의 필요도와 주머니 사정 등 여러 가지 요인들이 영향을 줄 수 있다.

고객이 구매할 마음이 있는지 불확실하다면 시험용 마무리 질문을 사용해서 가늠해 볼 수 있다. 즉, 고객이 여태까지 나눈 생각을 이해하고 받아들이는지, 대화 결과 고객의 생각과 느낌이 얼마나 변화되었는지, 그리고 고객에게 영향을 주는 또 다른 요인들이 있는지를 측정해 보기 위해 다음과 같은 질문을 해볼 수 있다.

- 오늘 대화 중에서 무엇이 당신에게 가장 도움이 되었는가?
- 토론한 것에 대해 당신의 생각을 이야기해 보겠는가?
- 오늘 대화 중에서 가장 납득이 가는 점은 무엇이었는가?

이러한 질문에 대한 대답을 들어 보면 고객에게 또 다른 거부 반응이 남아 있는지 아니면 마무리 질문을 향해 갈 준비가 되어 있는지를 알 수 있다.

기억할 것은 유능한 영업사원일수록 여러 가지 마무리 질문을 사용해서 단조롭거나 지루한 느낌을 주지 않는다는 것이다. 가능한 여러 가지 질문을 준비해 두도록 하자. 몇 가지가 예가 있다.

- 거래가 된 건가요?
- 얼마나 더 많이 우리 상품을 사용하실 건가요?
- 우리 상품에 대해 당신 회사의 최종적인 승인을 받아주시겠습니까?
- 지금 계약을 할 수 있을까요?

시장의 흐름 읽어내기

나는 아직도 그 영업부장의 근심스럽고 낭패스러운 목소리를 기억할 수 있다. 그는 나를 찾아와서 영업사원들을 재교육시키는 일을 도와 달라고 했다. 문제는? 물론 영업 실적이 부진한 것이었다. 하지만 이미 드러난 좀더 특별한 원인이 있었다. 시장의 변화를 읽어내지 못하는 것이었다.

이것은 아주 흔한 문제다. 대부분의 회사들이 성공하지 못하는 가장 큰 이유는 시장을 정확하게 파악하지 못하기 때문이다. 지난 몇 십 년간 있었던 대규모 경영 실책을 생각해 보자. 그 원인은 기본적으로 고객이 원하는 것을 이해하지 못했기 때문이다. 지금도 그보다 규모는 작지만 비슷한 과실이 매일 일어나고 있다. 대부분 영업사원들이 질문을 하지 않아서 빚어지는 결과이다.

이런 문제 때문에 시장조사를 하게 되었고 고액을 받고 전문적으로 시장조사를 해주는 컨설팅 회사들이 생겨났다. 오늘날 시장조사는 수천 명의 직원들을 고용해서 고객의 마음을 들여다보고 수익을 올리는 방법을 연구하는 억대의 산업으로 등장했다.

시장조사 업체들은 서면 질의서, 전화 설문조사, 소비자 토론 단체, 일대일 인터뷰 등의 특별한 도구들을 개발해 왔다. 그들은 새로운 상품과 서비스에 대해 제한된 구역에서의 시험 마케팅과 우편과 인터넷 광고를 통한 가격 제안을 비롯해서, 여러 가지 유사 과학적 방법들을 사용한다. 그들은 통계학과 심리학적 분석의 대가들이다.

이 모든 도구에 능력과 지능과 상식이 함께 하면 좋은 성과가 돌아올 것이다. 하지만 자칫 잘못하면 철저한 재난이 될 수도 있다. 우리가 알고 있는 마케팅의 대실수는, 특히 에드셀(1960년대 포드의 신차, 소비자의 기대심리는 높여 놓았으나 사소한 결함이 발견되어 마케팅에 실패했다－역주)을 돌아보면, 대부분 성공을 확신하는 조사 자료가 뒷받침해 준 경우였다. 시장조사는 엄청난 비용이 드는 데 비해 확실한 보장이 없다.

나는 시장조사에 반대하는 것이 아니다. 다만 회사가 외부 컨설턴트들에게 엄청난 돈을 들이거나 사내 조사 팀을 만들기 전에 단지 질문을 활용해서 시장에 대해 배울 수 있는 일이 없는지 확인해 보자는 것이다. 무엇보다 영업사원들은 매일 시장에 나가서 고객과 의뢰인, 현재 경쟁사의 제품을 사용하는 잠재적인 고객들을 만나고 있다. 그런데 그들은 시장의 추세와 문제점, 변화, 우려, 필요, 기회에 대한 정보를 수집할 기회를 충분히 활용하고 있는가? 그리고 그들이 수집한 정보를 모으고 걸러서 회사의 다른 직원들과 함께 공유하는 시스템이 정착되어 있는가?

시장을 이해하는 기능으로 질문의 힘을 요긴하게 이용할 수 있다. 그리고 만일 특별한 시장조사를 위해 전문가들을 고용하기로 한다면 그들이 질문하는 기술을 습득하고 있는지 확인하자.

내가 아는 어느 회사는 신제품 출시를 앞두고 10대들을 대상으로 여론조사를 하기 위해 어느 시장조사 업체를 고용했다. 그런데 조사원들은 신제품에 대한 반응과 느낌을 알아보기 위한 설문지를 만들면서 의뢰업체에 "어떤 십대들을 대상으로 해야 하는가?"라는 간단한 질문을 하지 않았다. 다행히 의뢰업체에서는 일이 끝나기 전에 설문지를 보고 실수를 잡아냈다. 그 회사는 소녀들의 의견에만 관심이 있었는데, 조사원들은 남녀 모두를 대상으로 비용이 많이 드는 조사를 계획한 것이었다.

질문의 힘과 일선에서 일하는 영업사원들을 이용해서 자체적인 시장조사를 하는 능력을 계발하자. 원거리 여론조사보다는 고객들과 직접 만나는 방법이 훨씬 비용 효과가 높다. 스미스클라인비첨의 부사장이자 사업개발부 이사인 타마르 호우슨은 "고객에게 질문을 하면 따로 돈을 들이지 않고도 시장점유율, 강점과 약점, 경쟁에 유리한 점과 불리한 점 등의 유용한 정보를 수집할 수 있다."라고 제안한다. ●

질문을 해서 무엇을 얻을 것인가? 질문을 하면 밑바닥에서부터 겪지 않고 다른 사람들이 알고 있는 것을 신속하게 배울 수 있다. 적절한 질문은 또한 앞에 놓인 장애와 나의 진로를 보여 준다. 결국 현명한 결정을 내리기 위해 필요한 정보 이상의 것을 얻을 수 있다.
– 더글러스 W. 멜튼, 「전문가 통합 솔루션스」

자기 만족은 스스로 질문을 하고 값진 통찰력을 얻지 못하게 방해하는 걸림돌이다. 숙련된 영업사원들은 더 이상 공부하지 않고 과거에 배운 것을 언제까지나 적용할 수 있다고 안일하게 생각하기 쉽다. 브리티시 항공의 데일 모스는 그러한 위험 요인을 날카

롭게 지적하고 있다. "성공한 모든 영업사원들에게 가장 큰 걸림
돌은 일정 기간이 지나면 고객을 완전히 알고 있다고 생각하는 것
이다. 그래서 질문을 그만두면 그때부터 뭔가 어긋나기 시작하고,
처음에는 사소한 문제가 결국은 심각한 문제로 발전한다. '고객
파일을 갱신' 하지 않으면서 어떻게 정확한 자료를 얻을 수 있겠는
가? 최선의 도구는 적절한 질문을 기술적으로 사용하는 것이다."

만일 영업사원이라면 끊임없이 질문을 함으로써 고객에 대한
새로운 정보를 찾기 위해 노력해야 한다. 만일 영업 매니저라면 영
업사원들에게 질문하기를 훈련시키고 평가하고 보상하는 과정을
핵심 과제로 삼아야 한다.

모든 직원은 영업사원이다

나는 많은 조직을 위해 컨설턴트로 일하면서 영업 부문에서 질문
의 힘이 충분히 자리 잡으면 조직 전체로 질문하기 문화가 확산되
는 것을 보아 왔다.

질문을 사용하는 기술은 영업 이외의 다른 업무에도 광범위하
게 적용된다. 회사 직원들은 누구나 실제적으로든 상징적으로든
영업사원의 기능을 한다. 따라서 회사의 모든 직원은 질문을 강력
한 도구로 사용하는 법을 터득해야 한다.

질문의 지도력

질문의 힘은 조직의 지도력으로 확대된다. 강력한 지도력으로 조직을 이끌어 가기 위해서는 "조직의 수뇌부는 미래에 대한 분명한 비전을 갖고 있는가? 끊임없이 지도층을 개발하고 있는가? 유능하고 응집력이 강한 팀을 갖고 있는가? 효과적으로 그리고 조직 전체가 단합해서 변화에 대처할 수 있는가?"라는 질문을 해보아야 한다.

모든 업무의 중심에는 사람이 있으며 직원들 사이의 효율적인 의사소통은 업무의 능률을 올리는 결정적인 역할을 한다. 따라서 의사소통의 도구로써 질문의 힘은 모든 업무에 영향을 준다. 조직을 성공적으로 이끌어 가기를 원하는 사람이라면 질문하는 기술을 터득해야 한다. ●

IQ

훌륭한 관리자일수록 훌륭한 질문을 한다.
— 로드윅 J. R. 드 빙크, 워너 램버트의 회장이며 CEO

질문의 힘은 여러 업무 기능에서 빼놓을 수 없는 중요한 역할을 한다. 회의 진행과 창의적인 문제 해결을 위해 도움이 될 뿐 아니라 직원을 채용하고, 훈련하고, 지도하고, 선도하는 과정에서도 반드시 필요하다. 조직을 변화시키는 확실한 방법은 질문하는 기술을 직원 채용과 훈련 전략으로 활용하는 것이다. 수행 평가, 이력서, 면접에서 따로 질문하는 난을 만드는 방법도 포함된다. 또한 지도부가 질문에 가치를 두고 장려하고 스스로 모범을 보이지 않으면서 직원들에게만 기대할 수는 없다.

질문하는 직원 채용하기

질문하기 문화를 창조하는 가장 효율적인 방법은 처음부터 적절한 질문을 할 줄 아는 사람들을 채용하는 것이다. 그리고 그런 사람들을 채용하는 방법은 면접을 하면서 적절한 질문을 해보는 것이다.

물론, 면접은 원래 문답식 대화로 진행된다. 그런 점에서 면접은 질문의 힘이 이미 한몫을 하고 있는 분야이기도 하다. 나는 회사에서 후보자들을 면접할 때 질문하는 기술을 사용할 뿐 아니라 후보자들이 질문을 효과적으로 사용하는지 눈여겨보라고 권한다.

후보자의 질문하고 생각하는 능력이 어느 정도인지 알아볼 수 있는 질문을 해보자. 예를 들어, 업무 과정에서 생기는 문제점들을 처리하는 방법에 대해 질문하고 어떤 대답을 하는지 들어 보자. 잘 이해가 되지 않는 부분에 대해 분명하게 밝히고 나서 자기 이야기를 시작하는지, 질문을 함으로써 그 문제에 대해 확실히 알고 넘어가는지, 어떤 해결책을 제시하고 다른 사람들의 의견을 물어보는지 등을 살펴보자. 만일 이러한 탐색 질문으로 시작해서 해결책을 제시한다면 질문을 효과적으로 하는 사람일 것이다. 안 그러면 섣부른 판단을 내리고 성급하게 행동하는 사람일 가능성이 있다.

개방형 질문을 하면 폐쇄형 질문보다 흥미로운 대답을 들을 수 있다. 면접을 할 때 누가, 언제, 어디서, 무엇을, 왜로 시작하는 질문보다 "기술해 보라." 또는 "설명해 보라."라는 식의 탐색 질문을 하면 후보자에 대해 많은 것을 알 수 있다.

- 최근에 했던 중요한 프레젠테이션에 대해 이야기해 보고 그것을 어떤 식으로 준비했는지 설명해 보시오.
- 예전의 직장에서 보통 어떻게 하루를 보냈는지 설명해 보고, 어떤 문제점이 있었는지 이야기해 보시오.
- 지금까지 만난 최고의 상사와 최악의 상사를 비교하고 두 사람의 유사성과 차이점에 대해 기술해 보시오.

또한 면접을 하는 동안 후보자가 묻는 질문에 주목해 보자. 확인하고 탐색하고 생각하게 만드는 질문을 하는 후보자를 찾자. 많은 것을 알고자 하는 사람일수록 회사가 필요로 하는 사람이다. 호기심은 화근이 될 수도 있겠지만 유능한 직원이 될 수 있는 자질이기도 하다.

교육과 선도

직장인들은 교육이라고 하면 외부 컨설턴트나 인사부 직원들과 같이 외부 사람들이나 하는 별도의 기능으로 생각하기도 한다. 하지만 실제로 훈련과 지도와 선도(교육의 세 가지 변형)는 모든 관리자의 기본적인 임무이다. 관리자는 부하 직원들이 한 일을 평가하고, 새로운 계획이나 정책에 대해 설명하고, 경력에 대해 토론하고 조언을 하면서 훈련 조교, 코치 또는 선도자의 역할을 한다. 생각하는 조직이란, 그 정의 자체가 신속하고 효율적이고 요령 있게 정보를 직원들에게 나누어 준다는 의미를 갖고 있다. 따라서 모든 관리자는 반드시 기본적인 교육법을 습득하는 것이 필요하다.

촉매로서의 질문

질문은 사고와 동기, 응용을 자극하는 촉매이다. 예를 들어, 교육 요구 분석needs analysis이라고 하는 첫 단계를 생각해 보자. 교육 요구 분석이란 교사로서 무엇을 가르쳐야 하는지를 결정하는 단계로, 공식적으로 종업원들에 대한 조사, 면담, 회의를 할 수도 있고 아니면 정기적인 직원 회의에서 한두 가지 질문을 하는 것 정도로 끝낼 수도 있다. 어떤 경우든지 교육 요구 분석을 하기 위해서는 구체적이면서 생각을 유발하는 질문이 필요하다. 나는 많은 회사들이 교육에 앞서 요구 분석을 하지 않음으로 해서 수백만 달러를 헛된 교육에 낭비하는 것을 보아 왔다.

교육 요구 분석을 할 때는 "새로운 업무 보고서 양식을 사용하려면 어떤 종류의 교육이 필요한가?"라고 막연하게 묻기보다는 "어느 부분이 당신에게 익숙한가? 어느 부분은 당신에게 새로운가? 서식에서 의미가 분명하지 않는 단어는 어떤 것들이 있는가? 서식을 작성하려면 어디에서 필요한 정보를 얻을 수 있는가? 서식을 작성한 후에 어떤 식으로 점검하는지 설명해 보라." 등의 구체적인 질문을 해야 한다. 이러한 질문에 대한 대답을 들어 보면 유익하고 효과적인 교육 과정을 어떻게 준비할 것인지 알 수 있다.

또한 한두 사람만 면담하는 것도 큰 실수가 될 수 있다. 어떤 교육이 필요한지를 결정하기 위해서는 교육을 받는 당사자들과 관리자, 관련 부서의 직원들, 그리고 최종 사용자(고객이나 의뢰인)에 이르기까지 각계각층의 사람들과 면담을 해야 한다.

예를 들어, 회사에서 고객 서비스 상담 전화와 소프트웨어 시스템을 새로 바꾸기로 하고 고객 서비스에 관련된 모든 직원을 대상으로 하루 동안 교육을 실시한다고 가정하자. 그러면 먼저 그 시간에 무엇을 어떤 식으로 교육할 것인지 계획해야 한다. 이때 고객 서비스 부서원들 몇 명의 이야기만 들어 보아서는 안 된다. 고객들의 전화를 연결해 주는 교환수들과 고객 서비스 직원들을 소개해 줄 영업사원들과 영업부장, 그리고 기존의 시스템을 사용해 본 고객들과도 이야기를 해보아야 한다. 이러한 면담을 통해 교육 과정을 준비하지 않으면 예상 못한 문제점에 부딪힐 수 있다.

물론, 교육을 실제로 진행하면서 계속해서 질문하는 자세를 유지해야 한다. 따분한 일방적 강의가 되지 않으려면 학습자들이 토론에 참여하도록 이끌어 가야 한다. 이러한 능력은 자동적으로 얻어지는 것이 아니며 의도적인 노력이 필요하다. 교육, 지도 또는 회의를 하기 전에는 미리 자유롭고 활기찬 토론을 진행할 수 있도록 구체적인 개방형 질문에 중점을 둔 목록을 준비하자. 그리고 언제나 그렇듯이 대답에 귀를 기울이자. 토론이 의도하지 않은 방향으로 빗나갈지도 모르고, 뜻밖의 문제가 중요하게 부각될 수도 있다. 그러한 가능성에 마음을 열고 학습자들의 요구에 대처하자. 그들을 위한 교육이 될 수 없다면 아무 소용이 없다.

구체적인 질문으로 학습자들이 생각을 하게 만들어야 한다. "우리가 처음 상품을 개발했을 때와 지금과 어떻게 비교할 수 있는 가? 경쟁사의 광고와 마케팅 전략을 우리의 것과 어떻게 비교할 수 있는가? 회의를 어떤 순서로 진행할 것인가?"

마지막으로 교육이 끝나고 하는 질문도 역시 중요하다. 회의 가 끝나면 충분한 시간을 가지고 "오늘 무엇을 배웠는가?", "우리 가 이야기한 것 중에서 가장 중요한 점들을 요약해 볼 수 있는 가?", "지금까지 배운 것을 어떻게 사용할 수 있는지 세 가지 구체 적인 예를 들어볼 수 있는가?"라는 등의 질문을 할 수 있다. 이러 한 질문을 해보면 교사로서 얼마나 효과적으로 교육을 했는지 평 가할 수 있다. 또한 보충 수업의 기회가 될 수 있다. 수업을 끝내면 서 교사가 학습 내용을 요약해 주는 것도 좋지만 학습자들 스스로 요약을 해보게 하면 배운 것을 기억하고 활용하는 데 훨씬 더 도움 이 될 것이다.

교육을 받은 후 학습자들의 개인적인 성장과 변화 이상으로 중요한 것은 조직에 주는 영향이다. 마지막으로 다음과 같은 질문 을 하면 교육의 주된 목적인 조직의 발전에 계속 초점을 유지할 수 있다. "이 교육은 구체적으로 어떻게 조직에 이익이 될 것인가? 그 결과를 어떤 식으로 측정할 수 있을까? 이 교육에 투자할 가치 가 있었는지 어떻게 알 수 있는가?"

선도의 기술

선도는 일종의 일대일 진로 지도라고 말할 수 있다. 점차 많은 회사에서 지도자의 능력을 개발하기 위한 도구로 선도의 가치를 인정하고 있다. 공식적이거나 비공식적인 선도 프로그램을 만들고 고위 간부가 젊은 관리자에게 지속적인 지도와 충고와 도움을 제공하는 것이다. 이 방법은 제대로 시행된다면 큰 효과를 거둘 수 있다.

나는 선도가 심리치료사와 환자의 관계와 흡사하다고 본다. 즉, 피선도자는 경력, 업무, 경영에 관해 혼자 해결할 수 없는 문제가 있을 때 선도자를 찾는다. 일반적으로 피선도자가 문제점을 말하면 선도자가 지혜로운 충고와 지도를 해준다.

문제는 선도자들이 어떻게 하면 이러한 심리치료적 관계를 원만하게 유지할 수 있는가에 대해 잘 모른다는 점이다. 선도자들은 보통 바쁜 고위직 간부들로, 종종 성급하게 문제 해결 방식으로 뛰어든다. "나도 10년 전에 같은 문제를 겪었네. 자네가 해야 할 일은……."

그들은 피선도자로부터 대답을 끌어내기보다는 조언을 한다. 그 조언이 근본적인 문제 해결에 도움이 될 수도 있지만 그렇지 않을 수도 있다. 적절한 조언이라고 해도 함께 토의하는 과정에서 나온 것이 아니라면 일방적으로 지시를 받은 것처럼 느껴지기 때문에 피선도자가 충분히 수용하지 못할 수 있다.

만일 공식적이거나 비공식적으로 선도자의 역할을 하는 입장이라면 단정적인 대답은 피하도록 하자. 대신 피선도자 스스로 문제점과 그 원인에 대해 심사숙고하게 만드는 질문으로 시작하자. 그러자면 개방형 질문이나 탐색 질문이 필요하다.

- 문제점을 나에게 자세히 설명할 수 있는가? 그 문제는 어떻게 시작해서 지금에 이르렀는가?
- 지금까지 그 문제를 해결하기 위해 어떻게 해 왔는지, 그래서 어떤 결과가 있었는지 설명해 보라.
- 전에 비슷한 문제를 경험해 본 적이 있었는가? 그때는 어떠 했는가?
- 가장 큰 걸림돌이 되고 있는 장애부터 열거해 보라.
- 어떤 방법들을 생각해 보았는가? 그 방법들의 장단점은 무엇인가?
- 만일 지금과 정반대의 상황이라면 어떤 생각이나 느낌이 들지 묘사해 보라. 그 관점에서 보면 어떤 조치를 취할 수 있는가?

위와 같은 질문으로 토론을 하다 보면 종종 피선도자가 스스로 문제의 해결책을 찾게 되며, 따라서 그 해결책을 자기 것으로 만들 수 있다. 게다가 선도자는 그 과정에서 피선도자의 사고력과 분별력을 파악해서 다음에 좀더 적절한 자리에 배치할 수 있으므로 양쪽 모두를 위해 바람직한 일이다.

즐겁게 회의 하기

회의는 현대 사업의 필요악처럼 보인다. 회사원들에게 "회의를 좀 더 하기를 원하는가 덜 하기를 원하는가?"라고 물어보면 그 대답은 들어보나마나 뻔하다.

물론 회의를 피할 수는 없다. 두 사람 이상으로 이루어진 모든 부서는 때로 단지 공동체 의식을 심어주기 위해서라도 팀원들을 한 자리에 불러 모을 필요가 있다. 가끔씩 부서 전원이 만나는 일이 없으면 조직의 확고한 사명감을 공유하기 힘들다. 대부분의 사람들은 이 점을 이해하기 때문에 투덜거리면서도 회의의 당위성을 인정한다.

그러나, 대부분의 업무 회의는 지금보다 훨씬 더 생산적이고 흥미롭고 창조적이고 간편해질 수 있고 또 그렇게 되어야 한다. 사실, 지도자라면 누구나 훌륭한 회의 진행 능력을 갖추어야 한다.

● **정보를 전달하기보다는 질문에 대답하는 회의를 한다**

단지 새로운 소식을 발표하고 전달하기 위해 회의를 하는 것은 별 의미가 없다. 일방적인 의사 전달을 위해서는 메모, 이메일, 전화, 사보, 게시판을 이용하는 편이 더 나을 것이다. 원하는 것이 직원들에게 뭔가를 이야기하는 것이라면 굳이 회의를 열어서 시간을 낭비할 필요가 없다.

● **질문을 사용해서 회의 계획에 모두를 참여시킨다**

의제를 결정하게 하면 참석자들에게 회의에 대한 관심을 갖게 할 수 있다. 회의 전에 의제 제안서를 돌려서 물어보자. "이 회의에서 우리에게 묻고 싶은 문제는 어떤 것들이 있는가? 회의 주제와 관련해서 어떤 의문점들을 갖고 있는가?" 이런 식으로 직원들을 참여하게 해서 '회사는 직원들의 생각에 관심을 갖는다'라는 메시지를 전달하면 회의가 좀더 순조롭게 출발할 수 있다. 물론, 그들의 요구에 대해 성실하게 준비해야 한다. 만일 그렇지 않으면 다음에는 아무런 대답을 듣지 못할 것이다.

● 회의를 진행중에는 설명보다는 질문을 많이 한다

경영진이나 회장이 혼자 떠들고 나머지는 듣기만 하는 회의처럼 맥 빠지는 일은 없다. 만일 그런 회의를 진행해 왔다면 아마 참석자 대부분은 중요한 정보를 한 귀로 듣고 다른 귀로 흘려버렸을 것이다. 일방적으로 듣기만 하는 사람들은 대부분 눈이 풀려 있다. 회의에서 토론을 유도하는 질문을 하는 것은 단순히 매끄러운 진행을 위해서가 아니라 참석자들의 주의를 확보하기 위한 방법이다. 미국 경영 연합은 효과적이고 흥미로운 회의 진행을 연구 개발하는 업체이다. 그들은 회의를 지도하고 자극하기 위한 훌륭한 질문 목록을 고안해 냈다. 다음은 그 질문들을 약간 변형한 것이다.

• 어떤 문제나 상황에 대해 주목하게 할 때 : "존이 이러한 변화를 받아들이지 못한 이유가 어디에 있다고 생각하는가?"

- 정보를 구할 때 : "집행부과 참모진의 차이는 무엇인가?"
- 원인이나 관계를 밝힐 때 : "품질 관리가 이 문제에 어떤 영향을 주는가?"
- 새로운 아이디어를 개발할 때 : "어떻게 하면 이 부서의 사기를 높일 수 있는가?"
- 아이디어를 시험할 때 : "이 방법을 택하면 어떻게 될 것인가?"
- 토론의 요점을 유지하려고 할 때 : "트리시의 장기 결근 문제를 다시 생각해 볼까?"
- 요약을 하거나 토의를 끝낼 때 : "지금까지의 요점은 무엇인가?"
- 주제의 초점을 바꿀 때 : "벤은 어떤가? 이러한 혼란에 대해 그는 어떤 책임이 있는가?"
- 의견이나 견해를 끌어낼 때 : "이런 갑작스러운 변화에 마주치면 어떤 기분이 드는가?"
- 결론이나 동의를 얻어 내려고 할 때 : "이것이 우리의 생각을 대표한다고 말할 수 있는가?"
- 어떤 의견에 대한 다른 사람들의 반응을 보려고 할 때 : "나머지 사람들은 레이첼의 의견에 대해 어떻게 생각하는가?"
- 행동, 아이디어 또는 결정을 제안할 때 : "만일 바바라가 사장의 실수를 지적한다면 어떤 결과가 올 것인가?"
- 논리적으로 토론을 진행하려 할 때 : "이 제안을 확실하게 실행에 옮기기 위한 다음 단계는 무엇인가?"
- 토론을 확대할 때 : "언급한 것 외에 다른 중요한 요인은 어

떤 것들이 있는가?"

- 문제를 다각도로 고찰해 보고자 할 때 : "이 문제에 대한 다른 의견이나 대안은 어떤 것들이 있는가?"

● 회의가 끝나면 사후 분석을 위한 질문을 한다

이 질문은 아마도 회의를 할 때 간과하기 쉬운 기능이다. "이 회의를 한 목적이 뭐야?"라는 소리를 듣고 싶지 않다면 회의를 끝내기 전에 한두 가지 사후 분석을 위한 질문을 할 필요가 있다. 여기 몇 가지 예가 있다.

- 질문에 대해 충분히 대답을 했는가?
- 이 회의에서 새로 제기된 문제가 있는가? 만일 그렇다면 그 문제는 어떻게 처리할 것인가?
- 이 회의에서 나온 결과를 앞으로 어떻게 적용할 것인가?
- 모두 자유롭게 자신의 의견을 말할 수 있었는가?
- 이 회의가 각자에게 어떤 도움이 되었는가? 도움이 되지 않았다면 그 이유는 무엇인가?
- 이 문제에 대해 좀더 토론이 필요한 부분은 어떤 것인가?
- 다음 행동을 취하기 전에 묻고 대답해야 하는 질문은 어떤 것들이 있는가?

만일 위에서 배운 기술을 모두 사용한다면 경영진이나 직원 모두 다음 회의를 고대하지는 않는다고 해도 적어도 회의에 대한 거부감은 크게 줄어들 것이다.

직원들이 어떤 사고방식을 갖고 있는지, 어떻게 문제를 해결하는지, 일을 어떤 식으로 계획하고 추진하는지, 얼마나 말을 잘하는지, 까다로운 상대를 어떻게 다루는지 알고 싶다면 회의를 주관하는 역할을 시켜 보자. 회의에서 제기되는 문제점과 도전을 어떤식으로 처리하는지를 보면 그 사람의 마음가짐과 성숙도와 자신감과 지도력에 대해 많은 부분을 파악할 수 있다.

창의성과 질문의 힘

창의성은 누구나 갈구하지만 쉽사리 손에 잡히지 않는다. 어떻게 하면 창의성을 자극할 수 있을까? 기발한 아이디어는 어디서 오는가? 에디슨, 아인슈타인, 다빈치 등이 우리가 감히 꿈도 꾸지 못하는 놀라운 창의력을 발휘할 수 있었던 이유는 무엇인가? 이런 질문들은 아무도 해결할 수 없는 수수께끼다.

하지만 좀더 창의적인 아이디어를 내고 그것을 생산적인 방향으로 연결하기 위해 사용할 수 있는 특별한 기술들이 있는데, 그 중에서도 가장 잘 알려져 있고 성공적인 방법이 아마 브레인스토밍일 것이다. 브레인스토밍은 어떤 주제나 문제점에 대해 개방적인 방식으로 수많은 아이디어(엉뚱하기도 하고 어리석기도 하며 독창적이고 재기발랄한 아이디어)를 끌어내기 위한 그룹 토론이다.

● 브레인스토밍과 창의적인 사고는 질문하기 문화를 장려하는
조직 안에서 활성화 된다

브레인스토밍에서는 엉뚱한 이야기를 해도 비난을 받거나 놀
림거리가 될 염려가 없으므로 모두 적극적으로 참여한다. 그 자체
로서는 해결책이 될 수 없는 엉뚱한 아이디어가 유익한 아이디어
를 떠오르게 할 수 있다. 그러나 고지식하고 설명하기 위주의 문화
에서는 칠판 앞에 서서 사람들에게 브레인스토밍을 하라고 해도
자유로운 창의성을 불러일으킬 수는 없다. 브레인스토밍을 하는
날뿐 아니라 항상 끊임없이 질문을 하도록 격려해서 평소에도 창
의력을 발휘할 수 있는 분위기를 조성해야 한다.

● 브레인스토밍을 할 때 질문의 힘을 사용해서 창의성을 자극
한다

어떤 문제에 구체적으로 관련된 아이디어를 끌어내기 위해서
는 가능한 구체적인 질문을 하는 것이 좋다. 회사의 고객 서비스 기
능을 개선하는 브레인스토밍을 하기 위해 팀을 소집했다고 하자.
그럴 때 다음과 같은 질문으로 시작할 수 있다. 질문이 점점 더 구
체적이고 분명해지는 점에 주의해 보자.

- 어떻게 하면 고객 서비스를 개선할 수 있는가?
- 어떻게 하면 고객 서비스에서 최고가 될 수 있을까?
- 고객 서비스 분야에서 경쟁하기 위해 아직 시도하지 않은
  일은 무엇인가?

- 요즘 다른 산업에서는 어떤 고객 서비스를 하고 있는가?
- 고객들로부터 가장 많이 듣는 불만이나 요구는 무엇인가?
- 고객을 위해 할 수 있는 일은 무엇인가? 고객들을 놀라게 하고 즐겁게 하고 기쁘게 할 수 있는 일은 무엇인가?
- 고객의 입장에서 회사에 기대하고 바라는 것은 무엇인가?

만일 브레인스토밍을 계획한다면 이런 식으로 토론에 필요한 대답을 유도하는 질문을 10가지에서 20가지 정도 준비하자. 질문은 구체적일수록 좋다. 그리고 다시 말하지만 대답에 귀를 기울이자. 처음에는 엉뚱해 보이고 관련이 없는 것 같은 이야기에도 귀를 기울일 자세가 되어 있어야 한다. 그러다가 "그것이 고객 서비스 문제와 어떤 관련이 있는가?"라고 질문해 보자. 뜻밖에 풍부한 수확을 거두게 될지도 모른다. ●

●브레인스토밍에서 나온 아이디어를 평가할 때(브레인스토밍의 두 번째 단계) 다시 질문의 힘을 사용한다

다음과 같은 질문을 하자.

- 이 아이디어는 어떤 점이 마음에 드는가? 어떤 점이 유리한가? 그 이유는?
- 이 아이디어가 마음에 들지 않는 점은 무엇인가? 이 계획은 우리를 어느 길로 데려갈 것인가? 그것이 우리가 원하는 길인가?

IQ

나는 회사 간부들과 만나 정책 계획을 세울 때 세 가지 질문을 즐겨 사용한다. 첫 번째는 우리가 어디에 와 있고 이미 어떤 일이 일어났는지 등의 사실 확인을 위한 질문이다. 두 번째 질문은 결정을 내릴 때 영향을 주는 두려움, 불만, 자아도취 등의 감정을 점검해 보는 것이다. 그리고 세 번째는 "우리 회사가 완벽하다면 어떤 모습으로 보이겠는가? 이 자리에서 거기까지 가려면 어떻게 해야 하는가?" 등과 같이 미래를 내다보는 질문이다.
– 래리 윌슨, AON 컨설팅 창립자이자 부회장

- 이 아이디어는 어떤 흥미로운 방식으로 변할 수 있는가? 더 크거나 더 작게 만들 수 있는가? 속도를 높이거나 낮출 수 있는가? 좀더 범위를 확장하거나 제한할 수 있는가? 다른 일에도 적용할 수 있는가?
- 이 아이디어가 우리의 목표에 부응하는가, 아닌가?

위에서 마지막 질문이 가장 중요하다. 이 질문을 하면 토론의 방향을 바로잡아서 창의성을 필요로 하는 중심 목표를 향해 갈 수 있다.

IQ

질문은 어떤 계획을 세울 때 매우 중요한 역할을 한다. 새로운 실험을 위한 필수적인 구성요소가 질문이다.
— 제임스 L. 퍼거슨, 액정 기술 발명가

브레인스토밍을 주관하려면 듣기 기술과 요령이 필요하다. 참석자들로 하여금 언제쯤 좀더 자유롭게 아이디어를 교환하게 할 것인지, 언제쯤 목표에 초점을 맞출 것인지를 파악하는 감각을 기르는 것이 중요하다. 이렇게 적당히 밀고 당기는 기술은 연습이 필요하다. 질문의 힘을 사용하자. ●

혼자서 하는 브레인스토밍

자기 자신에게 하는 질문은 자기 반성으로 삼을 수 있고 특히 직업과 경력에 관련된 끊임없는 학습과 성장을 위한 자극제가 된다

스미스클라인 비첨의 타마르 호우슨은 자신이 발전을 하고 있는지 평가하는 방법으로 질문을 한다고 말한다. 사람들은 일을 하

다 보면 현재의 직업이 자신에게 적합한가, 변화를 모색할 시간이
아닌가 하는 문제에 부딪힌다. 이런 문제로 고민하는 사람들에게
호우슨은 다음과 같은 질문을 해보라고 권한다.

- 현재 하는 일을 평가할 때 : "나는 도전과 자극을 받고 있는
  가? 나는 뭔가를 성취하고 있는가? 나는 즐겁게 일하고 있
  는가?"
- 새로운 일을 모색할 때 : "나는 왜 변화를 추구해야 하는가?
  나는 새로운 일에서 성공할 수 있을 것인가? 이 기회가 나
  에게 적절한가? 어떤 위험이 있는가? 어떤 보상이 돌아올
  수 있는가?"

파키 데이비스 여성 건강 관리소의 부회장인 론다 딘은 자신
이 하는 일을 점검하고 평가하기 위해 매일 질문을 한다. 그녀는 질
문을 하면서 자신과 조직이 좀더 효율적이고 성공적으로 움직이기
위해 어떻게 해야 하는지를 판단한다. 다음은 딘이 즐겨 하는 질문
들이다.

- 내가 알고 있는 것과 모르고 있는 것은 무엇인가? 내가 알
  아야 하는 것은 무엇인가?
- 나는 누구와 상의를 해야 하는가? 무엇에 대해 물어봐야 하
  는가?
- 나는 왜 이 일을 하고 있는가? 그리고(만일 적절한 대답이 생

각나지 않으면) 이것은 나에게 정말 중요한 일인가?

마지막으로 워너 램버트의 CEO인 로드웍 J. R. 드 빙크는 그날그날 하는 일에서 한걸음 뒤로 물러나 좀더 넓은 시각을 갖기 위한 질문을 한다. "나는 매일 나 자신에게 질문을 한다. '나는 어디에 있기를 원하는가? 그곳을 향해 가고 있는가?' 그리고 퇴근하는 길에는 '나는 오늘 무슨 일을 했는가? 좀더 잘할 수는 없었는가?' 라고."

모든 근로자들과 고위 간부에 이르기까지 누구나 인생과 직업에 대해 이런 질문들을 할 수 있다. 일상적으로 이런 질문을 하고 대답을 하는 습관이 들면 개인적인 성공을 위한 디딤돌이 될 수 있을 것이다.

전문가들은 요즘 직장인들은 평균적으로 몇 가지 경력을 가질 수 있다고 말한다. 지금 우리는 5년 전과 다른 일을 하고 있고, 또한 앞으로 5년 후에는 오늘날에는 존재하지도 않는 분야에서 일하고 있을지도 모른다.

끊임없이 변화하는 사업 환경에서는 생각하고 성장하고 학습하고 적응하는 일이 더욱 절실히 요구된다. 그러나 사람들에게 요구되는 능력과 기술이 변화한다고 해도 한 가지 변하지 않는 것이 있는데 그것이 질문의 힘이다. 영업이나 마케팅처럼 주로 다른 사람들을 설득하는 일이든, 사람들을 지도하고 가르치고 감화시키는 일이든, 또는 창의성과 집중적인 사고를 요구하는 일이든, 적절한 질문은 자기 자신과 주변 사람들의 능력을 증대시키기 위해 사용할 수 있는 가장 중요한 도구이다.

　기업들은 빠르게 변화하는 요즘 세상에서 뒤처지지 않으려면 필연적으로 생각하는 조직이 되어야 한다. 조직은 적절한 질문을 하고 거기 답하지 않는 한 올바른 선택을 내릴 수도, 변화할 수도 없다. 조직이 성공하기 위해서는 "어떻게 하면 고객이나 주주들에게 봉사할 수 있는가?"라는 질문에 답할 수 있어야 한다.

10

가족의 결속력을 다지는 질문

How Questions Can Draw
Families Together

사람이 태어나서 어떤 사람을 만나고
어떤 일을 겪는지는 주로 의사소통을
어떻게 하느냐에 달려 있다.

— 버지니아 새터, 심리치료사, 작가

목소리 찾기

아이들은 말을 배우면 질문을 하기 시작한다. 부모는 아이들의 질
문에 인내하면서 적절한 대답을 해주려고 노력한다. 하지만 아이
들은 크면서 언제부턴가 침묵에 빠져버리거나 부모의 질문에 단답
형으로 대답하기 시작한다.

> 부모 : 오늘 학교에서 어땠니?
> 아이 : 좋았어요.
> 부모 : 숙제가 많으니?
> 아이 : 아니오.

아이들, 특히 어린아이들은 충동적이고 호기심이 많으며 아무

이야기라도 하고 싶어 한다. 한 엄마는 자신의 아홉 살짜리 아이를 두고 "생각나는 대로 말을 한다."라고 표현한다. 이런 어린 시절의 끊임없는 호기심이 계속 이어지면 과학자가 되어서 발명을 하고, 검사가 되어서 반대 심문을 하고, 의사가 되어 진단을 내린다.

그런데 많은 사람들이 나이를 먹으면서 질문하는 목소리가 잠잠해지는 이유는 여러 가지가 있다. 우리보다 더 똑똑하고 권위가 있고 훌륭해 보이는 사람을 만나면 자기 자신이 어리석거나 부족한 것처럼 보일까봐 겁을 낸다. 낯선 사람들 앞에서 수줍음을 타거나 생각을 분명하게 말로 표현하지 못해서 입을 다물어버리기도 한다. 종종 무슨 질문을 해야 하는지조차 모르는 경우도 있다.

아이들은 혼란스러운 사춘기를 거치면서 어른들의 세계를 인식하기 시작한다. 그리고 나이가 들면서 질문과 대답은 점점 더 복잡해진다. 자기가 하는 말에 책임을 져야 하고, 부담스럽거나 고통스럽거나 개인적으로 생각해야 할 일이 많아진다. 그리고 자기중심적이면서도 주변을 의식하는 10대들은 "사람들이 나에 대해서 어떻게 생각할까?"라는 두려움을 느낀다.

그래서 때로 아무 말도 하지 않는 편이 더 쉽게 느껴진다. 에이브러햄 링컨도 "때로는 입을 열어 모든 의문을 씻어버리는 것보다는 차라리 모르는 편이 낫다."라고 말하기도 했다.

가족들은 하루 종일 밖에서 시달리다가 집에 돌아오면 함께 앉아서 식사하며 대화를 나누기보다 서둘러 먹고 치우기에 바쁘다. 아이에게 친구나 귀가 시간이나 옷차림에 대해 문제를 삼기보다는 그대로 내버려두기가 더 쉽다. 싸우는 형제들을 화해시키기보다는 서로 떼어놓는 편이 쉽다. 딸 아이가 숙제를 하기 싫어하는 이유를 알려고 하기보다는 무조건 잔소리를 하기가 쉽다.

하지만 그런 지름길을 택할 때마다, 아이들에게 생각하고 질문하는 습관을 심어줄 기회를 포기할 때마다 그들은 어른이 되어서도 지속되는 자신감과 주관을 확립할 기회를 잃게 된다.

누가 뭐라고 해도 가족은 인생에서 가장 큰 힘이다. 가정은 생활의 구심점이며, 다른 사람들과 소통하는 법을 배우는 곳이다. 사람들은 가정에서 세상과 자기 자신에 대한 가치관을 수립한다.

- 자녀들에게 스스로 분명히 생각하도록 한다.
- 선택을 하고 문제 해결을 연습하게 한다.
- 적절한 선택을 하기 위해 필요한 능력을 개발하도록 도와준다.
- 주관을 갖도록 자극한다.
- 좀더 행복하고 성공한 어른이 되는 데 필요한 자신감을 심어준다.●

IQ

전 세계 가족의 공통점은 자기 자신이 누구이고 어떻게 행동해야 하는지를 배우는 장소라는 것이다.
– 진 이슬리 클라크, 가족 연구 심리학자

질문 장려하기

종교는 질문의 중요성에 대한 많은 가르침을 준다. 토라(유대교 경전 – 역주) 해설가인 이바 에즈라는 "질문하기를 부끄러워하는 사람은 뒤떨어진다."라고 말했다. 현자는 질문에 질문으로 답한다는 금언도 있다. 적절한 질문은 주위에 존재하는 무수한 가능성을 향해 생각을 확장하고 열어 준다.

탈무드에 보면 부모에게 아이들을 자극해서 밤새 질문을 하게 하라고 가르친다.

"우리는 사사로운 일상에 쫓겨서 질문이 우리의 상상력을 회복시켜 준다는 사실을 잊고 있다. 우리는 어릴 때 놀라운 상상력을 갖고 있었다. 노예에서 자유로, 절망에서 희망으로, 회의에서 신념으로 여행하는 상징적 재연을 통해 놀라운 변화가 가능하다는 것과 배우고 남을 도와주고 스스로 발전하기 위해서는 질문을 해야 한다는 것을 상기한다."고 랍비인 게바르츠는 말한다. ●

IQ

때로는 질문이 답보다 중요하다.
– 매튜 D. 게바르츠, 랍비

불가사의한 질문

천진난만한 아이들은 때로 기상천외한 질문을 한다. "만일 하느님이 우리가 하는 것을 모두 알고 있다면, 우리가 죽는 것은 하느님이 하는 일인가요?"

답을 모를 때는 어떻게 해야 하는가? 한 가지 방법은 귀를 기울이는 것이다. 귀를 기울이면 계속해서 질문할 수 있다. 대답을 할 수 없더라도 계속 질문을 해야 한다.

사람들은 세상의 부조리를 불편해하고 애매모호한 것은 인정하지 않으려고 한다. 정보화 시대에 살고 있는 아이들은 더욱 그럴 것이다. 그들은 어느 다른 세대보다 사실에 입각한 질문을 하고 사실에 입각한 대답을 얻는 데 익숙하다. 아이들에게 어려운 질문을 하도록 격려해야 한다. "왜 아빠는 엄마를 떠났어요? 새는 어떻게 하늘을 날아다녀요? 왜 나는 공부를 해야 하나요?"

부당함과 완고함 사이, 불가해함과 불가능함 사이 어딘가, 확실한 대답을 찾을 수는 없지만 자신을 좀더 완전한 인간으로 만들어 주는 뭔가를 발견할 수 있는 장소가 있다. 대답할 준비가 되어 있지 않을 때는 차선책으로 질문 뒤에 숨은 감정을 탐색할 수 있다.

어느 이웃 사람이 나에게 알츠하이머 말기 환자인 할머니를 만나러 양로원에 갈 때마다 아들이 화를 낸다는 이야기를 했다. "왜 거기 가야 하죠?"라고 하면서 아이는 방석을 바닥에 집어던지며 소리를 지른다는 것이다. "엄마가 할머니를 만나는 동안 저는 친구 집에 가면 안돼요? 할머니는 저를 알아보지도 못하잖아요. 저를 보고 싶어 하지도 않을 거예요."

처음에 어머니는 아들의 태도를 무정하고 이기적이라고 생각해서 놀라기도 하고 실망하고 화도 났다. 아이는 할머니에게 병마가 덮치기 전에는 항상 가깝게 지냈다. 하지만 어머니는 조심스럽게 아들의 감정에 대해 물어보기 시작하면서 그의 분노가 사실은 두려움이라는 것을 알았다. 그는 할머니가 죽는 것이 두렵고, 그 병이 유전될까봐 두렵고, 할머니를 만지기만 해도 자기도 그렇게 무기력해질까봐 두려웠던 것이다. 아이는 "할머니는 나를 보고 싶어 하지도 않을 거예요."라는 말로 그런 두려움을 표현한 것이다. ●

IQ

성숙하는 것은 배우는 것이고 배우는 것은 모험하는 것이다. 가장 큰 모험은 석절한 질문을 하는 것이다. 무엇인가를 이해하기 위해서는 오로지 현명하고 예리한 질문을 하고 열심히 귀를 기울여야 한다.

– 데일 모스, 브리티시 에어웨이 국제 영업부장

일상 생활에서 질문하는 습관 기르기

아이들과 대화를 하려면 인내가 필요하며, 무엇보다 나이가 어리거나 버릇없이 굴어도 존중해 주어야 한다.

부모는 자신의 권한을 이용해서 질문을 하고 대답을 들을 수 있는 유리한 위치에 있지만 부드럽고 조심스럽게 접근해야 한다. 직장 상사에게 뭔가를 물어보았을 때 야단을 맞으면 얼마나 치욕스럽게 느껴지는지 생각해 보라. 아이가 질문을 했을 때 "그것도 모르니?"라고 소리치고 싶은 충동을 자제하자. 아이가 질문하는 이유를 인정해 주지 않으면 어떤 대답을 해도 아이가 인정하지 않을 것이다. 아이에게 어떤 동기나 이유에 대한 질문을 허락하지 않는다면 어른이 되어서 질문을 하지 않을 것이다.

우리는 아이들에게 알 권리가 있으며 만일 마땅히 알아야 할 정보를 얻지 못하면 그것을 요구할 수 있다고 가르쳐야 한다.

설명이 필요하지 않을 때가 있을까? 물론 있다. 단순한 일은 분명하게 지시를 내리면 된다. 매번 부모의 입장이나 이유를 설명할 필요는 없다. 아이들은 어떤 일에는 권위와 규칙이 필요하고 누군가가 책임을 지고 있다는 사실을 알아야 할 필요가 있다.

아이들은 자라면서 스스로 해결해야 하는 일들이 점점 많아진다는 것을 알아야 한다. 하지만 무슨 일을 시키면서 당장 그 이유를 설명해 줄 필요는 없다. 나중에 설명해 주어도 된다. 질문하는 습관을 길러주는 것이 아이와의 힘 겨루기가 되면 안 된다. ●

질문하는 아이로 키우기

아이들은 본보기를 보고 배운다. 아이들의 행동을 보면 그 부모를 알 수 있다. 가장 대표적인 것이 언어 습관이다. 자녀에게 질문하는 습관을 길러 주는 가장 좋은 방법은 부모가 모범을 보이는 것이다. 부모가 질문을 하지 않으면 아이도 질문을 하지 않는다.

부모는 다음과 같은 방법으로 자녀에게 질문하는 습관을 길러줄 수 있다.

- **진심으로 대답을 원하는 질문을 한다** ─ 아이들은 레이더 탐지기와 같다. 십리 밖에서도 불성실한 질문을 잡아낸다.
- **아이에게 귀를 기울인다** ─ 내 친구는 딸 아이와 대화를 할 때 건성으로 들으면 금방 들켜버린다고 한다.
- **아이의 대답을 칭찬해 준다** ─ 많은 아이들은 어른들이 자신의 감정이나 호기심을 무시하는 것처럼 느낀다. 가장 중요한 인생 단계에서 아이들은 질문을 긍정적으로 생각할 필요가 있다. 질문을 하면 칭찬을 해주자. 그들이 똑똑하다는 것을 인정해 주자. 좋은 생각을 갖고 있고 올바른 선택과 결정을 하고 있다는 자신감을 갖게 해주자.
- **아이의 질문하는 능력을 살려준다** ─ 나는 아이들이 "왜, 왜, 왜?" 하고 질문을 할 때 비명이 나올 것 같았는데 그러다가 그들에게 되묻기 시작했다. "왜 그런 생각을 했니?" 그러자 아이들의 마음이 어떻게 움직이는지 왜 어떤 일에 흥미

를 갖는지 좀더 잘 이해하게 되었다.

- 시간을 갖고 신중하게 대답한다—아이들은 대답을 기다릴 줄 안다.

- 모든 질문에는 목적이 있다는 것을 기억한다—"이 질문으로 무엇을 하려고 하는가? 질문하는 의도가 무엇인가?"라고 자기 자신에게 물어보면 좀더 나은 질문이 생각나고 좀더 나은 대답을 얻게 될 것이다.

- 아이가 왜 질문을 하는지 생각한다—어린아이들은 종종 아무리 대답을 잘해 주어도 같은 질문을 반복한다. 그 이유는 불안과 걱정을 잠재우기 위해 질문을 하기 때문이다. 따라서 일관된 대답으로 그들을 안심시켜 주어야 한다. 아이들은 정보를 수집하고 지식을 얻기 위한 목적도 있지만 단지 거대하고 수수께끼 같은 세상에서 위안을 구하기 위해서도 질문을 한다.

- 다른 사람에게도 질문을 한다—아이들은 어른들을 보고 배운다. 부모가 배우자와 친구들에게 질문을 하는 것을 보면 아이들도 따라 하게 될 것이다. 질문하는 것을 자연스럽게 느낄 것이다. ●

질문하도록 도와주기

어린아이들이 질문을 많이 하는 이유는 주변 세상에 대해 아는 것이 별로 없기 때문이다. 그들은 눈에 보이는 것이 무엇이고 왜 거기 있는지 알고 싶어 한다. 아이들이 주변에서 보는 것에 대해 계속해서 질문을 하도록 격려하자. 아이들은 스펀지와 같아서 어릴 때 배운 것이 평생을 간다. 아이들은 우리가 그들을 대하는 방식에서 자신감에 많은 영향을 받는다. 만일 아이들에게 질문할 권리가 없다는 메시지를 준다면 그들은 그렇게 믿고 자랄 것이다.

아이들이 질문을 하도록 어떻게 도와줄 수 있을까?

아이들에게 본보기를 보여 주자. "포도 주스를 먹을래, 아니면 사과 주스를 먹을래?", "노란 잠옷을 입을까, 파란 잠옷을 입을까?", "술래잡기를 할까, 소꿉놀이를 할까?" 등의 질문을 하자.

어린아이들에게 뭔가를 알아내는 것이 큰 아이들을 다루는 것만큼 어려울 수 있다. 어린아이들은 힌트나 격려를 필요로 한다. "오늘 유치원에서 어떻게 보냈니?"라고 묻는 것으로는 충분하지 않다. 좀더 구체적으로 질문해야 한다. "간식 시간에는 누구 옆자리에 앉았니?" 또는 "선생님이 오늘 어떤 이야기를 읽어 주셨니?"라고 물어본다. 그리고 전후 관계에 대해 물어보자. "그래서 주인공이 뭐라고 했는데? 그래서 너는 어떻게 했어?" ●

IQ

그 요정은 자기가 가짜라는 것을 알고 있나요?
– 로라 와인스톡, 6세

동화를 읽어 주는 것도 아이들이 질문을 하게 만드는 좋은 방법이다. 인물과 줄거리에 대해 질문을 해보자. "다음에는 어떤 일이 일어나겠니?", "신데렐라는 어떻게 했을 것 같니?", "이 이야기는 어떻게 끝날까? 왜 그렇게 생각하지?", "만일 이러이러 하면 어떻게 될까?"라는 질문을 하면 아이가 창의적으로 다른 이야기를 만들어낸다. "만일 요정이 거기 없었다면 어떻게 되었을까?", "만일 백설공주가 사과를 먹지 않았다면 어떻게 되었을까?" 등과 같은 질문은 아이의 상상력을 자극한다. 이렇게 아이와 함께 다른 이야기를 만들어 보자. 그러면서 부모와 아이의 관계가 좀더 가까워진다. 더 중요한 것은 어른이 되었을 때 좀더 나은 결정을 내릴 수 있는 능력을 길러 준다는 것이다.

감정에 관한 질문

부모는 아이와 이야기할 때 말뿐 아니라 감정을 살펴야 한다. 어린 아이들은 종종 자신의 감정을 말로 표현하지 못한다. 예를 들어 취학 전 아이들은 다른 아이와 싸우거나 놀림을 받거나 생일 파티에 초대받지 못했을 때, 순간적으로 너무 혼란스럽고 당황하면 자기 느낌을 표현하지 못한다.

훌륭한 부모는 지능적이고 감성적인 능력을 동원해서 아이가 편안하게 자신을 좀더 깊이 들여다볼 수 있도록 해준다.

사람들은 스스로 자신의 어두운 면을 바라보고 싶어 하지 않는다. 그래서 서로를 아끼고 사랑하는 사람들이 필요한 것이다. 부모는 아이에게 요령껏 질문을 하되 야단을 치면 안 된다. 아이가 부모를 믿고 자신의 두렵거나 슬픈 감정을 털어놓게 해야 한다. "바보 같은 소리 하지 마! 벤지는 네 친구야!", "그만 해라! 바보처럼. 말도 안 되는 소리야. 넌 훌륭한 축구선수야!"라는 식으로 말하면 아이는 즉시 문밖으로 도망갈 것이다.

우선 귀를 기울여 듣고 난 다음에 쉬운 말로 아이가 느끼는 감정을 존중하고 인정해 주자. "네가 무슨 걱정을 하는지 안다. 이해할 수 있어. 거기에 대해 이야기해 보자. 네가 할 말이 많을 것 같구나. 내가 도와줄 테니 이야기를 해보겠니?"

일곱 살이 된 캐티는 생전 처음 발야구를 하고 집에 돌아와서 울음보를 터뜨리며 다시는 경기를 하지 않겠다고 말했다. 하지만 전날까지만 해도 발야구 하는 것을 손꼽아 기다렸었다. 당황한 부모가 왜 그러냐고 물었지만 별 신통한 대답을 얻을 수 없었다. 그래서 차근차근 질문을 해보았더니 캐티가 공을 차고 1루가 아니라 3루로 뛰어갔다는 것을 알았다. 친구들은 캐티에게 야유를 퍼부었다. "뭐야, 너 바보 아니야? 어디로 뛰는지도 모르는 바보!" 캐티는 실제로 어디로 뛰어야 하는지를 몰랐으므로 더욱 창피했다. 아무도 가르쳐 주지 않았고 캐티도 "공을 차고 나서 어떻게 하는 거죠?"라고 묻지 않았다.

부모는 아이에게 모든 것을 알고 있어야 하는 것은 아니며 질문을 하면 도움이 될 수 있다는 것을 깨닫게 해주었다. 그리고 어른들도 질문을 하면서 항상 배우고 있다고 설명했다. 캐티의 어머니는 컴퓨터를 배워야 하고, 아버지는 스노우보드 타기를 배운 지가 얼마 되지 않았다. 캐티도 글을 못 읽을 때는 그림책만 보았다. 하지만 지금은 얼마나 글을 잘 읽는가!

"차를 빌릴 때 내가 반드시 질문하는 것이 뭔지 아니?" 캐티의 아빠가 물었다.

캐티는 잠시 생각하다가 대답했다. "스페어 타이어가 있는지 물어봐요."

"내가 왜 그런다고 생각하니?"

캐티는 요점을 이해했다. 뭔가를 하기 전에는 "이것을 하기 전에 내가 알아야 하는 중요한 일들이 무엇인가?"라고 물어봐야 한다는 것이다. 캐티의 아빠가 항상 스페어 타이어에 대해 질문하는 이유는 언젠가 한밤중에 펑크가 났는데 타이어가 없어서 쩔쩔맨 적이 있기 때문이다.

부모는 언제나 이런 식으로 아이와 대화할 필요가 있으며 일찍부터 시작하는 것이 좋다. ●

선택하는 법 배우기

어린아이들도 자기 생각을 갖고 있다. 아이들은 아주 일찍부터 좋고 싫은 것을 표현하며, 자기가 무엇을 원하는지 알고 있다. 우리는 자기 인생을 책임질 줄 아는(스스로 결정을 내리고 선택할 줄 아는) 젊은이가 더 건강하다는 것을 알고 있다. 만일 어린 시절에 스스로 선택을 하는 경험을 한다면 나중에 좀더 수월하게 독립을 할 수 있을 것이다.

선택하는 법을 배우는 과정은 점진적으로 발전한다. 처음에 부모는, "포도 주스를 먹을래, 아니면 사과 주스를 먹을래? 이것을 원하니, 아니면 저것을 원하니?"라고 질문한다. 그리고 기다린다.

그러면 아이는 스스로 생각하기 시작한다.

아이가 성장하면서 부모가 하는 질문도 점점 복잡해질 것이다. "무엇을 선택하겠느냐? 네 생각은 어떠니? 어떻게 그런 결정을 하게 되었지?"

경계 이해하기

아이들이 자라면 질문을 할 때 적절한 전략이 필요하다. 가족 문제를 자녀들과 함께 결정하는 것은 중요하고 필요한 일이다. 하지만 "이번 여름 방학에 어디 가고 싶니?" 같은 개방형 질문을 하면 문제가 생길 수 있다. 다음 장면을 상상해 보자.

당신은 아이들과 앉아서 어디를 갈 것인지에 대해 상의한다. 곧바로 아이들은 디즈니랜드에 대해 이야기하기 시작한다. 하지만 당신은 디즈니랜드에 갈 여유가 없다. 그래서 디즈니랜드에 갈 돈이 없다고 말하자, 아이들은 투정을 부리고 불평을 하기 시작한다. 휴가 계획을 세울 때마다 아이들은 화를 내고 투정을 부린다.

처음부터 "이번 여름에 해변에 갈까 아니면 강으로 갈까?"라고 물어봐야 한다. 그러면 금방 경계가 정해진다. 아이들은 처음부터 그들의 선택할 수 있는 것이 무엇인지 알고 있으므로 실망할 일도 없을 것이다.

그 질문으로 충분하지 않으면 "너희들이 디즈니랜드에 가고 싶어 하는 것은 알지만 이번에는 거기 갈 여유가 없다. 해변에서 디즈니랜드보다 더 재미있게 지낼 수 있는 일이 뭐가 있을까?"라고 묻는다. 갈 수 있는 곳과 즐거운 시간을 보낼 수 있는 방법에 초점을 맞추자. 아이들은 모래사장과 파도와 산책로가 제공하는 모든 기회에 대해 이야기하면서 점차 흥미를 갖게 될 것이다.

부모는 가족 문제에 대해 아이들의 의견을 묻고 그들이 결정 과정에 참여할 수 있게 해주어야 한다. 아이들은 돈이나 시간이나 어떤 제약에 대해 이해하지 못할지도 모른다. 따라서 그들에게 선택 가능한 조건들을 제시할 필요가 있다.

나는 열한 살 때 여름 캠프를 다녀와서 어머니가 나에게는 한마디 상의도 없이 내 방을 완전히 새로 꾸며놓은 것을 알았다. 어머니는 정든 내 책상을 치워버리고 벽지와 침구를 내 마음에 들지 않는 색으로 바꾸어 버렸다.

그 일은 나에게 여러 면으로 영향을 미쳤다. 어른이 되어서 나는 아이들에게 항상 질문을 해서 그들과 관련된 일에 참여시킨다. 나는 어머니가 훌륭하고 인자하다는 것을 알고 있었지만 언제나 무시당하는 느낌이 들었다. 종종 학교에서, 또는 직장에서 내 주장을 하지 못하는 것도 어머니 때문인 것 같아서 원망스러웠다. 어머니가 나를 깜짝 놀라게 해주려고 했다는 사실을 깨닫기까지는 오랜 세월과 성숙이 필요했다. 사람들이 뭔가를 할 때는 항상 이유가 있다. 하지만 그때 어머니와 나는 서로에게 상처를 주지 않도록 질문하는 능력을 갖추지 못했다.

대립에서 대화로

부모는 크고 작은 아이들의 싸움에 휘말리기 쉽다. 하지만 부모가 해결책을 제시하면 아이들 스스로 문제를 해결하고 결단을 내리고 다른 관점에서 생각하고 감정이입을 하는 등의 사회적인 능력을 배울 기회가 없어진다.

부모는 아이들 싸움에 끼어들어서 중재를 해보려는 충동을 자제할 필요가 있다. 사실 아이들끼리 문제를 해결하는 법을 배우는 것이 잘잘못을 가리는 것보다 훨씬 중요하다.

그리고 아이들에게도 그렇게 가르치는 것이 중요하다.

질문하는 방식을 취하면 아이는 부모를 자기편으로 인식하고 스스로 이해하고 나름대로 해결책에 도달하면서 성장한다. 하지만 부모가 해결책을 제시하면 그들은 성장하지 못한다. 아이들 스스로 해결책을 발견하게 하는 비결은 질문을 하는 것이다.

● **사례** #1

샌디는 언니 방에서 문을 박차고 나오며 언니와 더 이상 놀지 않겠다고 선언한다. "불공평해요! 언니가 미워요!"

이럴 때 당신은 막내를 보호해야겠다는 생각으로 큰 딸의 방으로 쳐들어가고 싶을지도 모른다. 또는 샌디에게 "언니를 미워하면 안 되지. 서로 사랑해야 해."라고 말하고 싶을지도 모른다. 그러면 문제가 해결될까?

아니다. 당신이 나서서 결론을 제시하면 새로운 문제가 발생

한다. 큰 아이는 당신에게 등을 돌릴 것이고 작은 아이는 전쟁을 치르는 방법을 배우지 못할 것이다. 그리고 두 아이는 화해하는 법을 배울 수 없을 것이다.

좀더 건설적인 방법은 아이들 스스로 무슨 일이 일어났는지를 보게 해주는 것이다. 샌디가 왜 그런 기분이 되었는지("나는 항상 자기 마음대로 하려고 하는 언니가 밉다!")를 알아서 두 아이가 함께 가능한 해결책을 찾도록 해야 한다("어떻게 하면 되겠는가?"). 감정에 초점을 맞춰 보면 큰 아이가 동생과 놀고 싶지 않을 때가 있다는 것을 알게 될 것이다. 또한, 잘잘못을 가리기보다 갈등을 해결하는 방법에 초점을 맞추면 아이들이 서로 상대방의 입장을 이해하도록 유도할 수 있다.

예를 들어, 다음과 같은 질문을 할 수 있다.

- 몇 가지 예를 들어 보겠니?
- 좀더 자세히 이야기해 봐라. 무엇 때문에 그렇게 느끼지?
- 네가 …하면 동생이 어떻게 느낄 것 같니?
- 어떻게 하면 사이좋게 지내는 방법을 찾을 수 있을까? 상대방을 위해 시간을 낼 방법이 있을까? 어떻게?
- 어떻게 하면 둘이 함께 즐거운 시간을 보낼 수 있을까?
- 만일 한 사람씩 돌아가면서 선택을 할 수 있다면 어떨까?
- 만일 …하면 어떻게 될까?

IQ

궁지에 빠지는 이유는 조치를 취하기보다 논쟁을 벌이는 잘못된 처방 때문이다.
– 엘리자베스 제인웨이, 소설가

두 아이가 어떤 해결책에 합의하면 각자 그것을 지킨다고 약속한 셈이 된다. 하지만 만일 어느 한쪽이라도 먼저 약속을 지키지 않으면 다시 대화를 해서 새로운 해결책을 찾기로 합의하자.

● 사례 #2

　매일 아침이 전쟁이다. 마리아는 열 살짜리 아들 조이가 아침에 늑장을 부리는 바람에 직장에 종종 지각을 한다. 그녀는 화가 나서 아들에게 말한다. "아침에 우리가 서로 도와줄 수 있는 방법에 이야기를 해야겠다. 나 혼자서는 할 수 있는 일이 아니기 때문에 네 도움이 필요하다. 좋은 방법이 있겠니?"

　마리아는 첫 번째 사례의 교훈을 알고 있다. 그녀는 나무라거나 비판을 하고 싶은 충동을 참았다. 그러면 조이가 방어적으로 대응할 것이다. 대신 그녀는 아이를 문제 해결 과정으로 유도해서, 함께 방법을 모색하는 기회를 갖기로 한다. 이것은 사실 7가지 질문의 힘을 사용해서 설득하는 기술을 보여 주는 훌륭한 예다. 마리아는 다음과 같은 질문을 할 수 있다.

- 지각을 하지 않으려면 어떻게 해야 할까?
- 내가 직장에 지각을 하면 회사 사장이 어떻게 생각할까? 네가 학교에 지각을 하면 선생님이 어떻게 생각할까?
- 아침 시간에 다른 식으로 준비를 하는 방법이 있을까?
- 전날 밤에 옷을 준비해 두거나 나갈 시간이 되기 5분 전에 내가 경고를 하는 방법은 어떨까?
- 내가 어떤 행동이나 말을 하면 너를 좀더 빨리 움직이게 할

수 있을까?

- 만일 네가 나를 기다리는 것이 문제라면(그래서 일어나지 않는 거라면) 그 시간을 지루하지 않게 보낼 수 있는 방법은 무엇일까?

그들은 합의점을 찾기로 동의하고, 서로를 탓하기보다 해결책에 초점을 맞춤으로써 만족스러운 결과를 얻을 수 있었다.

가족 회의

가족 회의는 중역 회의와 아주 흡사하다. 가족 구성원 모두가 발언권과 의결권을 갖고 있다. 여기서는 개인 존중의 개념이 핵심이다. 모두가 성숙한 자세로 자신의 감정을 자유롭게 이야기하고 회의가 끝나면 깨끗이 털어 버릴 수 있어야 한다. 가족 회의는 그 자체가 안전 가옥과도 같다.

가족 회의는 가족 구성원들이 협상 기술을 배우는 자리이기도 하다. 각자 질문을 하고 질문에 답할 권리가 있다. 서로 의견을 존중하고 책임지고 약속을 지켜야 한다. 그러면서 다른 가족들이 자신에게 의지하고 신뢰하고 있다는 것을 알게 된다.

한 가지 방법은 아이들에게 사회를 맡겨서 나름대로 회의를 진행해 보도록 하는 것이다. 회의를 진행하다 보면 사람들을 문제점에 주목하게 만들고 그들에게 질문하는 법을 배우게 된다. 또는 회의가 끝난 후에 요약해 보게 한다. 그러면 자기와 다른 견해일지라도 다른 사람들의 생각을 이해해서 요약 설명하는 법을 배운다.

가족 관계, 집안 일 함께 나누기, 숙제, 또는 가족 외의 어떤 문제라도 항상 "거기에 대해 우리가 할 수 있는 일은 무엇인가?"라는 질문을 하자.

가족 회의는 아이들이 아주 어릴 때부터 시작할 수 있다. "만일 우리가 이런 식으로 노력하면 어떻게 될까?" 또는 "이러한 일들을 위한 시간을 만들면 어떨까?" 등과 같이 각자 아이디어와 대안을 제안해서 가족 전체를 위한 최선의 방법을 생각하다 보면 보다 이타적이 된다. 어떤 문제든지 기꺼이 서로 의논해서 해결하려는 자세는 가족 회의를 통해 얻을 수 있는 가장 큰 소득이다. ●

부모는 자기를 물어뜯는 입에 음식을 넣어주는 것처럼 느껴질 때가 있다.
– 피터 드 브리스, 소설가

사춘기 아이들과 대화하기

앤 캐론 박사는 사춘기 소녀를 둔 엄마들을 위한 지침서인 『나를 계속 사랑해 줘요』라는 책에서 사춘기 아이들을 두 살배기 아이가 끙끙거리며 신발을 신으면서 도움을 거부하는 모습에 비유한다. 하지만 사춘기 아이들이 혼자서 하고 싶어 하는 일들은(또는 실제로 하고 있는 일들은) 부모를 훨씬 더 걱정시킨다. 게다가 거의 모든 일을 부모가 보지 않는 곳에서 한다. ●

14세에는 병이나 죽음이 아니라도 비극을 느낀다.
– 제사민 웨스트, 소설가

사춘기 아이들과는 대화하기가 쉽지 않다. 다른 사람들의 입장을 설명하려고 하면 잔소리와 간섭처럼 받아들인다. 십대들은 사생활을 중요하게 여긴다. 그들은 정체성을 찾고 독립을 하기 위해 발버둥친다. 그리고 부모가 사춘기 문제에 대해 점점 불안해지기 시작할 때 설상가상으로 독립을 하려고 안달을 한다. 어떤 부모는 지나치게 간섭하고 통제한다. 아이의 전화를 엿듣고 방을 뒤지고 일기를 읽어 본다. 이런 방법은 역효과를 가져올 뿐이다. 그렇다면 아이들이 원하는 독립과 부모의 책임을 어떻게 조화시킬 것인가? ●

부모로서 아이들에게 어디를 가는지, 무엇을 하는지 물을 권리가 있지만, 아이는 자신이나 친구들이 느끼는 감정에 대해서까지 부모에게 이야기할 필요를 느끼지 않는다. 하지만 아이가 실수를 해도 부모가 자신을 신뢰하고 올바른 선택을 할 것이라고 믿는다는 것을 알면 아이는 그 기대에 어긋나지 않을 것이다. 아이는 부모를 실망시키고 싶어 하지 않으며 겉으로는 냉소적이고 쌀쌀맞게 굴어도 부모를 적으로 생각하지는 않는다.

어떻게 하면 아이들이 험난한 시기를 무사히 통과하도록 도와줄 수 있을까? 어떻게 하면 아이들이 끊임없는 시험을 견디어 내고 줏대 있게 처신을 해서 무사히 독립하는 모습을 볼 수 있을까? 아이에게 질문하는 습관을 길러 주어야 한다.

또한 아이를 보호하면서(감정이입) 동시에 과제(기대)를 제시할 필요도 있다. 그러자면 아이에게 귀를 기울이면서 아이가 분명히 자기 생각을 표현할 수 있도록 도와주는 질문을 해야 한다. 어떻게 해야 할까?

●타이밍이 중요하다

어떤 문제에 대해 토론할 때는 감정을 개입시키지 말자. 어느 한 쪽이나 양쪽 모두 흥분한 상태에서 건설적인 대화를 시도하려고 하면 언제나 실패한다. 그래도 질문을 한다면 "어제 통행금지 시간을 어긴 이유에 대해 이야기해야 할 것 같다. 할 수 있겠니?"라는 말로 우선 아이가 반항하거나 숨어버리지 않고 대화에 임할 준비를 시킨다. 아이를 야단치려는 것이 아니라 아이의 입장이나 의견을 이해하려는 의지를 보여 주자.

●아이가 거부반응을 일으키는 질문은 하지 않는다

아이의 의견이나 생각에 대해서 이의를 제기할 수 있지만 감정에 대해 가타부타 하는 것은 좋지 않다. 맞장구를 치지는 않더라도 아이의 감정을 인정해 주어야 한다.

●생각은 달라도 상호 존중하는 법을 알려준다

반대 주장을 펼치지 말라. 사랑하는 사람들 사이에서도 의견이 다른 것은 자연스럽고 당연한 일이라는 점을 이해시키자.

●참견이나 비판이 아닌 사실 확인을 한다

"어떻게 그런 바보같은 짓을 할 수 있니!"가 아니라 "내 생각을 말할 테니 거기에 대한 네 입장을 말해 주렴."이라고 말하자. 아니면 "나는 지난 번 네 수학 성적이 마음에 걸리는데 너는 어떻게 생각하는지 이야기해 줄래?", "걱정거리가 하나 있는데 네가 나를 도와줄 수 있을지 모르겠다."라는 식으로 대화를 시도할 수 있다.

●문제점을 질문으로 바꾼다

아이 스스로 해결책을 찾도록 만드는 질문으로 바꾼다. "그렇다면 문제는 '네가 …에 대해 어떻게 준비를 해야 하느냐? 라는 것 같구나."

●목소리 어조와 신체 언어를 고려한다

"왜 숙제를 끝내지 못했니?"라는 말을 조용한 어조로 할 때와 큰 소리로 할 때 서로 다른 반응이 나온다. 야단을 치면 변명밖에 듣지 못할 것이다. "이제까지 안 하고 뭐했니?"라고 나무라면 아이는 설명이 아니라 변명을 한다. 부드러운 어조로 "네가 숙제를 하지 않은 이유를 이해할 수 있도록 무슨 문제가 있는지 이야기해 볼래?"라고 질문하자.

곤란한 대화일수록 비밀스럽게 하지 않는 편이 낫다. 십대 아이들은 사적인 문제를 질문하면 긴장을 한다. 차에 동승했을 때나 함께 어떤 활동을 즐기면서 넌지시 이야기를 시켜 보자.

●다그치지 말자

아이를 쥐구멍에 몰아넣지 말자. 그러면 아이가 화를 내면서 아무리 옳은 이야기를 해도 협조하지 않을 명분이 생긴다. 아이는 싸늘한 침묵으로 대적할 것이다. 아이가 무조건 따르기를 바라지 말고 부모가 오해하고 있는 부분이 무엇인지 물어보자. 아이는 무엇을 걱정하고 있는가? 미처 생각하지 못한 것은 무엇인가?

아이의 대답에 기초해서 질문을 하자. "네 말은 오늘 차를 갖고 나갈 수 있다면 늦게 돌아오지 않겠다는 거니? 그렇다면 11시까지는 집에 돌아올 수 있겠니?"

십대들은 이래라 저래라 하고 간섭하면 저항을 하므로 질문을 해서 스스로 대답을 찾게 해야 한다.

두 살짜리 아이가 되어 보자. 아이의 입장을 좀더 잘 이해하고 싶다면 "왜?"라고 물어보자. 아이에게 부모의 입장을 이해시키고 싶다면 "이렇게 하는 것은 어떨까?"라고 질문해 보자.

아이의 의견을 비판하지 말고 이해해 주면서 변화시킬 수 있는 방법을 연구해 보자. 부모가 반대하면 아이는 점점 더 자기 주장을 한다. "한 가지 물어보자. 만일 네가 계속해서 숙제를 미루고 공부를 하지 않으면 대학 진학은 어떻게 되겠니?"라고 현재에서 미래로 이야기의 초점을 바꾸어 보자.

● 스스로 결정하게 하자

딸 아이가 학교 댄스 파티에 입고 갈 옷을 사러갔다고 하자. 아이가 세 가지를 골라서 입어 보았는데 두 가지는 영 어울리지 않는 것 같다. 먼저 "네 생각은 어떠니?"라고 물어서 의견을 들어 본 후 한결같은 목소리로 "이 옷은 어떠니?" 하고 제안해 보자. 아이로서는 부모와 쇼핑을 간 것 자체가 부모의 의견에 귀를 기울이겠다는 뜻이다.

● 즉시 해결책을 제시하지 않는다

명령을 좋아하는 아이는 없다. 사춘기 아이들은 궁지에 몰리면 반항을 할지도 모른다. "내가 그런 생각을 해보지 않은 줄 아세요?" 또는 "이래라 저래라 하지 마세요!" 또는 "말도 안 되는 소리 하지도 마세요." 등의 핀잔만 듣게 된다. ●

만일 아이가 어떤 문제를 갖고 찾아오면 아이가 그 문제와 관련해서 할 수 있거나 하고 싶은 일이 무엇인지 질문하자. 아이는 몇 가지 확실한 생각을 갖고 있을지도 모른다. 어떻게 해서 그런 결론에 이르렀는지 알아보자. "어떻게 그런 선택을 하게 되었지?" 또는 "네가 하고 싶은 이야기를 좀더 해봐라. 내가 친구라고 생각하고 말해 보겠니?" 또는 "어째서 그것을 최선의 해결책이라고 생각하지?"라고 물어보자. 그리고 다 듣고 나서 "그 방법이 내 마음에 드는 점은……."이라고 말해 주자. 아이 스스로 방법을 찾고 자기 앞가림을 하고 있다는 자신감을 갖게 해주자. 어른이 되려면 자신감이 필요하다.

● 선택의 여지를 남겨주자

아이에게 거절할 수 있는 선택권을 주자. 그러자면 "이렇게 해보면 어떨까?" 또는 "만일 …하면 어떻겠니?"라고 부드럽게 제안해야 한다. 부모로서 해야 할 일은 똑똑함을 과시하는 것이 아니라 아이에게 자신감을 심어 주는 것이다. ●

IQ

내가 너를 위해 한 일을 생각하면 노벨상을 받아도 마땅하지 않을까?

– 유대의 단시

IQ

아이는 부모의 뼈에 이를 갈아서 날카롭게 한다.

– 피터 유스티노프, 배우

대화 시작하기와 끝내기

십대 아이들이 흔히 하는 불평은 부모가 자신을 이해하지 못한다는 것이다. 그리고 사실 그런 경우가 많다. 많은 부모들이 아이에게 학교에서 어떻게 보냈는지 물어보는 것은 정말 알고 싶어서가 아니다. 1999년 영화 〈스토리 오브 어스〉에서 브루스 윌리스가 연기한 인물은 매일 저녁 식탁에 앉으면 아이들에게 이렇게 묻는다. "오늘 학교에서 좋은 일과 나쁜 일이 뭐였니?" 좋은 일이 있거나 나쁜 일이 있거나 상관없다는 식이다.

십대 아이들은 자신에 대한 이야기가 아니라면 적극적으로 대화에 참여하기도 한다. 뉴스, 음악, 텔레비전, 영화를 보고 들으면서 대화를 하면 아이와 서로 질문을 주고받게 된다. 이러한 대화는 아이의 비판적 사고와 표현력을 기르는 데 도움이 된다.

다른 사람들(현실의 인물이나 영화 속 인물)에 대해 이야기할 때는 동시에 또한 자기 자신에 대해서 이야기를 하고 있는 것이다. 루돌프 드레이커스의 말처럼 "아무도 비난이나 비판을 듣고 싶어 하지 않는다. 그러므로 마치 다른 사람 이야기를 하는 것처럼 객관적인 입장에서 이야기하면 도움이 된다."

아이에게 "그 사람이 그 문제를 처리한 방법에 대해 어떻게 생각하니?", "그에게 어떤 대안이 있었을까?", "만일 네게 그런 일이 생기면 어떻게 하겠니?", "그가 다음에는 어떻게 해야 한다고 생각하니?" 등과 같은 질문을 해보자.

자녀와의 대화가 언제 단절되는가? 대화가 아닌, 잔소리나 비난을 할 때다.

청소년들은 자신이나 친구들이 느끼는 감정에 대해 좀처럼 이야기하지 않을 뿐 아니라 완강하게 방어하려고 한다. 따라서 만일 아이의 친구들에 대해 문제점이나 의문을 느낀다면 조심스럽게 접근해야 한다. 아이가 감정적이나 신체적으로 안전하기 바라는 마음을 아이 친구들에 대한 의견과 분리시킬 수 있어야 한다. 다음과 같은 식으로 접근해 보자.

"너는 샘과 함께 어울리기를 좋아하는 것 같구나. 왜 그런지 말할 수 있니? 내가 샘을 좀더 알 수 있을 만한 이야기를 해줄 수 있니?" 또는 "샘과의 우정이 식은 것 같구나. 거기에 대해 나에게 이야기하고 싶은 것이 있니? 그 일 때문에 속이 상하니? 화해를 위해 네가 할 수 있는 일이 있겠니?"

황금률

매리 피퍼는 사춘기 소녀들의 문제를 다룬 『오필리어 살려내기』에서 "어떤 가정은 소녀에게 진정한 자아를 유지하게 해준다."라고 말한다. 나는 어른과 아이가 서로에게 귀를 기울일 줄 아는 가정이 바로 그런 가정이라고 생각한다.

가정에서는 가족들이 날씨가 어떤지, 누가 오렌지 주스를 좀 더 가져올 것인지, 양복점에서 대니의 새 양복을 언제 찾아올 수 있는지, 그리고 누가 아이를 축구 경기에 데려갈 것인지에 대해 이야기한다. 부모는 자녀에게 선택과 결과와 자유 의지와 위험에 대해 이야기하고, 분별력을 가르친다. 각자 학교에서나 직장에서 어떤 일이 있었는지 이야기한다. 각자 자신이 알고 있는 것과 모르는 것이 무엇인지 이야기한다. 자녀들은 관심과 존중을 받고 있다고 느끼면서 한편으로 독립하는 능력을 기른다.

부모와 자녀가 의견이 달라서 언쟁을 하기도 하고 서로에게 지쳐버릴 때도 있다. 아무도 가족을 꾸려가는 것이 만만치 않은 일이라는 사실을 부정하지 않지만, 다행히 아이들을 무사히 잘 키운 사람들은 앞다투어 말할 것이다. 아이들을 키우면서 좀더 깊이 느끼고 좀더 깊이 상처받고 좀더 깊이 질문하고 좀더 깊이 사랑하는 사람이 될 수 있었노라고. 우리는 아이들에게 준 것만큼 받는다. 부모로서 해야 할 일은 오직 질문하는 것이다.

11

질문의 재발견 : 호기심 되찾기

Rediscover Questions:
Recapture and Redefine the Essential You

만일 내가 아이들을 축복하는 착한 요정에게 힘을 쓸 수 있다면
이 세상 모든 아이들에게 평생 유지할 경이감을
선물해 주라고 부탁하겠다.
후일에 지루함과 삭막함을 느끼지 않도록,
인위적인 일들에 헛되이 사로잡히지 않도록,
우리가 가진 힘의 근원에서 멀어지지 않도록.

— 레이첼 카슨, 환경학자

한때 무한한 경이로움을 느끼던 아이가 있었다. 그 아이는 신발 끈
을 묶고, 수영을 하고, 행성의 이름을 암기하고, 대수 방정식을 푸
는 법을 배우면서, 하루하루를 세상의 위대한 신비를 정복하는 기
회로 여겼다. 오랫동안 아이는 신나고 흥미로운 삶을 살았지만 어
느새 성인이라고 부르는 숨이 막힐 듯이 갑갑한 곳으로 들어섰다.
그곳에서 호기심은 균형으로 바뀌고 발견과 모험은 안전과 평온으
로 바뀐다. 우리의 작은 일부가 죽어버렸다. 그 아이는 우리의 일
부였다.

　어린 시절, 단호하고 상상력이 풍부하고 창의적이고 활동적이
었던 때를 기억하는가? 상상의 친구를 갖고 있었는가? 정교한 게
임을 만들어서 놀지 않았는가? 새 장난감이 갖고 싶으면 무슨 수
를 써서라도 그것을 손에 넣지 않았는가? 자기 방식대로 하지 못
하면 집을 나가겠다고 으름장을 놓지 않았는가? 원하는 대답을 들
을 때까지 계속해서 질문을 하지 않았는가?

"커서 뭐가 되고 싶니?"라는 질문을 받으면 뭐라고 대답했는 가? 생일 케이크의 촛불을 끄면서 무슨 소원을 빌었는가? 그때는 무엇이라도 원할 수 있었다. 당신은 아직도 생일날 소원을 빌고 있는가? 아니면 그런 것은 더 이상 믿지 않는가?

한계를 넘어서기

나는 때로 어린 시절에 갖고 있던 잠재력을 어른이 되면서 탕진하고 묻어버리고 잃어버린다는 생각이 든다. 왜 그럴까?

그 이유는 부모가 행동하고 말하는 것을 보면서 세뇌를 당하기 때문이다. 사람들은 모두 각자 사연을 갖고 있다. 나는 처음 어떤 신통치 않은 일자리가 들어왔을 때 아버지가 무조건 그 일을 하라고 했던 일을 기억한다. 아버지가 그랬던 이유는 내가 다른 일자리를 구하지 못할 수도 있기 때문이었다. 그러니 내가 어떻게 자신감을 가질 수 있었겠는가?

IQ

인간의 비극적인 운명은 원죄가 아니라 어른이 되면 모든 훌륭한 것들을 잃어버리고 스스로 새로운 것을 만들기 위해 투쟁해야 한다는 것이다. 그런데 많은 사람들에게는 그럴 만한 용기가 없다.

– 헬렌 헤이스, 배우

학교에서도 세뇌를 당한다. 우리는 모든 질문에 단 한 가지 해답이 있다고 믿었고, 생각을 요구하는 질문은 별로 없었다. "이 점에 대해 어떻게 생각하는가?" 또는 "어떻게 하면 좀더 잘할 수 있을까?" 또는 "만일 …라면 어떻게 하겠는가?"라는 질문은 들어본 적이 거의 없었다.

그런데 가끔씩 뭔가가 우리의 믿음 체계에 도전을 하기도 했다. 때로 단순히 책을 읽고도 그런 경험을 할 수 있었다. 내가 아는 남자는 아홉 살 때 상식이 완전히 뒤바뀐 어느 마을에 관한 책을 읽었다. 그는 40년이 지난 지금도 돈을 나누어 주는 은행(은행원은 "도대체 쓸데없이 여기에 왜 돈을 쌓아두는가?"라고 묻는다)과 상품을 가져가는 손님들에게 돈을 주는 백화점(이렇게 많은 물건을 다 뭐에다 쓰는가?)을 생생하게 기억한다. 그 책에서 자극을 받은 그는 철저하게 합리적으로 생각하고, 평생 동안 질문을 하고, 기존 질서에 도전하고, 다른 눈으로 문제를 바라보고, 뜻밖의 해결책을 찾아내는 사람이 될 수 있었다. 엄청난 성공을 거둔 어느 기업가가 된 지금도 그는 여전히 보통 사람들과는 다른 눈으로 세상을 본다. 그는 아무도 생각하지 않은 곳에서 아이디어와 해답을 발견한다.

만일 모차르트가 선택을 할 수 있었다면

한때 부모는 아들에게 종종 이루어질 수 없는 높은 기대를 걸었다. 사내 아이들은 너도나도 장래 희망을 "대통령이 될래요!"라고 대답했다. ●

우리에게서 모든 것을 앗아가는 것은 사고나 시간이나 운명이 아니라 바로 자기 자신이라는 것을 안다는 것은 슬픈 일이다.
– 릴리안 헬맨, 작가

그러한 사회적 규범은 1980~90년대부터 실망과 낭패감을 느끼게 되었다. 높은 소득과 지위에도 불구하고 많은 사람들이 전망 좋은 사무실을 더 젊고 패기에 찬 중역들에게 빼앗길까봐 전전긍긍한다. 초과 달성이니 목표 미달이니 하는 말에 시달리면서 부모세대보다 물질적으로는 풍요로워졌다고 해도 더 행복하다거나 살기가 덜 힘든 것은 아니다.

그래서 사람들은 목표를 재설정하고 기대치를 낮추는 법을 배웠다. 손에 쥐어지는 것으로 만족하고 더 이상 바라지 않는 법을 배웠다. 한계를 인정하고 제자리를 유지하면 적어도 안정적이고 확실한 미래를 보장받을 수 있지 않을까? "나는 너무 지쳐서 변화를 시도할 기력이 없고, 너무 늦었다."라고 생각한다.

하지만 과연 그럴까?

나는 너무 많은 사람들이 패배의식 속에 살고 있다고 생각한다. 이제 자기 자신을 바꿔야 할 때다.

대기만성을 찬양한 엘렌 굿맨의 훌륭한 에세이가 생각난다. 모차르트가 미뉴에트를 작곡했던 나이에 우리는 알파벳을 배우고 있었다. 하지만 생각해 보면 우리가 중년이 되었을 때는 모차르트나 제인 오스틴이나 조지 거슈윈보다 더 오래 살고 있는 것이다. 그러한 선물로 우리는 무엇을 할 것인가? 중년의 나이에 폴 고갱은 아직 은행원이었고, 엘리자베스 배릿 브라우닝은 글쓰기를 시작도 하지 않았고, 그랜드마 모세는 그림을 그리지 않았다. 그밖에도 뒤늦게 성공한 많은 사람들은 얼마든지 있다. 굿맨이 감동적으로 묘사한 것처럼, 우리는 모차르트처럼 서른다섯 살에 죽거나, 아니면 살아서 남은 평생 그 모든 가능성들을 추구하면서 살 수 있다. 어떤 길을 택하겠는가?

할 수 있다고 믿으면 할 수 있다

스핑크스만 "왜"라고 묻는 것은 아니다.

　내가 알고 있는 행복하고 성공한 사람들은 자신에 대해 그리고 주변에 대해 질문을 멈추지 않는다. 그들은 여름에 난생 처음 물 속에 들어가는 아이처럼 삶에 몰입한다. 옹색한 변명을 늘어놓지 않고 과감하게 스스로 삶을 개척하고 탐색하기를 게을리하지 않는다. 그들은 혼란스러운 현대 생활 속에서도 개인적으로나 직업적으로 성공을 거둔다. 그렇게 할 수 있는 것은 그들이 질문을 하기 때문이다.

　그들은 다음과 같은 사실들을 알고 있다. ●

> IQ
>
> 경이감과 절망은 회전하는 동전의 양면이다. 절망 속에서 전에 느낄 수 없었던 기쁨을 발견한다. 경이감은 회복의 약속이다. 깊이 빠지는 만큼 높이 솟아오르는 법이다.
> – 크리스티나 볼드윈, 작가, 교육가

- 인생은 기회로 가득 차 있지만 마음을 열고 있지 않으면 기회를 볼 수 없다. 눈을 감고 있으면 위험만이 보인다. 문이 닫혀 있다면 창문이 있다는 것을 기억하자.
- 내가 누구이고 정말 삶에서 원하는 것이 무엇인지를 알기 위해서는 끊임없이 자신에게 질문을 해야 한다.
- 원만한 대인관계를 위해서는 끊임없이 배우자와 자녀와 친구들에게 질문을 해야 한다.
- 믿음을 유지하기 위해서는 질문하고 이해해야 한다.

　그들은 인생에서 바라는 만큼 얻는다는 것을 알고 있다. 그들은 삶과 화해하는 법을 알고 있다. ●

> IQ
>
> 아이는 필요한 만큼 자신에 대한 모든 것을 알아야 하며, 그것은 자기 자신이 되는 법을 배우는 것과 같다. 수십 년이 걸리거나 아니면 평생이 걸려도 상관없다. 왜냐하면 자기 자신이 되는 것보다 중요한 것은 없기 때문이다.
> – 로라 라이딩 잭슨, 시인

나는 내가 아는 나보다 훌륭하다

무엇이 우리를 붙잡고 있는가? 이제 자신의 생각과 꿈과 환상에 귀를 기울일 시간이다. 할 수 있다고 믿어 보자. 나의 발전을 가로 막는 생각과 느낌에 대해 자신과 대화를 해보자. 나를 서서히 침묵 시킨 순간들을 열거해 보자. 작은 실망감들, 질문을 한다고 야단맞 은 일, 질문을 하지 못하게 했던 교사, 항상 손을 들고 질문을 한다 고 건방지다거나 말썽꾼이라는 핀잔을 들었던 일, 뭐든지 알아서 하기를 바랐던 상사 등을 생각해 보자. 과거를 바꿀 수는 없지만 이제부터라도 그런 일에 대처하는 방법을 조절할 수 있다.

긍정적인 변화를 하지 못하는 이유는 다음과 같다. ●

- **너무 바쁘다**─사실일 수도 있고 아니면 스스로 바쁘다고 믿 고 있을지도 모른다. 하지만 정말 원한다면 시간을 낼 수 있 다. "나는 정말 이 일을 해야 하는가? 이 일을 위임할 수 있 는가? 내가 직접 하는 것이 더 효율적인가? 외주를 줄 수 있는가?" 일의 우선순위를 정해 보자.

가족보다 자신을 먼저 생각하기는 힘들다. 하지만 비행기 승무원들이 비상시에 부모가 자신을 먼저 돌보고 나서 아이 에게 구명 조끼나 산소 마스크를 착용하게 도와주라고 설명 하는 것을 생각해 보면 이해가 된다. 부모가 먼저 당황하거 나 분별력을 잃지 않는 것이 중요하기 때문이다. 나는 그 말 에서 또한 불행한 부모는 가족에게 좋지 않다는 비유를 발견한다. 아이들은 부모가 인생을 즐기는 것을 보면서 자랄 필요가 있다. 인생을 즐길 줄 알게 하는 것은 부모가 남겨줄 수 있는 가장 중요한 유산 중 하나이다.

• **겁이 난다** – 성인으로 가는 여행에서 놀림거리가 되고 상처 받고 약점이 드러날까 두려워한다. 그래서 모험을 꺼리게 된다. 하지만 인간으로서 좀더 완전해지려면 자기 자신을 매일 시험해 봐야 한다. 아무리 나이가 들어도 창조적이고 상상력이 풍부하고 대담하고 용감해질 수 있다. 마음속으로 그런 사람들을 동경하지 않는가? 앞을 내다보자. 자기 자신에게 물어보자. "최악의 경우 나에게 무슨 일이 일어날 것인가?"

그 다음에는 "내가 이렇게 변화하면 최악의 경우 어떤 일이 일어날 수 있는가?"라고 물어보자. 어느 쪽이 더 무서운가? 어느 선택이 더 적절한가?

• **게으르다** – 누구나 게으르다. 생각하는 것은 어렵다. 자기 발견은 쉽지 않다. 어떤 사람들이 다른 사람들보다 성공하는 이유는 무엇일까? 질문을 하고 답을 찾기 때문이다. 사람들은 다른 사람들의 질문에 대답하면서도 자신의 질문에는 대답하지 않는다. 베릴 마크햄이 언젠가 말했듯이 "평생을 살다보면 자기 자신보다 다른 사람들에 대해 더 많이 알게 된다." 그런 삶을 자기 자신의 것이라고 말할 수 있는가?

- 시기가 적절하지 않다—사람들이 즐겨 하는 변명이다. 변화를 피하려고 변명을 하기는 쉽고 그러다 보면 그 변명을 스스로 믿기 시작한다. 아버지는 항상 책을 쓰고 싶다고 말했지만 퇴근하고 집에 돌아오면 너무 피곤하다고 변명을 했는데, 언제라도 테니스를 칠 여력은 남아 있었다.

  당신은 어떤 변명을 하고 있는가? 애석하게도 나의 아버지는 어떤 시도도 하지 않고 바쁘다는 말로 변명을 했지만 마음속으로는 편치 못했을 것이다. 스스로를 속이면 마음 한 구석이 고통을 느낀다. ●

- 더 이상 얻을 게 없다—그러니 질문할 필요도 없다. 시도해보지 않고는 알 수 없다. 시도를 하지 않으면 이미 실패한 것이나 다름없다. 우리는 언제나 잘못 생각할 수 있다. 실패를 한다고 해도 적어도 맞았다는 것은 확인할 수 있다. 시도를 해서 손해볼 일은 없으며 아무 것도 시도하지 않으면 얻는 것도 없다.

- 평생 직장을 갖고 있다—그렇지 않다. 현대 사회에서, 특히 직장인들은 이제 더 이상 그 무엇도 확실하지 않다. 기업이 계속 다른 기업을 흡수하고 있는 마당에 언제 감원을 당할지 알 수 없다. 종종 외부의 환경이 변화를 강요한다. 기다리지 말자. 수동적이 아니라 능동적으로 대처하자. ●

- **내 잘못이 아니다**—사람들은 자신을 돌아보기보다 다른 사람에게 초점을 맞추는 경향이 있다. "사장은 왜 그렇게 멍청한가?" 또는 "왜 그들은 항상 나에게 이러는가?" 등과 같은 생각을 아무리 해도 도움이 되지 않는다. "나는 지금 어떻게 느끼고 있는가? 왜 이런 느낌이 드는가?"라고 묻는 것이 좀더 효과적이다. 다른 사람들의 생각에 대해서는 잊어버리고 초점을 자신의 내면에 맞추자. 인생에서 주인공은 자기 자신이다. 인생이라는 경기에서 공격수가 되자.

전환점

중요하고 결정적인 순간, 질문에 어떻게 답하느냐에 따라 삶이 달라질 수 있다니 놀랍지 않은가?

- 나는 커서 무엇이 되고 싶은가?
- 어느 대학에 갈 것인가?
- 어떤 전공을 택할 것인가?
- 그 일자리를 받아들일 것인가?
- 나와 결혼하겠는가?

어떤 질문은 고통스러운 진실을 수반한다.

- 나는 무엇이 잘못되었는가?
- 나는 누구인가?
- 어떻게 하면 더 행복해질 수 있는가?
- 나는 왜 좀더 행복할 수 없는가?
- 어떻게 하면 돈을 좀더 벌 수 있는가?
- 어디에서 살고 싶은가?
- 어떤 생활 방식을 원하는가?
- 사랑하고 배우고 돈을 벌고 성장하고 변화하기 위해 나의 잠재력을 충분히 활용하고 있는가?

그리고 마지막으로 인생의 전환점이 될 수 있는 질문들이 있다.

- 나는 남은 여생 동안 무슨 일을 하면서 살고 싶은가?
- 나는 앞으로 나가지 못하고 주저앉아 있는 것이 아닌가?

이러한 질문에 답하기 어려운 이유는 아주 솔직해져야 하기 때문이다. 또한 너무 중대한 문제여서 부담스럽다면 좀더 작고 처리하기 쉬운 부분들로 나누어서 질문을 하면 도움이 된다. 좀더 구체적인 질문을 하면 어떤 문제를 해결하거나 거기에 대해 좀더 깊이 반성하는 데 도움이 된다.

다음에 나오는 직업에 관련된 이야기들을 살펴보자.

● 사례 #1

나는 워크숍에서 금융분석가로 일하는 마샤와 루스를 만났다. 두 사람 모두 하루 종일 컴퓨터 앞에 앉아 부유한 투자가들에게 이익을 돌려주는 지루하고 복잡한 회사의 수익 보고서를 검토하는 일에서 아무런 보람을 느끼지 못하고 있었다.

두 사람 중에서 나이가 많은 루스는 그 일을 계속하는 이유가 자기 나이가 50살이고 다른 선택이 없다는 것이었다. 마샤도 마찬가지였다. 하지만 마샤가 변화를 거부하는 이유는 유리한 연금제도 때문이었는데, 그녀는 겨우 27살이었다! 그녀가 아무리 잘 견딘다고 해도 그것 때문에 30년 이상 견딜 가치는 없었다.

대화를 하면서 마샤는 춤이나 운동과 관련된 일을 원한다고 말했고, 나는 그녀에게 좋아하는 일을 하라고 격려했다. 매일 아침 일어나서 하고 싶은 일을 하면서 돈을 번다면 얼마나 좋은가! 댄서나 에어로빅 강사나 또는 연습실 주인이 되면 그 나이가 되어도 일을 하러 나갈 수 있을 것이다. 그리고 인생의 추억도 많아지고 자긍심도 따라서 올라갈 것이다. 직업 결정은 여러 가지 요인에 의해 달라질 수 있다. 안정된 직장이나 경제적인 문제는 일부에 불과하다.

● 사례 #2

짐은 지방 방송국의 주말 11시 뉴스에 참여하는 프로듀서였는데 성적이 좋지 않아서 정리해고 대상에 올랐다.

그는 문을 두드릴 만한 곳이 마땅치 않았다. 그래서 직장 문제를 다시 생각해 보기로 하고 자신이 했던 일에서 가장 마음에 드는 점이 무엇인지 질문하기 시작했다. 한 가지는 주말에 일을 했으므로 주중에는 가족과 함께 지낼 수 있었다는 것이었다. 두 번째는 일을 하면서 흥미롭고 영향력 있는 유명 인사들과 만날 수 있었다는 것이었다. 그가 주로 한 일은 인터뷰할 사람을 결정하고, 기자와 보도진을 현장에 들여보내서 촬영하고 편집해서 방송 시간에 맞추어 내보내는 일이었다. 결국 그는 자신이 무대 행사에 적성이 맞는다는 사실을 깨달았다. 그래서 기업을 위해 행사를 기획하고, 협회를 준비하고, 주말 여행을 계획하는 등 비즈니스에 관련된 부대 업무를 해주는 회사를 차리기로 했다.

지금 그는 그 어느 때보다 열심히 일하고 있다.

변화를 모색하자

앨버트 아인슈타인은 "같은 일을 되풀이하면서 다른 결과가 나오기를 기대하는 것처럼 어리석은 일은 없다."라고 말했다. 많은 사람들이 미래가 불확실한 일을 계속 반복하고 있다. 많은 사람들이 달리 갈 곳이 없다는 이유로 아무 의미도 없는 일을 하면서 세월을 보낸다. 땅이 척박해서 더 이상 수확할 것이 없다는 것을 알면서도 계속해서 자리를 지킨다. 하지만 잘못된 곳에서 계속 구덩이를 판다면 구덩이만 점점 커질 뿐이다.

일을 즐기면서 할 수 있는 방법은 여러 가지가 있다. 자부심을 느낄 수 있다면 일 자체를 위해서도 도움이 된다. 나의 경우에는 새로운 고객들을 만나고 편지와 사후 관리 자료를 보내 주는 것을 좋아한다. 워크숍과 강연을 준비하고, 사람들을 훈련시키고, 방향을 잡아주고, 지도하고, 관리하고, 그리고 물론 책을 쓰면서 큰 기쁨을 느낀다. 나는 어느 누구보다 이런 일들을 좋아하며, 만일 싫증 나는 일이 있으면 그만두거나 아니면 사람을 고용한다. 만일 내 직업이 더 이상 마음에 들지 않으면 어떤 변화를 추구할 것인지 다시 구상해 볼 것이다. ●

> IQ
>
> '어떻게'를 아는 사람은 반드시 일을 찾을 것이다. '왜'를 아는 사람은 반드시 성공할 것이다.
> – 다이안 라비치, 교육가, 작가

쉴 새 없이 질문하라

성공이란 자신의 재능을 십분 활용하면서 또한 즐겁게 일하는 것이다. 어떤 사람들은 물건을 팔고 까다로운 고객들을 상대하면서 즐거움을 느낀다. 어떤 사람들은 사회 문제나 환경 문제에 관여하거나 가르치는 일을 좋아한다. 사람들은 모두 다르기 때문에 각자 자신에게 "나는 어떤 일을 즐겁게 할 수 있을까?"라고 질문을 해 보아야 한다. ●

> IQ
>
> 에너지를 따라가고 항상 원하는 것을 하면 일과 놀이 사이의 벽이 허물어진다.
> – 샤크티 거웨인, 『창의적 가시화』

    사람들은 잘하는 일을 좋아하기 쉽다. 일을 잘하면 성취감을 느낀다. 그리고 어느 정도 어려운 일을 해내면 보람을 느낀다. 하지만 재능을 살리면서 동시에 흥미를 느끼는 일을 찾기가 그리 쉽지는 않다. 잘못된 길을 향해 갈 수도 있다. 때로는 좋아한다고 생각해서 덤벼들었다가 실망하기도 한다. 당신이 정말 즐겁게 할 수 있는 일이 무엇인지 알기 위해 다음과 같은 질문을 해보자.

- 나는 어떤 일을 하고 싶은가?
- 왜 그것을 하고 싶어 하는가?
- 나는 어떤 일을 하기 싫어하는가?
- 왜 그것을 하기 싫어하는가?
- 과거에 했던 일들 중에서 만족했던 일은 무엇인가?
- 내가 흥미를 느꼈던 일은 무엇인가?
- 나는 어떤 일에 재능이 있는가?
- 왜 그 분야에 재능이 있는가?

일자리를 구할 때는 주의를 게을리 하지 말아야 한다. 나는 구직자들에게, 아니 모든 사람들에게 이런저런 단체에 가입하고, 자원 봉사를 하고, 종교 행사나 지역 사회에 적극 참여하라고 권유한다. 파티에 가고, 온라인에서, 비행기 안에서 사람들과 이야기를 나누자. 기회는 도처에 있다.

사람들은 모두 인맥에 대해 듣고 있지만, 나는 인맥에서 가장 중요한 부분이 다른 사람들을 배려하고 돕는 것이라고 믿는다. 인맥은 명함을 주고받는 것으로 끝나는 것이 아니다. 나의 어머니는 계속해서 선행을 하고 다른 사람들에게 베풀라고 말씀하셨다. 하지만 보상을 기대하면 안 된다. 주고받기를 기대하지 말자. 도와주리라고 기대한 사람에게서 도움을 받지 못할 수도 있다. 도움은 종종 뜻하지 않은 곳에서 찾아온다. ●

IQ

기회의 문에는 "미시오."와 "당기시오."라는 표시가 되어 있다.
– 에델 와츠 멈포드, 소설가, 유머 작가

기어를 바꾸자

만일 지금 하고 있는 일에 만족하지 못하고 있다면 그것을 하나의 문제점으로 바라보자. 문제를 해결하기 위해서는 먼저 어떤 문제인지를 알아야 한다. 자신에게 물어보자.

- 나는 내 일을 좋아하는가?
- 나는 안주하고 있는 것이 아닌가?
- 함께 일하는 사람들이 마음에 드는가?
- 인정과 대우를 받고 있는가?
- 이 일에서 보람을 느끼는가?
- 지금 하는 일이나 보수에 만족하는가?
- 나는 이 분야나 산업에 흥미를 갖고 있는가?
- 이 일을 하면서 좋은 점은 무엇인가?
- 나쁜 점은 무엇인가?
- 미래의 내 목표는 무엇이고, 내가 하는 일은 그러한 목표 달성을 위해 적합한가?
- 만일 내가 하는 일에서 한 가지를 바꿀 수 있다면, 무엇을 바꾸겠는가?

"나는 안주하고 있는 것이 아닌가?"라는 질문을 계속하자. 만일 회사에서 인정을 받지 못하고 있으며 동료들이 마음에 들지 않지만 지금 하는 일을 좋아한다면 직장을 옮겨야 할지도 모른다.

만일 일은 따분하고 보람을 못 느끼지만 회사가 마음에 들고 인정과 대우를 받고 있다고 생각한다면, 아마 다른 부서로 옮겨볼 수 있을 것이다. 만일 지금 직장에서 좋은 점이 눈곱만치도 없다면 완전히 다른 일을 찾아볼 때이다. 만일 문제가 월급이라면 인상을 요구하자. 어떤 문제든지 먼저 질문을 해서 규명을 해야 한다. 일단 문제를 정의할 수 있으면 해답은 저절로 나온다.

전문가와 만났을 때

인생 문제를 해결하기 위해 의사와 법률가, 집 주인, 은행가, 주식 중개인, 보험 사원, 재정 설계사 등 전문가와 조언자를 만날 때가 있다. 그런 사람들을 만나면 자신도 모르게 위축이 된다.

그런데 때로 사람들은 그런 사람들에게 너무 많은 권한을 양도한다. 무엇보다 그들은 나를 위해 일하고 있다는 사실을 기억하자! 나는 그들에게 돈을 지불한다. 나의 권리와 소신을 지켜야 한다. 나는 그들에게 책임이 없다. 그들이 나에게 책임이 있다. ●

개인적인 일로 전문가를 만나서 질문을 할 때는 우선 정보를 요구할 자격이 있다는 사실을 기억하자. 당연히 자격이 있다. 그들의 사무실에서 나오거나 전화를 끊기 전에 필요한 정보를 모두 입수할 권리가 있다. 궁금한 점이 있으면 떳떳하게 물어보자. 그들은 대답을 해주어야 한다. 그렇지 않으면 왜 그들을 고용하겠는가?

IQ

"딱히 말하기는 어렵지만……." 커크우드가 말했다. 법률가라는 사람들이 대부분 그렇듯이 그 역시 단순한 질문을 복잡하게 만드는 것을 즐겼다.
– 아가사 크리스티, 추리 작가

사람들은 보통 판단력이 뛰어나고 경험이 풍부하다고 믿는 전문가 앞에서 당황한다. 게다가 그들에게 사적이고 종종 감정적인 문제들을 이야기해야 한다. 우선 자기 자신에게 이렇게 질문해 보자. "내가 알기를 원하는 것은 무엇인가?" 이 질문에 대답하고 그 대답에 이어지는 질문들을 목록으로 만들어 보자.

분명하고 구체적으로 이야기할수록 좀더 나은 조언을 얻을 수 있다. 〈핑크 팬더〉 영화에서 클루조 형사가 계단을 올라가다가 남자 한 명과 개 한 마리를 만나는 장면이 나온다.

"당신 개가 사람을 뭅니까?" 형사가 질문한다.

"아니오." 그 남자가 대답하고 나서 몇 초 만에 클루조 형사는 개에게 물린다.

"당신 개가 물지 않는다고 하지 않았소?" 화가 나서 그가 묻는다.

그 남자의 대답은? "이건 내 개가 아니오."

두 물체는 동시에 같은 장소를 차지할 수 없다. 따라서 두 사람은 사물을 같은 지점에서 볼 수 없으며, 보는 각도가 약간이라도 달라지면 사물이 다르게 보인다.
– 밀드레드 알드리치, 작가

우리가 반드시 해야 하는 중요한 질문은 "나는 어떤 선택을 할 수 있는가?"이다. 선택을 할 수 있을 때 좀더 편안한 기분이 들고 자신감이 생긴다. 그리고 대부분의 경우 선택권이 있다. 일단 어떤 분야에서 어떤 선택을 할 수 있는지를 알면 그 결과에 대해 질문을 해야 한다. 체계적으로 질문하면서 메모를 하자. "지방채를 사는 경우 긍정적인 결과는 무엇입니까? 부정적인 결과는 무엇입니까?" 마찬가지로 다른 선택에 대해서도 질문을 한다. "그러면 뮤추얼 펀드는 어떤가요? 연금은 어때요?"

대안을 구하면 여러 사람의 정보 창고 안으로 들어갈 수 있다. 처음에 만난 사람이 모르거나 빼먹고 이야기하지 않은 것을 알게 될 수도 있다. 각각의 대답에 주의 깊게 귀를 기울이면서 부지런히 받아 적어두면 적절한 결정을 내리기 위해 필요한 모든 정보를 갖추게 될 것이다.

질문을 해서 좋지 않은 소식을 들을 수도 있다. 특히 건강이나 재정에 관련해서 문제가 발생할 수 있다. "만일 당신이 내 입장이라면 어떻게 하겠는가?"라고 물어보자. 이것은 좋은 질문이다. "만일 당신이 저의 친한 친구나 연인이라면 제게 어떤 충고를 하시겠습니까?"라고 물으면 좀더 나은 대답을 들을 수도 있다. 첫 질문은 일반적인 대답이 나올 것이고, 두 번째 질문은 좀더 개인적인 대답이 나온다.

종종 익숙하지 않은 전문 용어 때문에 이해하기 어려울 때도 있다. 언제라도 모르는 용어가 나오면 "그것이 무슨 뜻인가요?"라고 설명을 요구하자. 대부분의 전문가들은 자신의 분야에서 공통적으로 사용하는 언어를 갖고 있다. 그들이 전문 용어를 사용하는 이유는 습관적이거나 우월감을 느끼기 위해서인지도 모른다. 모르는 용어가 나오면 말을 중단시키고 질문을 해야 한다. "정기 보험과 종신 보험은 어떻게 다르고, 어느 쪽이 나한테 유리할까요?"라고 확인하자. 설명을 부탁하는 것은 부끄러워할 일이 아니다. 정말 부끄러워할 것은 질문을 하지 않았다가 실수를 저지르고 후회하는 것이다.

다시 아이가 되자

어른이 되면 질문을 해도 딱 한 번만 하고 그만둔다. 원하는 대답을 듣지 못해도 그냥 넘어간다. 모호한 대답에 익숙해진다. 질문에 질문을 거듭하지 않는다. 다른 사람들이 어떤 행동을 해도 그 이유를 묻지 않는다. 세상에 대한 호기심은 사라지고 없다. 오히려 이 세상과 사람들과 특히 자기 자신에 대해 무엇을 알게 될지 두려워한다.

모르는 게 약이라는 속담이 있지만 실제로는 그렇지 않다.

앞에서 나는 마음속에 있는 아이에 대해 이야기했다. 지금이라도 우리의 마음속에서 질문을 하는 호기심 많은 아이를 발견하자. 만족스러운 답이 나올 때까지 질문을 계속하자. 배우자와 동료와 의사와 상사와 친구들에게 질문을 하자. ●

가장 중요한 것은 자기 자신에게 하는 질문이다.

"오늘은 남은 여생을 시작하는 첫 날이다."라는 말이 유행한 적이 있었다. 당신은 남은 여생 동안 무엇을 할 것인가? 만일 내일이 마지막 날이라는 것을 안다면 오늘 무엇을 하겠는가?사람들은 종종 변화를 맞이하면 질문을 한다. 그럴 때는 물론 질문이 필요하지만 사실은 언제든지 질문을 할 수 있다.

세상은 변하고 우리도 변한다. 우리의 바람과 필요와 욕망은 학교를 졸업할 때부터 손자를 안을 때까지 계속 변한다. 그리고 계속 성장한다. 미래에 무엇이 기다리고 있는지 알 수 없다. 그래서 인생은 살 만한 가치가 있다. 다음에는 어떻게 될까? 우리는 끊임없이 발전하고 변화한다. 한때 세상을 이해하기 위해 질문을 했던

누가 사소한 질문이라도 하면 그에게 서는 아이디어가 샘 솟듯이 쏟아져 나왔다.

– 버지니아 울프, 작가

IQ

완전한 사람은 따분하다.
– 아나 퀸들렌, 소설가, 수필가

아이였던 것처럼 계속해서 적절한 정보를 구하고 잠재력을 충분히 활용하기 위해 질문을 해야 한다. ●

도전을 받고 생각을 해야 할 때 가장 행복하다. 인생의 절정기가 언제였느냐고 물으면 많은 사람들이 고등학교나 대학 시절을 이야기한다. 그 이유는 그 시절에는 지적으로나 정서적으로 자극을 받았기 때문이다. 다양한 사고와 아이디어와 사람들과 문화에 열려 있었다. 삶에 몰두해 있었다.

일단 학교를 졸업하면 많은 사람들이 생각을 하지 않는다. 심오한 질문은 고사하고 대부분은 남들에게 뒤처지지 않고 따라가느라 정신이 없다. 더 이상 우리에게 생각을 요구하는 질문을 하는 교사들은 없다. 하지만 자기 스스로 질문을 해야 한다. 거울을 들여다보고 솔직한 질문을 해야 한다.

우리가 원하지 않는 질문이 우리가 해야 하는 질문이다. 그것이 자신의 잠재력을 실현하는 유일한 방법이다. ●

IQ

정말 중요한 질문은 자기 자신에게 하는 질문이다.
– 우르술라 K. 르긴, 작가, 비평가

모험을 택하자

"만일 실패할 위험이 없다는 것을 알면 무엇을 할까?"라고 생각해 보자.

두려움과 장애가 없는 세상에서 산다면 무엇을 하겠는가?

"직장을 그만두고 레스토랑을 차리겠어." 또는 "비행기 조종

법을 배울래." 또는 "원맨쇼를 하겠어." 또는 "소설을 쓰겠어."라고 대답할 것이다.

그리고는 마치 뜨거운 것을 만지고 손을 움츠리는 것처럼 재빨리 그리고 본능적으로 그런 생각을 철회한다. 의심이 밀려온다. 즉시 합리화와 변명과 정당화를 하기 시작한다. "하지만 생활 방식을 바꿔야 하고 공부도 다시 해야 하고, 무엇보다 시간이 없어서……." 그래서 미처 생각도 해보기 전에 꽁무니를 뺀다.

두려움과 회의는 성장을 가로막는다. 사람들은 무슨 일이 일어날지 두려워서 진정한 바람을 포기한다. 실패할 것이라고, 수입이 적어질 것이라고, 별 의미는 없지만 유일하게 만나고 있는 사람마저 잃어버릴 것이라고. 그래서 위험하다고 생각한다.

하지만 앞으로 움직이건 안 움직이건 위험하기는 마찬가지다. 아무 것도 하지 않는 것도 역시 선택이다.

나는 "이것을 하지 않으면 어떻게 느낄까?"라는 질문을 많이 한다. 아침에 일어나 달리기를 하고 싶지 않은 날이 있다. 하지만 운동을 하지 않으면 하루 종일 몸이 나른하고 나 자신에게 화가 날 것이다. 그래서 침대에서 벌떡 일어나 운동화를 신고 공원으로 나간다.

내가 아는 한 남자는 훌륭한 직장에 다니고 있었지만 사는 것이 지루하게 느껴졌다. 사람들은 누군가 직장을 떠난다고 하면 "성공한 거야 아니면 밀려나는 거야?"라고 묻는다. 그의 경우에는 안정된 직장과 지위를 포기할 이유가 없었다. 하지만 그의 영혼은 천천히 죽어가고 있었다. 그가 자신에게 "내가 이 자리에 그대로 머문다면 지금부터 10년 후에 어떻게 될까?"하고 물었을 때 그 대답은 크고 분명하게 들려왔다. 결국 그는 그 회사를 그만두고 다른 기회를 찾기 시작했다. 그는 성공한 것일까, 밀려난 것일까? 남들이 뭐라고 하든 무슨 상관인가! 그는 모험을 택했다.

돈을 투자한 시장이 하락했다고 하자. 더 떨어질 수도 있는 위험이 있지만 다시 회복할 가능성은 언제나 있다. 인생은 돌고 돈다. 만일 자신의 잠재력을 충분히 활용하지 않는다면 결국 "모든 것이 다 어디로 갔지?"라고 묻게 될 것이다.

그보다 더 슬픈 질문은 없다. 나는 절대 그런 질문은 하고 싶지 않다. ●

IQ

인생에는 삼단 점프 이상의 묘미가 있다. 세상을 당연하게 여기지 말자. 매일 감사하자. 인생을 즐기자. 만일 잠에서 깨어나 행복하지 않다면 자신에게 말하자. "나는 정말 행운아다. 내가 지금 무엇을 하고 있는가? 무엇 때문에 비관하는가?" 그러면 아주 행복하다는 생각이 든다.
– 미셸 콴, 피겨스케이팅 선수

이 일을 하지 않으면 어떤 기분이 들까?

인생이 좀더 나은 방향으로 가는 길을 가로막는 것은 무엇인가? 극복해야 하는 장애가 있다면 질문을 해서 하나씩 무너뜨려야 한다. "이 장애를 극복하기 위해서는 어떻게 해야 하는가?" 그리고 일단 이 질문에 대답하면 그대로 실천해야 한다. 대답도 중요하지만 행동이 더욱 중요하다.

만일 직업과 가족 관계에 대해 질문하고, 전문가들의 조언을 구하고, 원하는 것을 발견하는 과정을 거치고 나서 아무 행동도 취하지 않는다면 무슨 소용이 있는가? 정말 하고 싶은 일이 무엇인지 묻고 그 답을 찾고 나서 실천을 하지 않는다면 아무 소용이 없다. 앨버트 아인슈타인은 "신이 세상을 창조할 때 어떤 선택을 할 수 있었을까?"라는 질문을 했다고 한다.

나는 그 대답보다는 질문 자체가 더 흥미롭다. 아인슈타인은 우리가 살고 있는 세상이 지금과는 다를 수도 있었는지에 대해 묻고 있다. 만일 신이 세상을 만드는 방식을 선택할 수 있었다면 우리는 세상에 반응하는 방식을 선택할 수 있다.

질문으로 많은 것을 할 수 있다. 하지만 그에 따른 행동이 필요하다.

질문이 지닌 힘에서 가장 궁극적인 힘은 자기 자신에게 있다. 그 힘은 질문을 하고, 대답에 귀를 기울이고, 행동을 취하는 것이다.

12

생각을 자극하는 질문 50가지

The Fifty Smartest Questions

성서에서 욥이 하느님께 묻는다.

"왜 제게 이러시는 겁니까?" 그러자 하느님은 "네가 세상을 만든 자냐? 네가 전지전능한 자냐? 어떻게 감히 이 모든 것을 이해할 수 있다고 생각하느냐?"라고 대답한다.

성서에 나오는 이 구절이 자주 인용되는 이유는

그 대답뿐 아니라 질문의 힘 때문이다.

한 동료는 언젠가 나에게 욥이 "고난을 겪은 후에 140살까지 행복하고 번영할 수 있는 것은 질문을 할 수 있기 때문"이라고 말한 적이 있다.

사람들이 모두 좀더 발전할 수 있는 이유는 신을 향해 소리치며

"왜 나를?"이라고 말할 수 있기 때문이다.

결국 질문을 통해 자기 자신을 표현하면 구원을 받을 수 있다.

― 매튜 게바르츠, 랍비

모든 질문은 현문이다

유명한 영국의 수학자이자 철학자인 알프레드 노스 화이트헤드는 "어리석은 질문은 전혀 새로운 발전의 시작이다."라고 말했다. 나는 그 말을 모든 새로운 사상이 나오기 위해서는 질문이 필요하다는 뜻으로 해석한다. 알고 있는 것에 대해 질문하고, 의문과 호기심으로 세상과 자기 자신을 바라보고, 사물을 단지 눈에 보이는 그대로 보기를 거부하기 시작할 때 위대한 모험을 떠날 준비가 된다.

나는 이 책을 통해 수많은 질문을 했다. 모든 질문은 언제 어떻게 하느냐에 따라 현문이 될 수 있다. 나는 워크숍이 끝날 때마다 사람들에게 가장 필요하다고 생각하는 질문이 무엇인지 물었다. 그리고 다음에 나오는 목록을 만들었다.

그렇다고 해서 이 질문들을 그대로 따라서 하라는 것은 아니

다. 질문이라기보다 개념으로 생각하면 된다. 사람들을 생각하게 만들고, 오해와 착오가 없도록 확인하고, 설득하고, 어떤 결과를 이해시키기 위한 질문이다.

따라서 상황과 각자의 스타일에 맞게 질문을 바꾸어서 하면 된다. 면접을 볼 때, 월급 인상을 요구할 때, 친구나 가족과 중요한 문제를 상의할 때 의도하는 목표에 따라 질문을 준비해 보자. 동시에 상대방이 질문에 답하는 방식과 내용에 맞추어서 질문할 수 있는 융통성이 필요하다.

견본으로 사용할 수 있는 50가지 질문을 여섯 가지 부문으로 나누어보았다.

● **구체적으로 이해하기**

이 질문은 어떤 문제점과 상황을 철저하게 밝히고, 정의하고, 탐색하기 위한 것이다. 즉, 오해를 피하고 사람과 주위 상황에 대해 좀더 잘 이해하기 위한 질문이다.

일반적으로 저지르는 실수는 사람들이 하는 말을 이해했다고 가정하는 것이다. 하지만 사람들은 대충 막연하게 생각하고 말하기 때문에 구체적으로 질문하는 것이 필요하다. 따지는 것처럼 질문하면 상대방이 방어적이 되거나 불쾌하게 느낄 수 있다. 상대방이 하는 말을 정확하게 이해하기 위해 질문한다는 인상을 줄 수 있어야 한다.

1. 분명하게 설명해 줄 수 있는가?

2. 예를 들어줄 수 있는가?

3. 그 말은 구체적으로 무슨 뜻인가?

4. 내가 방금 말한 것에 대해 어떤 의문점을 갖고 있는가?

5. 구체적으로 어떤 결과를 기대하는가?

6. 이 정보·보고·계획으로 무엇을 할 것인가?

7. 진짜 문제점은 무엇인가?

● **머리와 가슴으로 이해하기**

누군가를 알기 위해서는 그 사람의 감정 상태나 사고방식을 이해하는 것이 중요하다. 종종 우리는 사람들의 감정을 알아내야 할 때가 있다. 또한 상대방의 입장을 알아서 그 기대에 맞춰 주고 싶어 한다. 그렇다면 그들에게 중요한 것이 무엇인지, 어떻게 해야 그 기대를 충족시켜 줄 수 있는지를 알아야 한다.

또한 자기 자신의 생각과 느낌을 알아야 할 필요가 있다. 갑자기 뜻하지 않은 상황에 마주치면 잠시 시간을 갖고 자기 자신에게 질문을 해야 한다. "이 문제에서 어떤 점이 나에게 중요한가? 그것을 성취하기 위해서는 무엇이 필요하고 어떻게 해야 하는가?" 종종 사람들과의 원활한 의사소통을 위해서도 자기 자신에 대해 좀 더 잘 알고 있을 필요가 있다. ●

IQ

사랑은 대답이지만 대답을 기다리는 동안 섹스가 적당한 질문을 제기한다.
- 우디 앨런, 극작가

|||| 상대방 이해하기 ||||

8. 당신은 어떤 관점에서 질문하는 것인가?

9. 그 문제에 대해 어떻게 느끼는가?

10. 얼마나 절실하게 느끼는가?

11. 그 문제에 대해 어떻게 생각하는가?

12. 당신에게 가장 중요한 것은 무엇인가?

13. 당신이 선호하는 것은 무엇인가?

14. 만일 내가 상대방의 입장이라면 어떻게 느낄까?

|||| 자기 자신 이해하기 ||||

15. 이 문제에 대해 나는 어떻게 느끼는가?

16. 이 문제에 대해 나는 어떻게 생각하는가?

17. 나의 목적은 무엇인가?

18. 내가 짐작만 하고 있는 것은 무엇인가?

19. 내가 정말 말하고자 하는 것은 무엇인가?

20. 어떻게 하면 이 질문을 가장 적절하게 표현할 수 있을까?

IQ

질문을 중지하기 전에는 아무도 바보
가 되지 않는다.
– 찰스 스타인메츠, 전기 기술자, 발
명가

● 피드백 주고받기

사람들은 모든 것을 분명하고 완벽하게 이해하고 있다고 생각
하고 싶어 한다. 그런데 사실은 그렇지 못하다. 따라서 질문을 해
야 한다. 보다 구체적인 피드백을 원한다면 보다 구체적인 질문을
해야 한다. 예를 들어, 상사에게 "제가 다시 만든 이 보고서가 요구
하신 대로 잘 바뀌었나요?"라고 물을 수 있다.

피드백을 구할 때는 확인 질문을 할 준비를 하자. 예를 들어,
상사가 "자네는 동료들과의 의사소통이 잘 안 되는군."이라고 말
한다면 그 말이 무슨 의미인지 묻는다. "메모를 좀더 잘 쓰라는 것

인가, 아니면 좀더 주의 깊게 귀를 기울이라는 것인가?"

피드백을 구하면 종종 잘못하고 있는 것이 무엇인지, 앞으로는 어떤 식으로 해야 개선이 가능한지 배울 수 있다. 내가 워크숍 참가자들에게 나누어 주는 학습장 끝에는 항상 평가서가 있다. 그 평가서는 다음 프로그램을 계획할 때 큰 도움이 된다. 피드백을 구할 때는 스스로에게 먼저 몇 가지 질문을 하는 것을 잊지 말자. "이 사람은 나에게 건전한 피드백을 제공할 자격을 갖추고 있는가? 나는 이 사람의 의견을 존중하는가? 그가 말하는 것을 감정적으로 받아들이지 않을 준비가 되어 있는가?"

때로는 상대방이 나에게 피드백을 구하기도 한다. 피드백을 제공하는 것은 까다로운 일이 될 수 있다. 건설적인 비판을 한다는 것이 쉽지 않기 때문이다. 상대방이 나에게 정확히 무엇을 원하는지 확인해 보자.

▒ 피드백을 구할 때 ▒

21. 당신이 …라고 한 말을 내가 올바로 이해한 것인가?

22. 당신의 질문에 대해 내가 충분한 대답을 한 것인가?

23. 나는 잘하고 있는가?

24. 내가 당신이 요구한 대로 했는가?

▒ 피드백을 제공할 때 ▒

25. 어떤 식의 피드백이 당신에게 가장 도움이 되겠는가?

26. 내가 제공하는 피드백으로 무엇을 할 계획인가?

27. 내가 그냥 들어주기만을 원하는가?

28. 내가 질문을 하고 서로 상의하기를 바라는가?

29. 내가 조언을 해주기를 바라는가?

● 마무리하기

많은 사람들이 마무리 질문을 어렵게 생각한다. 하지만 뭔가를 팔거나 설득하는 상황에서는 마무리 질문을 하지 않는 한 상대방의 마음을 알 수 없다. 어떤 거부 반응이나 장애가 놓여 있는지 알 수 없다. 거절을 당할 수도 있지만 질문을 하지 않으면 문제점이 드러나지 않는다.

30. 우리는 합의를 이룬 것인가?

31. 우리는 계속 진행할 준비가 되어 있는가?

32. 거래가 성사된 것인가?

● 결과에 대해 생각하기

모든 행동은 똑같은 힘의 반작용을 일으킨다. 우리가 하는 모든 행동에는 결과가 따르기 때문에 주의해야 한다. 중요한 일일수록 보다 신중을 기해야 하므로 먼저 자기 자신에게 질문하는 것으로 시작할 필요가 있다.

사람들이 살면서 후회하는 이유는 종종 결과를 충분히 생각해 보지 않은 탓이다. 외할아버지는 돌아가시면서 자녀들에게 똑같이 유산을 남겼으나 사업은 외아들에게 물려주었다. 미망인으로 혼자 살고 있는 이모는 돈이 필요했고, 정의감이 투철한 아버지는 이모에게 재산이 좀더 돌아가기를 바랐다. 아버지는 장인의 사업을 물려받은 외삼촌이 그녀에게 돈을 줘야 한다고 생각했다. 아버지의 의도는 좋았지만 너무 막무가내로 밀어붙이는 바람에 가족들을 영원히 멀어지게 만들었다. 잠시 멈추어서 자신의 행동이 가져올 결과를 생각했더라면 다른 방법을 택했을지도 모른다.

사람들은 종종 눈앞의 이익에 급급해서 장기적으로 일어날 수 있는 결과에 대해 생각하지 않는다. 스스로 다음과 같은 질문을 해본다면 불행한 결과를 줄일 수 있을 것이다.

33. 만일 …라면 어떻게 될까?

34. 그만한 가치가 있는 일인가?

35. …를 하지 않으면 나는 어떤 후회를 하게 될까?

36. 단기적으로 어떤 결과가 올 것인가?

37. 장기적인 결과는? ●

진짜 골칫덩이는 사람들이 좋아하든 안 하든 억지로 무엇인가를 하게 만드는 사람들, 속을 부글부글 끓어오르게 만드는 사람들, 타협할 줄 알았는데 여전히 그 자리에 있는 사람들이다. 그들은 멀찌감치 떨어져 있어야 할 때 우리 삶 속으로 비집고 들어온다. 그들은 자주 의문을 불러일으키지만 결코 답이 나오지 않는다. 그러다가 천천히 마지못해 종종 바라는 것과는 반대의 본성을 드러낸다.

– 잉그리드 벤지스, 시인

● 나 자신에게 물어보기

이 질문 목록은 무한하다. 당신이 스스로 해야 할 질문을 내가 일일이 열거할 수는 없다. 그것은 자기 자신만이 할 수 있다. 중요한 것은 질문하는 것이다. 질문하는 습관을 기르려면 우선 자기 자신에게 질문하는 것으로 시작하자.

38. 나를 좀 도와주겠는가?

39. 내가 도와줄까?

40. 나는 원하는 곳에 와 있는가?

41. 나는 무엇을 하고 싶은가?

42. 남은 평생을 어디에서 살고 싶은가?

43. 누구와 살고 싶은가?

44. 어떤 선택을 할 수 있는가?

45. 어떤 질문을 해야 하는가?

46. 나의 목표를 달성하기 위해 필요한 것은 무엇인가?

47. 나는 거기 가기 위해 무엇을 바꿀 것인가?

48. 나는 무엇을 성취했는가?

49. 어떻게 하면 좀더 잘할 수 있을까?

IQ

중요한 것은 질문을 멈추지 않는 것이다. 호기심은 그 자체만으로 존재할 이유가 있다. 누구라도 영원성과 생명과 놀라운 세상의 신비를 생각하면 경외심에 사로잡힐 수밖에 없을 것이다. 그러한 신비를 매일 조금씩 이해하려고 노력하는 것만으로도 충분하다. 신성한 호기심을 잃지 말자.

– 앨버트 아인슈타인

한 동료는 "나는 인생에서 아주 적은 것을 요구해서 그 정도밖에 못 얻었다."고 했다. 적은 것에 안주하지 말자. 자신과 다른 사람들에게 좀더 많은 것을 요구하자. 질문을 하면 삶이 조금씩 변화되다가 결국 큰 차이를 만들게 될 것이다. 매일 좀더 많은 질문을 하면 매일 좀더 많이 얻을 수 있다. 마지막으로 가장 중요한 질문을 기억하자.

50. 무엇을 질문할 것인가?